Père Arnaud DUBAN

Recueil d'homélies

Année A

2016-2017

Le Code de la propriété intellectuelle n'autorisant aux termes de l'article L.122-5, 2e et 3e a, d'une part, que les « copies ou reproductions strictement réservées à l'usage privé du copiste et non destinées à une utilisation collectives» et, d'autre part, que les analyses et les courtes citations dans un but d'exemple ou d'illustration, «toute représentation ou reproduction intégrale ou partielle faite sans le consentement de l'auteur ou de ses ayants droit ou de ayants cause est illicite» (art. L.122-4).
Cette représentation ou reproduction, par quelque procédé que ce soit, constituerait donc une contrefaçon sanctionnée par les articles L. 355-2 et suivants du Code de la propriété intellectuelle.

© 2018 Père Arnaud DUBAN

Edition : BoD - Books on Demand
12/14 rond-point des Champs Elysées
75008 Paris

Imprimé par BoD – Books on Demand, Norderstedt, Allemagne

A mes chers paroissiens de Sainte Thérèse et de Saint Jean XXIII.

« La pluie et la neige qui descendent des cieux n'y retournent pas sans avoir abreuvé la terre, sans l'avoir fécondée et l'avoir fait germer, donnant la semence au semeur et le pain à celui qui doit manger » (Is 55,10)

« Elle est vivante, la parole de Dieu, énergique et plus coupante qu'une épée à deux tranchants ;
elle va jusqu'au point de partage de l'âme et de l'esprit, des jointures et des moelles ;
elle juge des intentions et des pensées du cœur. »
(He 4,$_{12}$)

« Allez ! De toutes les nations faites des disciples » (Mt 28,19)

Un très grand merci à Patrice qui m'a aidé pour l'élaboration et l'édition de ce recueil d'homélies.

NB: Les citations sans les références correspondent aux textes liturgiques de la messe du jour. Nous conseillons donc au lecteur de lire les homélies avec un missel de l'année A pour se reporter aux textes.

Sommaire

AVENT 8
- 1ER DIMANCHE : VEILLEZ DONC ! 9
- 2ÈME DIMANCHE : CONVERTISSEZ-VOUS, CAR LE ROYAUME DES CIEUX EST TOUT PROCHE. 15
- 3ÈME DIMANCHE : RECONNAISSANCE, PATIENCE, CONFIANCE ... POUR NOTRE JOIE ! 21
- 4ÈME DIMANCHE : SAINT JOSEPH, PRIEZ POUR NOUS ! 26

NOËL 33
- NUIT DE NOËL : GLOIRE A DIEU AU PLUS HAUT DES CIEUX, ET PAIX SUR LA TERRE AUX HOMMES, QU'IL AIME ! 34
- LE JOUR DE NOËL : ACCLAMEZ LE SEIGNEUR, TERRE ENTIERE, SONNEZ, CHANTEZ, JOUEZ ! 40
- SAINTE MARIE, MERE DE DIEU : MARIE, REINE DE LA PAIX 45
- SAINTE FAMILLE : L'ECOLE DE L'AMOUR 51
- EPIPHANIE : ILS REPARTIRENT PAR UN AUTRE CHEMIN... 57
- BAPTEME DU CHRIST : CELUI-CI EST MON FILS BIEN-AIME ; EN LUI J'AI MIS TOUT MON AMOUR 64
- PRESENTATION DE JESUS AU TEMPLE : MES YEUX ONT VU TON SALUT, LUMIERE POUR ECLAIRER LES NATIONS 70

CAREME 77
- MERCREDI DES CENDRES : LAISSONS-NOUS RECONCILIER AVEC DIEU 78
- 1ER DIMANCHE : ARRIERE, SATAN ! 84
- 2ÈME DIMANCHE : IL FUT TRANSFIGURE DEVANT EUX 92
- 3ÈME DIMANCHE : « L'EAU QUE JE LUI DONNERAI DEVIENDRA EN LUI SOURCE JAILLISSANTE POUR LA VIE ETERNELLE » 98
- 4ÈME DIMANCHE : JE SUIS VENU POUR QUE CEUX QUI NE VOIENT PAS PUISSENT VOIR. 103

5ᵉᵐᵉ DIMANCHE : JE SUIS LA RESURRECTION ET LA VIE 111
DIMANCHE DES RAMEAUX : BENI SOIT CELUI QUI VIENT AU NOM DU SEIGNEUR 116
JEUDI SAINT : FAITES CELA EN MEMOIRE DE MOI 121
VENDREDI SAINT : VIVONS DANS LA LUMIERE DE L'AMOUR 127

TEMPS PASCAL 133

VIGILE : SOYEZ SANS CRAINTE ! 134
JOUR DE PAQUES : IL EST VRAIMENT RESSUSCITE ! 140
2EME DIMANCHE : OFFRONS NOS VIES AU DIEU DE MISERICORDE 146
3ᵉᵐᵉ DIMANCHE : MON CŒUR EXULTE, MON AME EST EN FETE 152
4EME DIMANCHE : JE SUIS LE BON PASTEUR 157
5ᵉᵐᵉ DIMANCHE : JE SUIS LE CHEMIN, LA VERITE ET LA VIE 162
6ᵉᵐᵉ DIMANCHE : IL VOUS DONNERA UN AUTRE DEFENSEUR 167
ASCENSION : LE CHRIST, PRES DE SON PERE, NOUS ATTEND ET NOUS ENVOIE AUPRES DE NOS FRERES 172
7ᵉᵐᵉ DIMANCHE : VIENS, ESPRIT SAINT 179
PENTECOTE : VIENS, ESPRIT SAINT, EN NOS CŒURS 185

FETES ET SOLENNITES 191

IMMACULEE CONCEPTION (8 DECEMBRE) : FIAT ! 192
1ERES COMMUNIONS : CELUI QUI MANGE MA CHAIR ET BOIT MON SANG A LA VIE ETERNELLE 197
SAINTE TRINITE : AU NOM DU PERE, ET DU FILS ET DU SAINT ESPRIT 202
SAINT JEAN BAPTISTE (24 JUIN) : TELLE EST MA JOIE, ELLE EST PARFAITE 207
ASSOMPTION (15 AOUT) : MON AME EXALTE LE SEIGNEUR 209
CROIX GLORIEUSE (14 SEPTEMBRE) : QUAND J'AURAI ETE ELEVE DE TERRE, J'ATTIRERAI A MOI TOUS LES HOMMES 214
SAINTE THERESE (1ᴱᴿ OCTOBRE) : SI VOUS NE CHANGEZ PAS POUR DEVENIR COMME LES ENFANTS 219
TOUSSAINT (1ᴱᴿ NOVEMBRE) : QUI NOUS FERA VOIR LE BONHEUR ? 224

FIDELES DEFUNTS (2 NOVEMBRE) : CELUI QUI ECOUTE MA PAROLE EST DEJA PASSE DE LA MORT A LA VIE 229
DEDICACE DU LATRAN (9 NOVEMBRE) : NOUS SOMMES LE TEMPLE DE DIEU 234
CHRIST-ROI : MA ROYAUTE NE VIENT PAS DE CE MONDE 240
SAINT PIERRE ET SAINT PAUL (29 JUIN) : LES COLONNES DE L'EGLISE 247

TEMPS ORDINAIRE 253

4ᵉᵐᵉ DIMANCHE : QUI NOUS FERA VOIR LE BONHEUR ? 254
5ᵉᵐᵉ DIMANCHE : VOUS ETES LE SEL DE LA TERRE ET LA LUMIERE DU MONDE 259
6ᵉᵐᵉ DIMANCHE : LE SEIGNEUR A MIS DEVANT TOI L'EAU ET LE FEU 266
12ᵉᵐᵉ DIMANCHE : NE CRAIGNEZ PAS 271
13EME DIMANCHE : LE TEMPS DE LA VIDANGE 276
19ᵉᵐᵉ DIMANCHE : N'AYEZ PAS PEUR 280
20ᵉᵐᵉ DIMANCHE : QUE TOUT SE PASSE POUR TOI COMME TU LE VEUX ! 286
21ᵉᵐᵉ DIMANCHE : POUR VOUS, QUI SUIS-JE ? 290
22ᵉᵐᵉ DIMANCHE : QU'IL RENONCE A LUI-MEME, QU'IL PRENNE SA CROIX CHAQUE JOUR, ET QU'IL ME SUIVE. 296
23ᵉᵐᵉ DIMANCHE : QU'AS-TU FAIT DE TON FRERE ? 302
24ᵉᵐᵉ DIMANCHE : JUSQU'A SOIXANTE-DIX FOIS SEPT FOIS 308
25ᵉᵐᵉ DIMANCHE : ALLEZ, VOUS AUSSI, A MA VIGNE 314
28ᵉᵐᵉ DIMANCHE : CELEBRONS DANS LA JOIE NOS NOCES AVEC DIEU 320
29ᵉᵐᵉ DIMANCHE : RENDEZ A CESAR CE QUI EST A CESAR, ET A DIEU CE QUI EST A DIEU 327
30EME DIMANCHE : « AIME ET FAIS CE QU'IL TE PLAIT » 333
31ᵉᵐᵉ DIMANCHE : UN SEUL PERE, UN SEUL MAITRE, UN SEUL ENSEIGNANT 339
32ᵉᵐᵉ DIMANCHE : VEILLEZ DONC CAR VOUS NE SAVEZ NI LE JOUR NI L'HEURE 344
33ᵉᵐᵉ DIMANCHE : ENTRE DANS LA JOIE DE TON MAITRE 349

Avent

1er dimanche : Veillez donc !

Frères et sœurs, **qu'espérez-vous ?** Au plus profond de vous-mêmes, quelle est votre attente ? Nous entrons aujourd'hui dans l'Avent, un mot qui signifie avènement, venue du Fils de Dieu parmi nous. Alors que le temps ordinaire conforte notre Foi et que le Carême et le temps pascal affermissent notre Charité, **l'Avent fortifie notre Espérance.** Pendant quatre semaines, nous allons nous centrer sur le triple avènement du Christ : celui qui a eu lieu il y a 2000 ans, dont nous ferons mémoire le jour de Noël ; celui qui aura lieu à la fin des temps, que nous avons célébré dimanche dernier, avec le Christ-Roi ; celui qui a lieu chaque jour, en particulier dans chaque eucharistie, lorsque le Christ vient à notre rencontre. Ces trois avènements sont liés l'un à l'autre. C'est parce que le Fils de Dieu est venu parmi nous il y a 2000 ans et qu'il continue de le faire sans cesse que nous possédons l'Espérance qu'il reviendra un jour pour établir définitivement son Règne. Est-ce que nous espérons vraiment ce jour de tout notre cœur ? Ou est-ce que notre Espérance théologale est endormie, remplacée par des espoirs tout humains, tels que l'amélioration de notre carrière, la croissance de notre compte en banque, les prochaines vacances au Club Med ? Pour que le Seigneur puisse ranimer notre Espérance, nous verrons d'abord ce qu'elle est réellement : l'attente de la rencontre avec lui. Ensuite, nous réfléchirons sur l'attitude qui peut nous permettre de l'aviver : la veille.

Pour commencer, **qu'est-ce que l'Espérance ?** Elle est la deuxième des trois vertus théologales, ces habitus qui sont donnés par Dieu et qui nous donnent de Lui être unis. Grâce à elle, les croyants attendent de Dieu, avec confiance, sa grâce en ce monde et une vie éternelle et bienheureuse après la mort. Alors que la foi nous montre le chemin qui conduit vers Dieu, l'espérance nous donne la force de marcher sur ce chemin jusqu'au but, qui est l'union à Dieu que l'amour réalise.

Notre Espérance est donc double : d'une part, nous attendons notre rencontre avec le Christ qui viendra nous juger. Même si ce jugement aura lieu lors de la Parousie, la manifestation glorieuse du Christ à la fin des temps, elle correspondra pour chacun d'entre nous au jour de notre mort, sauf si le Christ revient avant, ce qui est toujours possible. Pourquoi attendre ce jour ? Parce que nous croyons que Dieu est Amour, et qu'Il désire nous accueillir dans son Royaume pour nous y combler. Ce jour-là, les hommes vivront enfin comme des frères. Comme le prophétisait Isaïe, *« de leurs épées ils forgeront des socs de charrue, et de leurs lances, des faucilles. On ne lèvera plus l'épée nation contre nation, on ne s'entraînera plus pour la guerre »* (1ère lect.). Comme il est bon d'entendre ces paroles, particulièrement dans notre pays où beaucoup sont angoissés par la peur de l'avenir, une peur qui redouble à l'approche de Noël pour tous ceux pour qui cette fête ravive de douloureux souvenirs !

Ce jour-là peut survenir aujourd'hui, mais aussi dans un lointain avenir. Aussi, n'oublions pas que nous attendons un deuxième type de rencontres avec le Christ : celles qui ont lieu chaque jour de notre vie. Le Seigneur vient à nous de multiples manières : dans les sacrements, dans les personnes, dans les évènements, dans les « motions de l'Esprit »... *aux champs et au moulin...* Le Christ est vivant au milieu de nous et il désire nous guider, comme il l'a fait avec les disciples d'Emmaüs le soir de la Résurrection. Le problème est que souvent, comme eux, nous ne savons pas le reconnaître, et nous ne l'accueillons pas. Souvenons-nous de la parole terrible que le Christ adresse à ceux qui sont à sa gauche, lors du jugement dernier : *« ce que vous n'avez pas fait à l'un de ces petits, à moi non plus vous ne l'avez pas fait. »* (Mt 25,45)

Ainsi, **le Seigneur non seulement viendra à notre rencontre, mais il vient** chaque jour. La question essentielle est donc : **sommes-nous prêts à le rencontrer ?** Sommes-nous assez **vigilants** pour ne pas manquer les occasions qu'il nous offre de le faire ? Le temps de l'Avent est destiné avant tout à nous ré**veiller**, à sortir du sommeil spirituel qui nous empêche de prendre conscience de la venue du Seigneur dans nos vies. Saint Paul exhorte ainsi les Romains : *« c'est le moment, l'heure est venue de sortir de votre sommeil. La nuit est bientôt finie, le jour est tout proche »* (2ème lect.). De la même manière, Jésus nous exhorte aujourd'hui : *« **Veillez** ».* N'oublions jamais que notre Seigneur peut venir à nous à tout moment, aussi soudainement qu'Il l'a fait au temps de Noé. Or, notre société de consommation ressemble tellement à celle de Noé ! *« À cette époque, avant le déluge, on mangeait,* *on buvait, on se mariait »*… Remarquons que les contemporains de Noé ne faisaient rien de mal en soi, apparemment. Mais ils étaient centrés sur eux-mêmes, « assoupis » spirituellement et donc incapables de tourner leurs yeux vers le Seigneur. L'appel à la vigilance est toujours d'actualité, mais il l'est paradoxalement davantage en cette période où la frénésie de consommation augmente. Tout comme la nature « s'intériorise » en automne et en hiver, les arbres perdant leurs feuilles parce que la sève se retire de leurs branches, nous sommes appelés à nous intérioriser et à nous « retirer » nous aussi, c'est-à-dire à faire une retraite : *« quand tu pries, retire-toi au fond de ta maison, ferme la porte, et prie ton Père qui est présent dans le secret »* (Mt 6,6). Les bougies que nous allumons au fur et à mesure des dimanches de l'Avent symbolisent notre veille. Si nous ne prions pas assez, si nous ne demeurons pas éveillés, il risque de nous arriver la même mésaventure que les Apôtres Pierre, Jacques et Jean à Gethsémani : alors que Jésus leur avait demandé de veiller et prier pour ne pas entrer en tentation (Mt 26,41), ils s'abandonnèrent cependant au sommeil. Aussi furent-ils ensuite incapables de résister à la tentation, s'enfuirent et –pire encore – le premier d'entre eux renia Jésus.

Cet exemple manifeste clairement que la vigilance spirituelle demande un véritable combat. C'est pourquoi saint Paul, après avoir invités à *« sortir du sommeil »*, ajoute : *« Rejetons les activités des ténèbres, revêtons-nous pour le combat de la lumière. »* Or, *« le combat spirituel est aussi brutal que la bataille d'hommes* » écrit Rimbaud dans « Une Saison en Enfer ». Alors, comment le remporter ? En étant uni à celui qui a vaincu le mal. C'est pourquoi Paul ajoute encore : « *revêtez le Seigneur Jésus Christ.* » Tout comme un soldat sans armure et sans bouclier aurait peu de chance de rester vivant, nous ne pouvons pas vaincre les forces des ténèbres sans l'équipement de combat[1] que nous avons reçu le jour de notre baptême, lorsque nous avons revêtu le vêtement blanc symbolisant le Christ ressuscité. Et c'est tous ensemble que nous combattons, dans cette immense armée qu'est l'Eglise, la nouvelle arche dans laquelle nous sommes protégés d'un déluge de mensonges et d'erreurs.

Finalement, la seule question essentielle est celle-ci : à quoi le Seigneur nous appelle-t-il maintenant ? C'est cela, veiller : être vigilants pour toujours accomplir la volonté de Dieu. Veiller et prier sont donc indissociables : sans cesse, le Seigneur nous appelle à avoir le cœur tourné vers Lui. Même si je dors, je peux être en état de veille, comme nos appareils électroniques avec une lumière rouge constamment allumée. C'est ce que dit la bien-aimée du Cantique des Cantiques: « *Je dors, mais mon cœur veille* » (Ct 5,2). La veille signifie ici tout

---

[1] cf Ep 6,14-17 : « *Tenez donc, ayant autour des reins le ceinturon de la vérité, portant la cuirasse de la justice, les pieds chaussés de l'ardeur à annoncer l'Évangile de la paix, et ne quittant jamais le bouclier de la foi, qui nous permettra d'arrêter toutes les flèches enflammées du Mauvais. Prenez le casque du salut et l'épée de l'Esprit, c'est-à-dire la parole de Dieu.* »

simplement l'amour : la personne qui aime est toujours attentive à l'autre, désireuse de sa présence. Si elle sait que son bien-aimé va arriver, elle peut faire preuve d'une patience infinie en l'attendant. Si elle s'endort malgré tout, comme les vierges sages qui attendaient l'Epoux, son cœur est toujours éveillé, parce qu'elle a mis de l'huile dans sa lampe, symbole de l'Esprit Saint qui repose dans son âme.

Ainsi, frères et sœurs, **l'Espérance est fondamentalement l'attente de la rencontre avec Dieu : rencontre le jour de notre mort, mais aussi chaque jour de nos existences.** Pour ne pas rater ces rencontres avec le Seigneur, il nous faut demeurer sans cesse en état de **veille**, ce qui signifie aussi que nous devons combattre spirituellement. Ce combat, nous le menons tous ensemble dans **l'Eglise, la nouvelle arche** qui nous protège des assauts du mal, comme Noé au temps du déluge ou comme Moïse dans son panier au temps de Pharaon… **Pendant ce temps de l'Avent, améliorons notre prière pour être davantage en état de veille**: demandons à l'Esprit Saint de nous donner des cœurs plus amoureux. Alors, nous serons capables d'accueillir le Seigneur toutes les fois où il viendra nous rencontrer, dans toutes les circonstances de nos vies. AMEN.

2ᵉᵐᵉ dimanche : Convertissez-vous, car le Royaume des cieux est tout proche.

Frères et sœurs, **vivons-nous dans l'Espérance ?** Dans *le Porche du mystère de la seconde vertu*, Péguy la compare à une petite fille qui avance comme traînée par ses deux grandes sœurs, la foi et la charité, mais en fait, c'est elle qui les fait avancer. Qui fait avancer le monde². L'Avent est

---

² *« La foi que j'aime le mieux, dit Dieu, c'est l'Espérance. La Foi ça ne m'étonne pas. Ce n'est pas étonnant. J'éclate tellement dans ma création. La Charité, dit Dieu, ça ne m'étonne pas. Ça n'est pas étonnant. Ces pauvres créatures sont si malheureuses qu'à moins d'avoir un cœur de pierre, comment n'auraient-elles point charité les unes des autres. Ce qui m'étonne, dit Dieu, c'est l'Espérance. Et je n'en reviens pas. L'Espérance est une toute petite fille de rien du tout. Qui est venue au monde le jour de Noël de l'année dernière. C'est cette petite fille de rien du tout. Elle seule, portant les autres, qui traversa les mondes révolus. La Foi va de soi. La Charité va malheureusement de soi. Mais l'Espérance ne va pas de soi. L'Espérance ne va pas toute seule. Pour espérer, mon enfant, il faut être bienheureux, il faut avoir obtenu, reçu une grande grâce. La Foi voit ce qui est. La Charité aime ce qui est. L'Espérance voit ce qui n'est pas encore et qui sera. Elle aime ce qui n'est pas encore et qui sera. Sur le chemin montant, sablonneux, malaisé. Sur la route montante. Traînée, pendue aux bras de des grandes sœurs, qui la tiennent par la main, la petite espérance s'avance. Et au milieu de ses deux grandes sœurs elle a l'air de se laisser traîner. Comme une enfant qui n'aurait pas la force de marcher. Et qu'on traînerait sur cette route malgré elle. Et en réalité c'est elle qui fait marcher les deux autres. Et qui les traîne, et qui fait marcher le monde. Et qui le*

justement le grand temps de l'Espérance, et aussi celui de l'enfance. C'est particulièrement vrai aujourd'hui où nous fêtons saint Nicolas, patron des enfants. Avons-nous suffisamment des cœurs d'enfants pour vivre dans l'Espérance ? Pour nous y aider, la liturgie de ce jour nous donne d'écouter deux grands prophètes, Isaïe d'abord, Jean Baptiste ensuite. Avec eux, nous allons franchir 2 étapes. **D'abord, Isaïe nous donnera de contempler le Royaume de Dieu et celui qui le dirige, le Fils de Dieu. Ensuite, Jean nous parlera de l'eau et du feu, grâce auxquels nous pourrons y entrer un jour.**

« I have a dream ». Le discours le plus célèbre de Martin Luther King, qu'il prononça à Washington il y a 50 ans exactement, le 28 octobre 1963, est directement inspiré de la prophétie d'Isaïe que nous venons d'entendre. Cette prophétie du Royaume est en deux parties, que nous allons analyser successivement. Dans la seconde partie de sa prophétie, Isaïe décrit les relations entre les habitants du Royaume. Il le fait sous une forme qui ressemble à une fable animale : *« Le loup habitera avec l'agneau, le léopard se*

---

traîne. Car on ne travaille jamais que pour les enfants. Et les deux grandes ne marchent que pour la petite ».

Charles Péguy (1873-1914)

16

couchera près du chevreau… » En réalité, cette description n'est pas qu'une fable, comme celles de Lafontaine qui se servait des animaux pour décrire les relations entre les hommes. En effet, comme l'écrit saint Paul aux Romains, *« la création tout entière crie sa souffrance, elle passe par les douleurs d'un enfantement qui dure encore. »* (Rm 8,22) Saint François d'Assise l'avait bien compris, lui qui appelait *« frères »* et *« sœurs »* toutes les créatures : frère loup, sœur eau, etc. Les deux parties de la prophétie sont liées : c'est parce que le Messie fera régner la justice sur la terre que cette fraternité entre toutes les créatures sera possible.

Qui dirigera ce Royaume ? Celui qu'on appelle le Messie, *« l'oint du Seigneur »* en hébreu, qu'Isaïe décrit dans la 1ère partie de sa prophétie. Il sera un descendant de David, qui avait été choisi non parce qu'il était le plus grand ou le plus fort, mais par la pure grâce de Dieu. *« Sur lui reposera l'esprit du Seigneur : esprit de sagesse et de discernement, esprit de conseil et de force, esprit de connaissance et de crainte du Seigneur, qui lui inspirera la crainte du Seigneur. »* Isaïe énumère ici six dons du Saint Esprit ; pour parvenir à un chiffre symboliquement parfait, la Tradition en ajoutera un septième, le don de piété, qui dérive lui-même du don de crainte. Celui-ci est cité deux fois, et à la fin, parce qu'il est le plus important de tous les dons, et qu'il les couronne. La crainte est ici synonyme de respect filial et d'adoration ; si elle a été associée ensuite à la piété, synonyme d'affection et de tendresse, c'est pour signifier qu'il y a entre le Messie et Dieu une saine distance et une saine proximité. Fort de ces dons de l'Esprit, le Messie sera capable de gouverner avec justice : « *Il ne jugera pas d'après les apparences, il ne tranchera pas d'après ce qu'il entend dire. Il jugera les petits avec justice, il tranchera avec droiture en faveur des pauvres du pays [...] Justice est la ceinture de ses hanches* ».

Mais ce Royaume n'est-il pas qu'une utopie ? Non, clame Jean Baptiste, « *le Royaume des cieux est tout proche* ». Jésus commencera son ministère avec les mêmes mots. Mais il y a une condition pour entrer dans ce Royaume, que Jean et Jésus n'oublient pas d'ajouter : « ***convertissez-vous*** » ! Nous allons y parvenir d'abord grâce à l'eau, ensuite grâce au feu.

La première étape de la conversion consiste à prendre conscience de nos péchés, et de notre impuissance à nous en délivrer seuls. Ce n'est pas un hasard si Jean baptise près du Jourdain, dans le désert. N'aurait-il pas mieux fait d'aller prêcher dans Jérusalem, et même dans le Temple, là où vont les foules ? Non, car le désert est un lieu parfaitement adapté pour prendre conscience de nos fragilités et de nos misères. « *Je vais la séduire, je la conduirai au désert et je parlerai à son cœur* » (Os 2,16) avait dit Dieu au prophète Osée. Par ailleurs, le Jourdain est à la fois le lieu le plus bas de la terre, et le lieu où Josué (=Jésus) avait fait entrer Israël en Terre Promise. C'est l'endroit idéal pour prendre conscience de ses péchés et désirer changer de vie. Et c'est précisément le sens du baptême de Jean : l'immersion dans l'eau symbolisait la plongée dans la mort que l'homme ne peut éviter, et la sortie, qui s'accompagnait d'une marche vers la rive en Terre Promise (l'eau était peu profonde) symbolisait le désir de la vie avec Dieu. Si Jean est si dur avec les Pharisiens et les Saducéens, qu'il compare à une « *engeance de vipères* » en référence au serpent de la Genèse, et peut-être aussi parce que la vipère est un animal sourd, c'est parce qu'ils n'ont pas pris suffisamment conscience de leurs péchés. Ils sont venus « *en grand nombre* » pour le « spectacle », parce que c'est « the place to be » au moment où « *Jérusalem, toute la Judée et toute la région du Jourdain venaient à Jean* ». En pensant : « *nous avons Abraham pour père* », ils manifestent que leur foi est un talisman et qu'ils manquent d'humilité. En leur déclarant : « *avec les pierres que voici, Dieu peut faire surgir des enfants à Abraham* », Jean signifie que leur cœur est plus dur que les pierres.

Cette première étape est nécessaire, mais pas suffisante. Jean est « *le plus grand des enfants des hommes* » (Mt 11,1) il joue un rôle fondamental dans le dessein de Dieu, mais il n'est que le Précurseur : « *celui qui vient derrière moi est plus fort que moi, et je ne suis pas digne de lui retirer ses sandales* ». Cette expression, qui rappelle la loi du lévirat qui permettait à un homme d'épouser une veuve en la rachetant à celui à qui elle était normalement destinée (en mettant la sandale de l'autre sur l'épaule de la femme) est une façon de dire que Jean n'est pas l'époux. L'Epoux d'Israël, c'est Dieu seul, et c'est son Messie qu'Il a envoyé. « *Moi, je vous baptise dans l'eau, pour vous amener à la conversion... Lui vous baptisera dans l'Esprit Saint et dans le feu* ». Pour nous convertir et mener notre vie avec Dieu, nous avons besoin de Dieu Lui-même. Le Messie est le seul qui peut nous baptiser dans l'Esprit Saint, comparé ici à un feu : feu qui réchauffe nos froideurs et nos tiédeurs, qui brûle nos péchés, qui éclaire nos obscurités. Cet Esprit Saint dans lequel Dieu veut nous baptiser, c'est-à-dire nous plonger, c'est celui dont Isaïe a décrit les dons. La boucle est bouclée : le désir de Dieu, c'est de faire de chacun d'entre nous des messies, des rois, capables d'agir avec justice. Ce que nous avons reçu le jour de notre confirmation, le Seigneur nous demande d'en vivre chaque jour. Comme le disait Graham Greene, « *le chrétien est une personne qui se convertit tous les jours* ».

Ainsi, frères et sœurs, le Seigneur nous invite à nous convertir, afin que nous puissions entrer dans son Royaume, qui est tout proche, et y régner avec lui. Cette semaine, **amassons des grains pour la vie éternelle, par chacune de nos bonnes actions,** et **prenons le temps de recevoir le sacrement de la réconciliation**. Avec lui, nous recevrons le feu de l'Esprit Saint, qui consumera la paille de nos péchés, et qui nous comblera de ses sept dons. C'est ainsi que nous marcherons avec la petite fille Espérance, et qu'avec elle, nous ferons avancer le monde. AMEN.

3ème dimanche : Reconnaissance, patience, confiance ... pour notre joie !

Frères et sœurs, **êtes-vous joyeux ?** Aujourd'hui, dimanche de *Gaudete* (réjouissez-vous, en latin) l'Eglise nous invite à la joie. Non pas à une joie superficielle et passagère, mais à une joie profonde et durable. Pourquoi être joyeux, alors que tant de choses ne vont pas, dans nos vies et dans le monde ? Parce que le Fils de Dieu s'est incarné pour nous sauver de toutes nos misères et nous donner d'entrer dans son Royaume. Aujourd'hui, la liturgie met à nouveau en lumière le personnage de Jean Baptiste. Contrairement à l'image que certains ont de lui, Jean était un homme rempli de joie. Il le dit lui-même après avoir baptisé Jésus : *« l'ami de l'époux se tient là, il entend la voix de l'époux, et il en est tout joyeux. C'est ma joie, et j'en suis comblé. »* (Jn 3,29) La joie de Jean vient de l'accomplissement de son désir, qui était de voir apparaître le Messie... Plusieurs mois plus tard, cependant, certains ont des doutes : Jésus est-il bien celui qu'on attendait ? Alors que Jean l'avait présenté comme un juge, qui allait *nettoyer son aire à battre le blé, amasser le grain dans son grenier et brûler la paille dans un feu qui ne s'éteindrait pas,* Jésus mange avec les publicains et les pécheurs, et ne cesse d'offrir son pardon... Pour faire disparaître les doutes qui assaillent ses disciples, et peut-être lui-même, Jean fait demander à Jésus : *« Es-tu celui qui doit venir, ou devons-nous en attendre un autre ? »* La réponse de Jésus est de nature à chasser les doutes des disciples de Jean, et à renouveler la joie dans leurs cœurs. Le rose de la joie est composé du blanc de la pureté (qui nous permet de reconnaître l'action de Dieu autour de nous) et du rouge du martyre. Aussi Jésus les appelle – et nous avec - à une double attitude : **la reconnaissance**, afin de rendre grâce au Seigneur pour tout ce qu'il fait pour nous et de nous ; **la patience**, afin d'attendre la venue du royaume et de tenir bon dans les difficultés du présent. En d'autres termes, il s'agit de le remercier pour le verre à moitié plein, et de supporter qu'il soit à moitié vide.

Premièrement, le Christ nous invite à la reconnaissance. Au double sens du mot : reconnaître ses bienfaits, qui sont comme des rayons de lumière dans nos vies parfois environnées de ténèbres ; et lui en rendre grâce. Nous pouvons d'abord être reconnaissants pour ce que le Seigneur fait **pour** nous. Jésus dit, en citant le prophète Isaïe: « *Allez rapporter à Jean ce que vous entendez et voyez : Les aveugles voient, les boiteux marchent, les lépreux sont purifiés, les sourds entendent, les morts ressuscitent, et la Bonne Nouvelle est annoncée aux pauvres.* » Notons qu'il y a une gradation dans ces miracles accomplis par le Christ : après la guérison des maux du corps, vient la victoire sur la mort elle-même. Mais plus grand encore est le salut qui concerne notre âme, menacée par la « seconde mort », qui est la mort spirituelle : la Bonne Nouvelle est annoncée aux pauvres, c'est-à-dire à tous ceux qui reconnaissent qu'ils ont besoin d'être sauvés.

Tous ces signes, le prophète Isaïe les avait annoncés comme révélateurs de la présence du Messie, comme *la vengeance* et *la revanche de Dieu* sur le mal (1° lect.) Certes, le Royaume ne sera établi définitivement que lors du retour du Christ, mais dès sa première venue, il a manifesté qu'il était plus fort que toutes les formes de mal. Ces mots de « *vengeance* » et de « *revanche* » sont forts, et nous rappellent à la fois que Dieu « souffre » avec nous du mal qui nous atteint, mais aussi qu'Il est le seul capable de nous en délivrer. Nous le voyons à travers de multiples signes, « *signes par milliers* », comme nous le chantons parfois. Tout autour de nous, la Bonne Nouvelle continue d'être annoncée, et elle produit du fruit. Des pécheurs se convertissent, des ennemis se réconcilient, des malades guérissent, des hommes et des femmes donnent leur vie pour Dieu et pour leurs semblables...

Par ailleurs, **le Christ nous invite à reconnaître non seulement ce que Dieu fait pour nous, mais aussi ce qu'Il fait de nous, à savoir, par le baptême, ses fils et ses filles !** Il le fait par une nouvelle gradation, en mettant d'abord en lumière la gloire de Jean Baptiste. Cette gloire n'est pas visible à ceux qui ne voient que la superficie des choses, car il n'est pas *un homme aux vêtements luxueux qui vivrait dans un palais royal*. Il est un prophète et même *bien plus qu'un prophète, car il est l'ultime messager qui a préparé les chemins du Sauveur*. Aussi Jésus déclare solennellement : « *Amen, je vous le dis : Parmi les hommes, il n'en a pas existé de plus grand que Jean Baptiste* ».

Et cependant, ajoute Jésus, « *le plus petit dans le Royaume des cieux est plus grand que lui.* » Il y a entre l'Ancienne et la Nouvelle Alliance un saut qualitatif immense. Jean annonçait la venue du Messie, mais pas du Verbe fait chair, Dieu-avec-nous ! « *Chrétien, reconnais ta dignité* », s'écria saint Léon dans son sermon de la nuit de Noël. Par notre baptême, nous sommes devenus fils et filles de Dieu ! « *Tous nous avons eu part à sa plénitude, nous avons reçu grâce après grâce* » (Jn 1,16) !

Deuxièmement, le Christ nous invite à la patience. Elle a un double sens : le sens courant est celui d'attendre un bien qui tarde à venir (en rigueur de terme, c'est la longanimité). L'autre sens est de supporter courageusement un mal que nous rencontrons. Nous chrétiens, nous devons d'abord attendre un bien qui tarde à venir, le Royaume que le prophète Isaïe nous a décrit dimanche dernier, et dont Jean et Jésus ont dit qu'il était « *tout proche* ». Mais en attendant que ce Royaume vienne, comme nous le demandons à chaque fois que nous prions le Notre Père, nous devons traverser toutes sortes d'épreuves.

Saint Jacques vient ainsi de nous exhorter : « *Frères, en attendant la venue du Seigneur, ayez de la patience. Voyez le cultivateur : il attend les produits précieux de la terre avec patience, jusqu'à ce qu'il ait fait la première et la dernière récoltes*» (2° lect.). Jean est patient, il n'est pas « *un roseau agité par le vent* », qui changerait d'opinion au gré des évènements, comme le roi Hérode à qui il reproche d'avoir épousé la femme de son frère. Il vit dans l'attente du Royaume, et il supporte courageusement ses chaînes, et peut-être l'épreuve du doute, « la nuit de la foi » que tous les saints ont traversé d'une manière ou d'une autre. Notre société ne nous aide pas, car elle nous pousse plutôt à l'impatience, tant elle a érigé un culte à la rapidité et à l'instantanéité. Ce « culte » est nuisible à la réflexion et à l'imagination, et donc particulièrement néfaste à la croissance des enfants. De plus en plus de voix invitent à la *slow attitude*, à la *slow food*, au *slow management*…

Ainsi, frères et sœurs, **le Seigneur nous invite à une joie profonde**. Certes, le mal perdure, et il nous fait souffrir parfois. Peut-être aussi sommes-nous parfois déçus du Seigneur, qui ne répond pas toujours à nos attentes et à nos prières. Mais le Christ nous dit, comme à Jean Baptiste et à ses disciples : « *Heureux celui qui ne tombera pas à cause de moi !* » Pour ne pas tomber, il nous appelle à une double attitude : la reconnaissance pour discerner les signes par milliers de sa présence autour de nous et pour lui rendre grâce d'avoir fait de nous ses fils et ses filles; et la patience, pour supporter les épreuves jusqu'à ce qu'il revienne. Pour nous aider à l'une et à l'autre, **faisons preuve de confiance : Christ est venu, Christ reviendra, Christ est là**… Cette semaine, **pourquoi ne pas aller vers une personne triste que nous connaissons, et partager avec elle la joie qui nous habite ?**

4ᵉᵐᵉ dimanche : Saint Joseph, priez pour nous !

Frères et sœurs, **quelle place occupe saint Joseph dans notre vie ?** Parmi les saints de l'Eglise, il est le plus discret : on ne trouve aucune parole dans sa bouche dans les évangiles. Quel contraste avec saint Jean Baptiste, à la parole de feu, sur lequel nous avions braqué le projecteur les 2 dimanches précédents ! Les 2 saints qui font la jonction entre l'ancien et le nouveau testament ont tous les 2 joué un rôle essentiel dans l'histoire du salut, chacun à sa manière. Quel contraste surtout avec le roi Acaz, son ancêtre (1° lect.), qui fut aussi injuste que Joseph fut juste ! Aujourd'hui, fixons notre attention sur celui dont la mission ressemble par bien des aspects à celle du patriarche homonyme, qui sauva son peuple de la mort en Egypte. Mettons en lumière 3 aspects de sa vie : **il a été un bon fils, un bon époux, et un bon père.**

Pour commencer, **Joseph a été un bon fils**. Dans l'évangile, l'ange l'appelle *« fils de David »*. Certes, ce titre est une façon de nous faire comprendre que Jésus est lui aussi un descendant de David, réalisant ainsi la promesse qui avait été faite au roi que son trône serait stable pour toujours (2S7,16). Mais cette appellation signifie davantage, si on sait que David se caractérise par sa crainte de Dieu et sa piété, et qu'on lui attribue tous les psaumes, même si on sait qu'il ne les a pas tous composés. Or, la crainte et la piété, les 2 premiers dons de l'Esprit Saint, signifient une vie entièrement tournée vers le Seigneur, à son écoute. David, excepté lorsqu'il pécha, n'entreprit rien sans demander d'abord l'avis du Seigneur. De même, Joseph est un homme obéissant. Dans notre société « adolescente », l'obéissance est souvent perçue négativement, comme un manque de liberté. En réalité, l'obéissance à Dieu est le signe d'une grande liberté intérieure. Il faut ne pas être esclave de ses peurs et de ses désirs pour écouter Dieu et le suivre.

La preuve nous en est donnée par le roi Acaz. Lui aussi est un descendant de David, mais il n'en est pas digne. Du temps d'Isaïe, au VIII° s. av. JC, devant la menace d'une invasion de la Syrie et de la Samarie, il refuse d'écouter la voix de Dieu qui l'invite, par la voix du prophète, à ne pas avoir peur et à demander un signe pour être réconforté. « *Non, je n'en demanderai pas, je ne mettrai pas le Seigneur à l'épreuve.* » Sa réponse ressemble à de l'humilité, mais elle cache en réalité un manque de foi. Acaz a déjà décidé de ne pas faire confiance au Seigneur, mais plutôt à une autre puissance étrangère, celle de l'Assyrie. Il a foi non en Dieu, mais en la politique. Résultat : très peu de temps après les paroles d'Isaïe, les deux royaumes de Syrie et de Samarie ont été complètement écrasés par l'empire assyrien, leurs richesses emmenées à Ninive et leurs populations déplacées. Et alors que Juda avait passé une alliance avec l'Assyrie, il a dû en subir la domination un peu plus tard lui aussi.

Joseph, contrairement à son ancêtre Acaz, fait confiance au Seigneur, malgré les apparences. 4 fois de suite, on le voit obéir à l'ange de Dieu sans retard, avec une simplicité admirable.

Ensuite, **Joseph a été un bon époux.** Il aime tellement Marie qu'il décide « *de la répudier en secret* », alors qu'il aurait pu la dénoncer publiquement, ce qui aurait pu lui valoir la lapidation. Il me semble clair que Marie lui a révélé le message de l'ange, comment aurait-elle pu le lui cacher ? Par sa décision, c'est Joseph qui prend symboliquement sur lui le poids du jugement des autres. Tous penseront qu'il a commis une faute en brûlant les étapes, et qu'il n'a pas voulu ensuite assumer sa responsabilité. Il n'y a en effet de secret que le motif de la répudiation, que tous vont imaginer à leur manière, et en connaissant l'intégrité de Marie… Mais pourquoi ne pas l'avoir pas pris tout de suite chez lui ? Cette décision précipitée aurait sans doute fait jaser (c'est d'ailleurs ce qui s'est sans doute passé ensuite), mais elle l'aurait au moins préservé de l'accusation de lâcheté qu'il risque maintenant… Sans doute Joseph ne se sent pas à la hauteur de la tâche, il sait qui est véritablement le fils de Marie.

Mais dès qu'il apprend la vérité par l'ange, il la prend « *chez lui* ». Sens du sacrifice, humilité, courage… autant de vertus dont Joseph a fait preuve. Les évangiles ne nous disent rien sur ses relations avec Marie, mais on peut les imaginer. Comme ils ont dû s'aimer ! L'amour entre deux êtres est d'autant plus fort qu'il est habité par l'amour de Dieu. Nous pouvons imaginer à quel point Marie a dû apprécier la présence de Joseph en allant à Bethléem pour le recensement, ou en Egypte lorsqu'il fallut fuir…

Enfin, **Joseph a été un bon père.** Père non pas biologique, mais adoptif. Notons que n'importe quel père, comme lui, doit être accueilli dans la relation au départ fusionnelle entre la maman et son enfant. Quel est le rôle d'un père ? Essentiellement, il doit aider l'enfant à découvrir sa vocation et à se préparer pour l'accomplir. C'est pourquoi c'est son rôle de donner à l'enfant son nom, comme l'ange le dit à Joseph : *« tu lui donneras le nom de Jésus (c'est-à-dire : Le-Seigneur-sauve), car c'est lui qui sauvera son peuple de ses péchés »*. D'emblée, Joseph sait quelle sera la mission de son fils, et il l'aidera à s'y préparer, notamment en lui enseignant la torah (c'est le rôle du père, chez les Juifs). Ce qui ne signifie pas qu'il ne lui ait rien enseigné d'autre, au contraire. Nous savons que grâce à lui, Jésus est devenu charpentier. N'oublions pas que chez les Juifs, les activités manuelles et spirituelles vont de pair. Le vrai sage n'est pas celui qui sait beaucoup de choses, mais celui qui sait se servir de ce qu'il a appris pour transformer le monde par son travail. Beaucoup d'illustres rabbins exerçaient des professions manuelles. Chez nous en France, héritiers des Grecs chez qui c'étaient les esclaves qui s'en chargeaient, nous avons malheureusement trop dénigré ces professions. Saint Benoît, au début du Moyen Age, avait révolutionné la société avec sa devise : *« ora et labora »*. Grâce à lui, des générations de moines ont transformé l'Europe en une terre riche et fertile.

Là encore, quel contraste avec le roi Acaz, qui immola son fils par le feu afin de s'attirer la bienveillance divine (2R 16,3) !

Ainsi, Joseph a été un bon fils, un bon époux, et un bon père. On peut même déclarer qu'**il a été un bon père parce qu'il a été un bon fils et un bon époux.** Son exemple peut beaucoup nous aider, dans notre société sécularisée qui souffre d'une faillite de la filiation, de la conjugalité, et de la paternité. Cette crise a une origine lointaine et profonde, qui est le rejet de Dieu. Celui-ci se développa au 18° siècle, qu'on appelle *« des lumières »*, et qui aboutit à la révolution française. En rejetant Dieu, les révolutionnaires rejetèrent leurs pères. Ce n'est pas un hasard si leur folie iconoclaste, loin de détruire les seules effigies divines, se déversa également sur les rois de Judée et d'Israël qui encadrent le portail de Notre-Dame de Paris. S'ils en vinrent à décapiter leur roi, c'est parce qu'ils voulaient détruire à tout jamais cette paternité collective qu'il représentait. Les révolutionnaires pensaient s'émanciper et ainsi entrer dans le « monde adulte », entendez le monde sans Dieu. Ils ne réalisèrent pas qu'ils régressaient au contraire dans un monde infantile, ainsi que l'indique le titre de leur texte fondateur, la *Déclaration des droits de l'homme et du citoyen*. Le monde du droit subjectif qu'ils construisent est caractéristique de l'enfance : il n'y a plus de devoir, seulement des droits. Était alors réclamé de la Cité qu'elle assume le rôle maternel, tout d'assistance… Aujourd'hui, les jeunes ont beaucoup de mal à devenir adultes, on parle de société « adulescente », comme le film Tanguy l'a illustré de manière à la fois drôle et triste. Paradoxalement, cette société « adulescente », qui ne jure que par la jeunesse quasi éternelle et refuse de vieillir, ne laisse pas beaucoup de place aux jeunes... Alors, que faire ? **Vous les pères, apprenez à être de bons fils de Dieu, pour que votre autorité ne soit pas arbitraire mais sage. Apprenez à être de bons maris, afin que vos épouses continuent toujours de vous aimer, et même de plus en plus. C'est ainsi que vous serez aussi de bons pères**, car vos enfants seront d'autant plus humbles et heureux qu'ils ne seront pas le centre du monde et qu'ils verront l'amour que leurs parents ont l'un pour l'autre. St Joseph, priez pour nous !

Noël

Nuit de Noël : Gloire à Dieu au plus haut des cieux, et paix sur la terre aux hommes, qu'Il aime !

Frères et sœurs, **que souhaitez-vous pour Noël ? Quel cadeau désirez-vous recevoir ?** Cette nuit, le père Noël viendra apporter aux enfants les plus gâtés les cadeaux qu'ils lui ont demandés. Le père Noël est généreux, mais le Père des cieux l'est infiniment plus, et il souhaite nous offrir un cadeau à chacun, car nous sommes tous ses enfants. Ce cadeau, c'est le plus beau de tous ceux que nous pourrions imaginer, c'est... le salut ! Et ce n'est pas un rêne qui le transporte dans la neige jusqu'à nous, c'est Jésus, dont le nom signifie « *Dieu sauve* », qui descend du ciel. Sommes-nous heureux de recevoir ce cadeau ? Il n'y a rien de plus triste que d'offrir un cadeau à quelqu'un qui le reçoit sans exprimer de marques de joie et de reconnaissance... ou pire, qui ne daigne même pas le déballer de son emballage. Malheureusement, c'est bien ainsi que le cadeau de Dieu est traité : certains ne l'ouvrent même pas, d'autres disent « merci » poliment, d'autres enfin remercient chaleureusement mais sans véritablement utiliser ensuite le cadeau. Et nous, **que faisons-nous du salut que Dieu nous a offert il y a 2000 ans ? Avons-nous conscience de devoir être sauvés ?** Nous nous disons peut-être : « sauvés, mais de quoi » ? « Ma situation n'est peut-être pas extraordinaire, mais j'arrive à me débrouiller, à joindre les deux bouts... » etc. Alors, **de quoi le Seigneur nous sauve-t-il ? De ce qui nous met en danger, à savoir le mal,** qu'on peut comparer aux ténèbres. Ce n'est pas un hasard si c'est dans la nuit que nous célébrons Noël. Comme le proclamait le prophète Isaïe : « *Le peuple qui marchait dans les ténèbres a vu se lever une grande lumière ; et sur les habitants du pays de l'ombre, une lumière a resplendi* » (1ère lect. de la nuit). Le Christ est *la lumière du monde* (Jn 9,5). Le mal ne peut rien contre lui, comme les ténèbres sont vaincues par la lumière. Alors, pourquoi le mal continue-t-il de ravager la terre ? Parce que c'est en deux temps que le Fils de Dieu nous sauve. Dans un 1er temps, il veut nous sauver du péché, c'est-à-dire le mal dont nous sommes responsables. Dans un 2nd temps, il reviendra pour nous sauver aussi du mal dont nous sommes les victimes : les maladies, les épreuves, la mort… Dans le temps présent, donc, notre responsabilité est avant tout de nous convertir, pour être sauvés de la mort spirituelle. Et le Seigneur ne se contente pas de nous protéger du mal, il nous transforme en faisant de nous ses fils, capables de faire le bien : « *à tous ceux qui l'ont reçu, il a donné de pouvoir devenir enfants de Dieu* » (év.) Le salut est donc comme une pièce d'or avec ses deux faces. Les occidentaux ont plus insisté sur la guérison du mal, et les orientaux sur la divinisation de l'homme, à la suite des pères de l'Eglise qui avaient écrit : « *Dieu s'est fait homme pour que l'homme devienne Dieu* ». **Voyons comment l'enfant de la crèche nous sauve de pires fléaux en nous offrant les 3 vertus théologales: de nos peurs et de l'anxiété par la Foi ; du désespoir et de la morosité par l'Espérance ; de la haine et de l'indifférence, par l'Amour.**

Pour commencer, **l'Enfant de la crèche nous sauve de nos peurs et de l'anxiété par la Foi**, qui signifie avant tout la confiance en Dieu. Il nous sauve d'abord de la peur de Dieu, ou des dieux, à qui on offrait des sacrifices – jusqu'à ses propres enfants – pour les amadouer. Craindre Jupiter brandissant son sceptre en forme d'éclair, oui, mais comment craindre un petit enfant ? Le Tout-Puissant s'est fait fragile, la Parole s'est faite silence (enfant, in-fans, signifie celui qui ne parle pas), le Très-Haut est sur le plancher des vaches, avec le bœuf et l'âne... Cet enfant nous sauve aussi de toutes nos autres peurs. Il n'est pas né dans un palais, environné de gardes pour le protéger. Très vite, il a connu avec ses parents les épreuves de l'existence. Dès le sein de sa mère, il a connu les difficultés du voyage, lorsque Marie et Joseph ont dû quitter Nazareth pour aller à Bethléem pour le recensement, alors que Marie était sur le point d'enfanter ; recherche d'un lieu pour l'accouchement en dehors de la salle commune ; prophétie de Syméon au temple sur le signe de contradiction que sera Jésus et le glaive qui traversera le cœur de Marie ; fuite en Égypte pour échapper à Hérode ; perte de Jésus dans Jérusalem lorsqu'il aura 12 ans. Dans toutes ces épreuves, l'enfant et ses parents ont été protégés par Dieu. Notre société est malade de ses peurs, qui nous poussent à nous assurer pour tout et à nous méfier de tout. Mais nous, chrétiens, nous savons que *le Seigneur est avec nous tous les jours, jusqu'à la fin du monde* (cf Mt 28,20).

Deuxièmement, **l'Enfant de la crèche nous sauve du désespoir et de la morosité par l'Espérance**. A quoi sert la vie ? Quel est le sens de l'existence ? Nous, chrétiens, « *ce sont de nouveaux cieux et une terre nouvelle que nous attendons selon sa promesse, où la justice habitera.* » (2 P 3,13) Sur quoi fonder notre espérance ? Sur le fait que Dieu a tenu ses promesses. La naissance du Messie avait été annoncée par le prophète Isaïe des siècles plus tôt : « *Oui, un enfant nous est né, un fils nous a été donné ! Sur son épaule est le signe du pouvoir ; son nom est proclamé : 'Conseiller-merveilleux, Dieu-Fort, Père-à-jamais, Prince-de-la-Paix'.* » Puisque la 1ère partie de la prophétie s'est réalisée, nous pouvons espérer la réalisation de la 2nde : « *le pouvoir s'étendra, et la paix sera sans fin pour le trône de David et pour son règne* ». (1ère lect. nuit) Dans nos maisons, le sapin est le symbole de notre espérance, il nous rappelle que nous sommes appelés à la vie éternelle.

Troisièmement, **l'Enfant de la crèche nous sauve de la haine et de l'indifférence, par l'Amour**. Il ne fait rien pour le moment, mais un jour, il se laissera clouer sur une croix pour nous témoigner de son amour. Sur les icônes orientales, ses langes représentent déjà les bandelettes du linceul. Et dans nos églises, la couronne de l'Avent a symbolisé sa couronne royale, qui est aussi la couronne d'épines… C'est par amour que le Fils de Dieu s'est incarné : « *Dieu a tant aimé le monde qu'il a donné son Fils unique* » (Jn 3,16) Ce mouvement de kénose, c'est-à-dire d'abaissement, se poursuivra jusqu'à la croix car « *il n'y a pas de plus grand amour que de donner sa vie pour ses amis.* » (Jn 15,13)

Alors, frères et sœurs, **voulons-nous être sauvés de nos manques de Confiance, d'Espérance et d'Amour ? Sommes-nous reconnaissants au Seigneur de l'extraordinaire cadeau qu'il nous a fait il y a 2000 ans ? Pour l'être, il nous faut redevenir nous-mêmes semblables à de petits enfants,** autrement nous n'entrerons pas dans le Royaume des cieux (cf Mt 18,3). Cette conversion n'est pas puérile, au contraire : lorsque la petite Thérèse s'est convertie la nuit de Noël 1886, elle a reçu la force de sortir des langes de l'enfance psychologique, et elle s'est mise à parcourir la voie de l'enfance spirituelle, qui est précisément celle de la Confiance, de l'Espérance et de l'Amour. A Bethléem, il y a 2000 ans, les chefs du peuple n'étaient pas présents, et ils ne se sont même pas déplacés lorsque les mages leur ont annoncé la naissance d'une étoile. Mais les bergers, qui étaient les derniers dans le peuple, sont accourus. Quant aux mages, que nous célébrerons dans quelques jours, ils étaient des savants, mais aussi des pauvres de cœur, et c'est pourquoi ils ont quitté leur confort pour suivre l'étoile. Alors, nous-mêmes, célébrons Noël en nous réjouissant de revoir nos familles, de faire de bons repas et d'échanger des cadeaux, car tout cela est bon, mais réjouissons-nous surtout de la venue parmi nous du Fils de Dieu, qui s'est fait homme pour nous sauver, c'est-à-dire pour que nous devenions fils et filles de Dieu. Tous les cadeaux que nous allons recevoir ce soir ou les jours à venir, aussi précieux qu'ils soient, finiront par s'user et disparaître. Mais le cadeau du salut, il est mieux qu'incassable ou inaltérable, il est éternel, et plus nous le partagerons avec nos frères, plus nous en profiterons. Alors, redisons avec les anges : « *Gloire à Dieu au plus haut des cieux, et paix sur la terre aux hommes, qu'Il aime* » !

Le jour de Noël : Acclamez le Seigneur, terre entière, sonnez, chantez, jouez !

« *Acclamez le Seigneur, terre entière, sonnez, chantez, jouez* » ! Pourquoi sommes-nous invités à une telle joie, frères et sœurs ? Parce que le Seigneur nous a fait il y a 2000 ans un cadeau plus beau que tout ce que nous aurions pu imaginer : « *le Verbe s'est fait chair, il a habité parmi nous, et nous avons vu sa gloire, la gloire qu'il tient de son Père comme Fils unique, plein de grâce et de vérité.* » Qui aurait pu concevoir un tel don ? L'histoire des religions nous montre que l'homme a d'abord eu peur de Dieu, ou plutôt des dieux. Peur de leur toute-puissance qui pouvait s'avérer destructrice. Alors, la religion, (du latin *re/ligere*, relier), basée avant tout sur les sacrifices, cherchait à éviter la colère des dieux, et à s'attirer leurs bonnes grâces. Chaque peuple, chaque cité, avait ses propres dieux, qu'on s'imaginait à l'image des hommes : des êtres qui pouvaient se disputer, tant ils étaient jaloux de leurs pouvoirs, comme l'Iliade et l'Odyssée l'illustrent bien. Certains dieux choisissaient d'aider certains hommes, dont ils s'étaient pris d'affection, mais gare à un Prométhée qui voulut transmettre à ces fragiles créatures le feu volé aux dieux : il fut sévèrement châtié ! Le Dieu qui s'est révélé à Abraham et à ses descendants ne ressemble en rien à ces divinités. Il est ami de l'homme, et ne cherche que son bien. Lui rêve au contraire de transmettre aux hommes le feu de son Amour. Mais comment s'approcher de ces créatures, qui depuis le premier péché, ont peur de lui ou le négligent ? Il a fallu à Dieu beaucoup de patience pour apprivoiser l'humanité, afin qu'elle n'ait plus ni cette peur ni cette indifférence. Dans un premier temps, nous verrons comment Dieu s'y est pris pour nous apprivoiser : c'est l'objet de la première Alliance. Puis, nous verrons ce que sa venue change pour nous aujourd'hui : c'est la Nouvelle alliance.

Tout d'abord, Dieu a pris le temps de nous apprivoiser. Après le premier péché, Dieu annonce au serpent : « *Je mettrai une hostilité entre la femme et toi, entre sa descendance et ta descendance : sa descendance te meurtrira la tête, et toi, tu lui meurtriras le talon.* » (Gn 3, 15) Pourquoi n'a-t-Il pas envoyé sitôt cette descendance qui devait nous sauver, et qu'on appelle le Messie ? Tout simplement parce qu'Il voulait nous préparer à l'accueillir. Apprivoiser prend du temps. Souvenons-nous du Petit Prince, qui demande au renard : « *Qu'est-ce que signifie "apprivoiser" ? - C'est une chose trop oubliée, dit le renard. Ça signifie "créer des liens..." - Créer des liens ? - Bien sûr, dit le renard. Tu n'es encore pour moi qu'un petit garçon tout semblable à cent mille petits garçons. Et je n'ai pas besoin de toi. Et tu n'as pas besoin de moi non plus. Je ne suis pour toi qu'un renard semblable à cent mille renards. Mais, si tu m'apprivoises, nous aurons besoin l'un de l'autre. Tu seras pour moi unique au monde. Je serai pour toi unique au monde...* »

Adam et Eve sont blessés par leur péché, à tel point qu'ils ont peur de Dieu. Lorsqu'Il s'approche d'eux dans le jardin d'Eden, ils se cachent… Or, la peur engendre la violence. Si Hérode, bien plus tard, ordonnera le massacre des innocents, c'est parce que son cœur aura été « assassiné » par la peur, comme l'écrit un des pères de l'Eglise. Dieu veut donc libérer l'homme de sa peur. « *N'ayez pas peur* », le leitmotiv du bienheureux Jean-Paul II, est d'abord une des paroles les plus fréquentes de l'Ecriture.

En plus de la peur, il y a aussi l'indifférence. Moïse dut combattre l'une comme l'autre. Lorsque Dieu l'appelle à venir recevoir ses commandements sur la montagne, « *tout le peuple voyant ces coups de tonnerre, ces lueurs, ce son de trompe et la montagne fumante, eut peur et se tint à distance. Ils dirent à Moïse : "Parle-nous, toi, et nous t'écouterons ; mais que Dieu ne nous parle pas, car alors c'est la mort."* » (Ex 20, 18-19) Puis, après l'épisode du veau d'or, Moïse dut au contraire punir le peuple de son manque de respect pour le Dieu qui l'avait fait sortir d'Egypte…

Ainsi, comme le résume l'auteur de l'épître aux hébreux, « *souvent, dans le passé, Dieu a parlé à nos pères par les prophètes sous des formes fragmentaires et variées* ». Jean Baptiste était le dernier de ces envoyés de Dieu. « *Mais, dans les derniers temps, dans ces jours où nous sommes* », maintenant que l'homme a été apprivoisé, « *il nous a parlé par ce Fils qu'il a établi héritier de toutes choses et par qui il a créé les mondes.* » Jésus-Christ est le « *reflet resplendissant de la gloire du Père, l'expression parfaite de son être* ». En lui, c'est Dieu lui-même qui est venu à nous, prenant le risque d'être rejeté par ceux qui avaient encore peur ou qui étaient encore indifférents... Et c'est bien ce qui s'est passé : « *Il est venu chez les siens, et les siens ne l'ont pas reçu.* » Mais, ajoute saint Jean, « *tous ceux qui l'ont reçu, ceux qui croient en son nom, il leur a donné de pouvoir devenir enfants de Dieu.* » Voilà la Bonne Nouvelle par excellence : Dieu s'est fait homme pour que l'homme devienne Dieu...

Ainsi, chaque être humain est appelé à croire en celui qui peut le diviniser. « *Or, comment croire en lui sans avoir entendu sa parole ? Comment entendre sa parole si personne ne l'a proclamée ? Comment proclamer sans être envoyé ?* » Saint Paul pose ces questions dans l'épître aux Romains et y répond : « *C'est ce que dit l'Écriture : Comme il est beau de voir courir les messagers de la Bonne Nouvelle !* » (Rm 10, 14-15) Il reprend ainsi la parole du prophète Isaïe que nous venons d'entendre. Qui sont ces messagers de la Bonne Nouvelle ? Ce sont d'abord les apôtres et les évangélistes, mais ce sont aussi tous les croyants. Au moment de retourner à son Père, le jour de l'Ascension, le Christ dira à ses disciples : « *Allez dans le monde entier. Proclamez la Bonne Nouvelle à toute la création. Celui qui croira et sera baptisé sera sauvé ; celui qui refusera de croire sera condamné.* » (Mc 16, 15-16) Ainsi, Noël ne doit pas rester une fête uniquement pour nous, les croyants. Avec nos frères non-croyants, qu'allons-nous partager ? Seulement un bon repas et un cadeau avec ceux qui sont membres de notre famille ? Ou sommes-nous prêts à assumer pleinement notre mission de messagers de la Bonne Nouvelle ?

Ainsi, frères et sœurs, Noël est la source de la plus grande joie possible. Alors que nous vivions dans la peur des dieux, à qui il nous fallait offrir des sacrifices, ou encore dans l'indifférence, comme c'est le cas de beaucoup aujourd'hui, le Dieu unique s'est révélé progressivement à nous comme un Père plein d'Amour. Alors que certains offraient aux dieux ce qu'ils avaient de plus cher, leurs enfants, ce Dieu nous a tant aimés qu'Il nous a donné son Fils unique. *« Tous nous avons eu part à sa plénitude, nous avons reçu grâce après grâce »*. Pendant l'octave de Noël, frères et sœurs, prenons conscience de toutes les grâces que nous avons reçues du Seigneur. Alors, nous serons remplis d'une joie débordante, et nous pourrons être de véritables messagers de la Bonne Nouvelle. AMEN.

Sainte Marie, Mère de Dieu : Marie, reine de la Paix

Frères et sœurs, **comment vivre l'année 2017 dans la paix ?** Certes, le Pape François s'adresse aujourd'hui particulièrement aux hommes politiques, à qui il écrit que « *la non-violence comme méthode politique peut devenir une voie réaliste pour le dépassement des conflits armés* ». Mais l'appel à la paix nous concerne aussi car elle ne régnera dans le monde que si elle règne d'abord dans nos cœurs. Pour cela, prenons exemple sur la Vierge Marie que nous célébrons aujourd'hui, en cette 50ème journée mondiale de la paix. Le Fils de Dieu s'est incarné pour nous donner la paix : lorsqu'il envoie ses disciples en mission, il leur dit : « *dans toute maison où vous entrerez, dites d'abord : "Paix à cette maison."* » (Lc 10,5) Et lui-même a souvent dit : « *va en paix* », ou « *la paix soit avec vous* ». Cependant, il nous a prévenu lors de la dernière Cène : « *Je vous laisse la paix, je vous donne ma paix ; ce n'est pas à la manière du monde que je vous la donne* » (Jn 14,27). La manière du monde d'établir la paix, c'est d'exercer la force, comme les empereurs qui cherchaient à imposer la pax romana. **Le Christ, lui, donne sa paix non à ceux qui usent du glaive des Romains, mais d'un autre glaive, celui de sa Parole** : « *Ne pensez pas que je sois venu apporter la paix sur la terre : je ne suis pas venu apporter la paix, mais le glaive* » (Mt 10,34). **Marie est la reine de la Paix parce qu'elle a laissé la Parole de Dieu transpercer son cœur,** comme un patient qui laisse le chirurgien l'opérer avec son bistouri. Bien qu'elle soit sans péché, Marie devait être sauvée, elle aussi, c'est pourquoi elle dit dans le Magnificat : « *exulte mon esprit en Dieu, mon Sauveur !* » (Lc 1,47). St Luc écrit, au sujet de ce que racontaient les bergers : « *Marie, cependant, retenait tous ces événements et les méditait dans son cœur.* »[3] Alors, comme elle, faisons silence intérieurement pour méditer sur la Parole de Dieu, une Parole qui nous vient par l'Ecriture mais aussi par les évènements (le mot « *dabar* », en hébreu, signifie à la fois « *parole* » et « *évènement* »). Et puisqu'elle-même a si bien mis en pratique la Parole de Dieu, **prenons exemple sur elle en méditant dans l'Écriture les évènements où elle fait briller ses vertus théologales : la Foi, l'Espérance et la Charité.**

Pour commencer, admirons **la Foi de Marie**. Elle apparaît déjà au moment de l'Annonciation. Marie aurait pu douter de la volonté divine (qui lui faisait risquer la lapidation), ou de sa propre capacité à pouvoir l'accomplir (elle devrait mettre au

---

[3] *On pourrait traduire aussi : « Marie retenait tous ces événements et les ruminait dans son cœur », comme si elle les passait et repassait dans son cœur. Les verbes « méditait » ou « ruminait » traduisent ici le mot « symballousa », qui signifie réunir ensemble deux parties disparates. Dans le passé, c'est grâce aux symboles que deux personnes qui avaient conclu un accord ensemble pouvaient se reconnaître, même après une longue séparation. Par ailleurs, le cœur, en langage biblique, n'est pas seulement le siège des émotions, mais aussi de l'intelligence et de la volonté. Marie réunit ensemble des faits et des paroles qu'elle a vus ou entendus, et en tire des significations spirituelles.*

monde et éduquer ensuite celui dont le règne n'aurait pas de fin). Mais elle dit oui, « *voici la servante du Seigneur ; que tout se passe pour moi selon ta parole* » (Lc 1,38), sûre que « *rien n'est impossible à Dieu.* » (Lc 1,37)

Cependant, la foi de Marie resplendit davantage dans les périodes d'obscurité qu'elle a traversées[4] : d'abord, au moment de la Présentation de Jésus au Temple, Luc écrit que « *le père et la mère de l'enfant s'étonnaient de ce qu'on disait de lui.* » (Lc 2,33) Surtout, 12 ans plus tard, lorsqu'ils retrouvent leur Fils au Temple après 3 jours de recherche, il est écrit : « *En le voyant, ses parents furent stupéfaits, et sa mère lui dit : "Mon enfant, pourquoi nous as-tu fait cela ? Vois comme nous avons souffert en te cherchant, ton père et moi !"* » (Lc 2,48) Et en entendant la réponse de Jésus, il est précisé : « *Mais ils ne comprirent pas ce qu'il leur disait.* » (Lc 2,50)

Même dans l'obscurité de l'incompréhension, Marie a continué à croire. Aussi, des années plus tard encore, au début du ministère de Jésus, à Cana, Marie ne s'est pas laissé déstabiliser par la parole de son Fils à qui elle avait demandé d'agir. Alors qu'il semblait avoir refusé sa demande : « *Femme, que me veux-tu ? Mon heure n'est pas encore venue* », elle dit aux serviteurs : « *Faites tout ce qu'il vous dira* » (Jn 2,4-5), les invitant à embrasser la même foi, la même confiance.

---

[4] *Comme Marie, tous les saints ont traversé « la nuit de la foi », à un moment ou un autre.*

Ensuite, **admirons une 2nde vertu théologale de la Vierge : l'Espérance**. Marie en était habitée depuis qu'enfant, elle s'était consacrée à Dieu, attendant la venue de son Royaume. Durant le début du ministère de son Fils, quelle joie elle a dû éprouver en l'entendant annoncer que le règne de Dieu était tout proche ! Cependant, c'est au pied de la Croix que son espérance resplendit le plus. Alors que tous les apôtres (sauf Jean) avaient fui, anéantis par le désespoir comme Judas ou la tristesse comme Pierre, elle-même est restée debout au pied de la Croix : stabat Mater. Elle se souvenait des annonces que Jésus avait faites de sa Passion et de sa Résurrection, et elle est restée 3 jours dans l'attente confiante.

40 jours plus tard, alors que Jésus était retourné vers son Père le jour de l'Ascension, son Espérance a de nouveau brillé lorsqu'elle a attendu un autre événement majeur : le don de l'Esprit Saint. Grâce à saint Luc, nous savons qu'elle a continué de porter la communauté des disciples dans la prière : « *D'un seul cœur, ils participaient fidèlement à la prière avec quelques femmes dont Marie, mère de Jésus, et avec ses frères.* » (Ac 1, 14)

Enfin, **admirons la plus belle des vertus chez la Vierge: la charité**. Si son Fils a réalisé son 1er signe à Cana, c'est parce que Marie l'y avait incité, en disant : « *Ils n'ont pas de vin.* » (Jn 2,3) La plupart des convives ne s'en étaient sans doute pas encore aperçus, mais Marie est attentive à ce qui se passe autour d'elle, car elle désire le bonheur de tous.

La charité, Marie l'avait mise en pratique dès le début de sa mission. A peine après avoir reçu l'annonce de sa mission de mère du Sauveur, elle est envoyée auprès de sa cousine Elisabeth pour l'aider dans sa grossesse, car c'est une femme âgée qui pourrait difficilement se débrouiller seule dans une telle situation. Non seulement Marie accepte de partir à sa rencontre, mais elle le fait « *rapidement* » (Lc 1,39), un mot qui nous fait pressentir la joie qu'elle éprouve alors. En entendant sa cousine, Marie exulte et chante le Magnificat, dans lequel transparaît une autre facette de sa charité, qui est en fait la première : avant son amour des hommes, Marie éprouve un immense amour pour Dieu : « *Mon âme exalte le Seigneur, mon esprit exulte en Dieu mon Sauveur.* » (Lc 1,46)

Cependant, la charité de Marie s'exprime encore plus au pied de la Croix. Alors que Jésus la voyant « *et près d'elle le disciple qu'il aimait, dit à sa mère : "Femme, voici ton fils"* » (Jn 19,26), elle ne refuse pas cette nouvelle mission. Elle a pourtant dû être difficile à accepter, telle un glaive qui transperçait son cœur, comme le vieillard Syméon l'avait annoncé (cf Lc 2,35).

Ainsi, frères et sœurs, la Vierge Marie nous invite à grandir dans la Foi, l'Espérance et la Charité. Certes, la Vierge a reçu une grâce et une mission unique, en devenant Mère de Dieu.

Mais elle l'est devenue parce qu'elle était d'abord « *fille du Père* » et « *épouse de l'Esprit Saint,* la meilleure des disciples du Christ. Nous aussi sommes appelés à « enfanter Dieu » en lui donnant « *une humanité de surcroît* », comme l'écrit sainte Elizabeth de la Trinité dans une très belle prière. Comment enfanter le Christ ? Lui-même nous répond : « *Ma mère et mes frères, ce sont ceux qui entendent la parole de Dieu, et qui la mettent en pratique !* » (Lc 8,21) Alors, cette année, comme elle, manions le glaive de la Parole (qui s'exprime à la fois dans l'Ecriture et dans nos vies) en la méditant et en la mettant en pratique. **C'est ainsi que nous demeurerons dans la Paix !**

Sainte famille : L'école de l'Amour

Frères et sœurs, **pourquoi célébrer la sainte famille et la prendre pour modèle ? Parce que la famille est une institution à la fois fondamentale et fragile.** Fondamentale, parce qu'elle est une école de l'amour : à l'école républicaine, on apprend à lire, à compter, à faire des mathématiques… mais en famille, on apprend à aimer l'autre : ses parents, et ses frères et sœurs. Fragile, parce que notre amour est fragile : certains d'entre nous sont des génies en sciences ou en art, mais nous sommes tous des débutants en amour. Aujourd'hui plus que jamais, la famille est en danger : un couple sur deux divorce, et l'enfant est considéré par certains comme une marchandise. Alors, **qu'est-ce que la Sainte Famille peut nous enseigner ? Elle nous enseigne 3 vertus : la pauvreté (source de reconnaissance), la chasteté (source de respect), et l'obéissance (source de paix).** Non, je ne me suis pas trompé d'homélie : certes, il s'agit là des 3 « conseils évangéliques » que tous les religieux cherchent à suivre. Mais ces conseils nous concernent tous, comme nous allons le voir.

École de la pauvreté. « *Heureux les pauvres* », c'est la $1^{\text{ère}}$ béatitude, aussi bien en Matthieu qu'en Luc. Si Luc évoque ici la pauvreté matérielle, il s'agit pour Matthieu de la pauvreté spirituelle. Le pauvre de cœur, c'est celui qui attend tout de Dieu, parce qu'il reconnaît que tout ce qu'il possède lui vient de Dieu. Or, quelle richesse plus précieuse qu'un enfant ? Dans le passé, ceux qui n'en avaient pas étaient considérés comme punis de Dieu, car ils ne pouvaient pas compter sur quelqu'un pour les aider dans leur vieillesse, et surtout pour perpétuer leur souvenir après leur mort. Ce fléau de la stérilité a touché plusieurs des patriarches, et d'abord Abraham et Sarah. Pourquoi cette épreuve ? Pour qu'ils découvrent que l'enfant est avant tout un don de Dieu, et non un bien qu'on pouvait acquérir, comme les esclaves. Abraham et Sarah ont eu du mal à le comprendre. Bien que le Seigneur leur avait promis une descendance, quelqu'un *de leur sang* (1ère lect.), ils ont cherché à acquérir un enfant coûte que coûte, en passant par Agar, la servante de Sarah, qui a accepté de devenir ainsi « mère porteuse ». Mais cela n'était pas le plan de Dieu, et ce projet humain a engendré beaucoup de souffrances : Sarah et Agar ont commencé à se haïr, et Abraham a été contraint de chasser celle-ci pour rassurer celle-là, inquiète à propos de l'héritage de leur fils Isaac, que Dieu leur a donné ensuite, comme Il l'avait promis.

De même, Joseph et Marie ont reçu leur enfant comme un don de Dieu. L'ange l'avait dit à Marie : « *L'Esprit Saint viendra sur toi, et la puissance du Très-Haut te prendra sous son ombre ; c'est pourquoi celui qui va naître sera saint, et il sera appelé Fils de Dieu.* » (Lc 1,35) Comme le Seigneur avait donné un enfant à une femme stérile et âgée, Il en a donné un à une jeune fille vierge, car « *rien n'est impossible à Dieu.* » (Lc 1,37) Ainsi, **la pauvreté de cœur engendre la reconnaissance** : je peux m'émerveiller devant chaque être humain, et en particulier devant les membres de ma famille, car chacun est pour moi un don de Dieu, et la vie est sacrée.

École de la chasteté. Ce mot, d'où dérive le mot inceste (incestus en latin), signifie le refus de dominer l'autre. La chasteté est une vertu non seulement pour les religieux, mais aussi dans la famille. D'abord dans le couple, où le mari doit respecter sa femme, qui doit elle-même être à l'écoute de son corps (de là vient la méthode de régulation des naissances). Entre les parents et leurs enfants ensuite : ceux-ci ne leur appartiennent pas, ils doivent donc respecter leurs personnalités, même si elles ne correspondent pas à ce qu'ils avaient rêvé. Lorsque Jésus avait 12 ans, Joseph et Marie en ont fait l'expérience : alors qu'ils l'avaient cherché pendant 3 jours, il leur a dit ensuite, une fois retrouvé au Temple : « *Comment se fait-il que vous m'ayez cherché ? Ne le saviez-vous pas ? C'est chez mon Père que je dois être.* » (Lc 2,49) Dans ma famille, **je dois respecter l'autre tel qu'il est**.

École de l'obéissance. On pourrait à nouveau être tentés de croire qu'elle ne concerne que les religieux vis à vis de leurs supérieurs, ou les prêtres vis à vis de leurs évêques. En réalité, elle nous concerne tous. Quelle que soit notre personnalité, nous avons tous à obéir à Dieu. Abraham en a fait l'expérience avec Isaac, qu'il a accepté d'offrir en sacrifice, comme Dieu le lui avait demandé (2ème lect.). Et s'il a pu obéir ainsi, c'est grâce à sa foi, comme l'auteur de l'épître aux Hébreux le souligne : « *Grâce à la foi, Abraham obéit à l'appel de Dieu : il partit vers un pays qui devait lui être donné comme héritage. Et il partit sans savoir où il allait. [...] Grâce à la foi, quand il fut soumis à l'épreuve, Abraham offrit*

Isaac en sacrifice. Et il offrait le fils unique, alors qu'il avait reçu les promesses » (2ème lect.) La foi est comme un rocher sur lequel l'homme s'appuie (d'où le mot « amen »), et qui lui permet d'obéir quelles que soient les tempêtes que l'obéissance lui fait traverser.

Quant à Marie et Joseph, ils ont fait preuve d'une double obéissance, en emmenant Jésus au Temple pour le présenter au Seigneur (év.) : à la Loi d'abord, selon laquelle *« tout premier-né de sexe masculin sera consacré au Seigneur »* ; à la Parole de Dieu ensuite, transmise par le vieillard Syméon, selon laquelle leur fils provoquerait *« la chute et le relèvement de beaucoup en Israël »* et serait *« un signe de division. »* Vis à vis de son propre « destin », Marie a même obéi à cette parole tellement dure : *« Et toi-même, ton cœur sera transpercé par une épée. »* (Lc 2,35) Au pied de la croix, elle ne fuira pas, elle vivra le martyre dans son cœur, comme Syméon le lui avait annoncé. Comme Abraham, c'est par leur foi que Marie a pu obéir à la volonté de Dieu, qui lui avait dit : *« Il sera grand, il sera appelé Fils du Très-Haut ; le Seigneur Dieu lui donnera le trône de David son père. »* (Lc 1,32)

L'obéissance à Dieu est source de paix, comme Jean XXIII l'avait bien compris, lui qui avait choisi comme devise épiscopale : *obedientia et pax*.

Ainsi, frères et sœurs, la famille est une école où l'on apprend à aimer selon une triple modalité : la reconnaissance (fruit de la pauvreté de cœur), le respect (fruit de la chasteté), et la paix (fruit de l'obéissance à Dieu). **La société de consommation dans laquelle nous vivons est aux antipodes de ces valeurs.** Aussi bien le conjoint que les enfants sont souvent considérés comme des matières consommables, comme le reste. J'ai déjà évoqué la proportion de divorces, voici quelques autres chiffres : 200 000 enfants sont avortés chaque année en France ; des milliers d'autres sont congelés en l'absence de projet parental, ou pour des recherches dites « thérapeutiques »[5]; des femmes louent leur ventre pour d'autres, ce qu'on appelle la GPA (gestation pour autrui) ; des scientifiques cherchent aujourd'hui à produire des bébés sans avoir besoin du ventre d'une femme, en reproduisant artificiellement les conditions d'un utérus (c'est l'ectogénèse)... Rien de surprenant, dans ce contexte, qu'un milliardaire français bien connu ait affirmé ne pas faire de différence entre « louer son ventre pour faire un enfant ou louer ses bras pour travailler à l'usine ». **Il ne s'agit pas de condamner les personnes qui sont concernées par tous ces drames, car elles sont avant tout les victimes de la « culture de mort » de notre société. Il s'agit au contraire de les aider, et de promouvoir une culture de la vie**, « l'évangile de la Vie », selon le titre d'une encyclique magnifique du Pape Jean-Paul II. Aujourd'hui, frères et sœurs, rendons grâce au

---

[5] *Dans ce tableau très sombre, une lumière a jailli en 2012, lorsque le professeur Yamanaka a reçu le prix Nobel pour avoir démontré qu'il était possible de rajeunir des cellules de l'organisme adulte, et de les rendre pluripotentes.*

Seigneur pour notre famille, et prenons exemple sur Joseph, Marie et Jésus pour faire grandir chacun de ses membres dans l'amour.

Epiphanie : Ils repartirent par un autre chemin…

Frères et sœurs, **que peuvent nous enseigner les rois mages ?** L'évangile ne nous dit pas qu'ils étaient trois, ni qu'ils étaient rois d'ailleurs, mais seulement qu'ils étaient mages, c'est-à-dire savants. Leur savoir et leur royauté auraient pu les enorgueillir et les éloigner de Dieu. Songeons à Hérode, le roi des Juifs, qui va agir comme un tyran cruel en faisant assassiner tous les enfants de 2 ans après leur départ, comme nous l'avons rappelé le 28 décembre avec la fête des saints innocents. Songeons aux grands prêtres et aux scribes, qui connaissaient par cœur les Écritures et qui ne se sont même pas déplacés jusqu'à Bethléem à la rencontre du Messie. C'est à des savants comme eux que Jésus pensera sans doute lorsqu'il s'écriera un jour : *« Père, Seigneur du ciel et de la terre, je proclame ta louange : ce que tu as caché aux sages et aux savants, tu l'as révélé aux tout-petits… »* (Mt 11,25) Les mages, eux, ont su devenir savants en restant – ou même peut-être en devenant grâce à leur savoir – humbles et pauvres de cœur. Alors, oui, ils ont quelque chose à nous enseigner. **Comme ils ont apporté 3 présents à Jésus, ils peuvent nous en offrir 3 à nous aussi : la recherche de la Vérité ; l'adoration ; le témoignage.**

Premièrement, les mages nous enseignent à rechercher la Vérité non pas tièdement, mais de tout notre cœur. Comme les scribes connaissaient par cœur les Écritures, eux connaissaient par cœur le ciel, avec tous ses astres. Ils étaient donc des astronomes, ou des astrologues, si l'on considère qu'ils se servaient de leur savoir pour essayer de prédire l'avenir. En cela, ils étaient fidèles à la conception des hommes de l'Antiquité qui voyaient dans le monde un *cosmos*, c'est-à-dire un univers organisé, régi par des lois qui reflétaient le divin. En scrutant le ciel, on pouvait mieux comprendre la terre.

En décelant une étoile qu'ils ne connaissaient pas, les mages ont compris que son apparition dans le ciel était un *signe des temps*[6] qui signifiait un grand évènement sur la terre. Au courant aussi sans doute de l'attente du messie qui animait le peuple juif[7], ils ont pu parvenir jusqu'à Jérusalem. Mais ils n'auraient pas pu aller plus loin, s'ils n'avaient pas été aidés

---

[6] « *L'Église a le devoir, à tout moment de scruter les signes des temps et de les interpréter à la lumière de l'Évangile, de telle sorte qu'elle puisse répondre, d'une manière adaptée à chaque génération, aux questions éternelles des hommes sur le sens de la vie présente et future et sur leurs relation réciproques* » (GS 4,1). Et plus loin : « *Mû par la foi, se sachant conduit par l'Esprit du Seigneur qui remplit l'univers, le peuple de Dieu s'efforce de discerner dans les événements, les exigences et les requêtes de notre temps, auxquels il participe avec les autres hommes, quels sont les signes véritables de la présence du dessin de Dieu* » (GS 11).

[7] « *Balaam prononça encore ces paroles énigmatiques : Oracle de Balaam, fils de Béor, oracle de l'homme au regard pénétrant, oracle de celui qui entend les paroles de Dieu, qui possède la science du Très-Haut. Il voit ce que le Puissant lui fait voir, il tombe en extase, et ses yeux s'ouvrent. Ce héros, je le vois – mais pas pour maintenant – je l'aperçois – mais pas de près : Un astre se lève, issu de Jacob, un sceptre se dresse, issu d'Israël.* » (Nb 24, 15-17)

par les chefs des prêtres et les scribes. Eux connaissaient les Ecritures, et se souvenaient de la prophétie de Michée : « *Et toi, Bethléem en Judée, tu n'es certes pas le dernier parmi les chefs-lieux de Judée ; car de toi sortira un chef, qui sera le berger d'Israël mon peuple.* » Ils ont permis aux mages de parvenir au but, mais eux-mêmes sont restés à Jérusalem. Au lieu de se réjouir et de les suivre, ils ont été *« pris d'inquiétude »*, avec Hérode et *« tout Jérusalem »*. Contrairement aux mages, ils étaient trop enfermés dans leurs habitudes et leur confort. Le Sauveur venait les déranger. Aussi horrible que cela puisse paraître, la responsabilité du geste d'Hérode, qui décidera de faire périr tous les enfants de moins de 2 ans lorsqu'il découvrira qu'il aura été trompé, est partagée par tous les habitants de la capitale, d'une certaine manière[8].

---

[8] *Ainsi, la raison et la Foi doivent toujours travailler ensemble. Jean-Paul II écrivait dans Fides et Ratio : « La Raison et la Foi sont les deux ailes de la Vérité ». C'est le même Esprit qui pousse l'homme vers la Vérité dans le domaine de la science et dans celui de la Foi. La première explique le comment, la seconde nous éclaire sur le pour quoi. Elles sont complémentaires, et non pas concurrentes. Le bienheureux Charles de Foucauld avait découvert cela, lui qui est revenu à la Foi de son enfance après un séjour scientifique au désert. La raison sans la Foi produit le rationalisme asséchant de certains scientifiques. Au XIXème siècle, beaucoup pensaient que la science était en mesure de tout expliquer, et que la Foi était devenue inutile. En fait, on s'est aperçu au XXème siècle – notamment avec la mécanique quantique - que la raison à elle seule est incapable de tout saisir. Inversement, la Foi sans la raison - une déviance, qu'on appelle fidéisme, qui a marqué la France au XVIIème siècle - est elle-aussi incapable de nous conduire à la Vérité tout entière. C'est*

Deuxièmement, les mages nous enseignent à adorer le Seigneur. Pour commencer, quand ils virent l'étoile s'arrêter au-dessus du lieu où se trouvait l'enfant, les mages *« éprouvèrent une très grande joie ».* Puis, *«en entrant dans la maison, ils virent l'enfant avec Marie sa mère ; et, tombant à genoux, ils se prosternèrent devant lui. Ils ouvrirent leurs coffrets, et lui offrirent leurs présents : de l'or, de l'encens et de la myrrhe. »* Le mot *« maison »* employé ici est étrange, puisque l'on sait que Marie a accouché dans une étable. Matthieu n'était-il pas au courant ? Si, bien-sûr, mais il emploie ici un terme symbolique, qui représente l'Eglise, à la fois le bâtiment de pierre, mais aussi la communauté des chrétiens. C'est dans l'Eglise que l'on parvient au but et que l'on découvre le Sauveur. Les mages tombent à genoux et *se prosternent* devant l'enfant. En grec, le terme employé ici signifie aussi *« adorer ».* Ils cherchaient la Vérité, ils ont trouvé le Fils de Dieu, lui qui dira plus tard : *« je suis le Chemin, la Vérité et la Vie. »* (Jn 14,6) Ils lui offrent 3 biens très précieux. L'or était l'apanage des rois, seuls assez riches

---

l'erreur commise par les chefs des prêtres et les scribes de l'Evangile. Souvenons-nous de la parole de saint Jacques : « Celui qui n'agit pas, sa foi est bel et bien morte » (Jc 2,17) La Foi des habitants de Jérusalem est morte, car elle n'agit pas, elle ne se donne pas la peine d'écouter la voix de la Raison et de la suivre... Et nous, frères et sœurs, sommes-nous attentifs aux signes que le Seigneur nous donne pour connaître sa volonté ? Nous servons-nous de nos deux ailes, de la Raison et de la Foi, pour nous approcher de la Vérité ? Prenons-nous le temps de lire les Écritures ?

pour s'en procurer. L'encens était utilisé par les prêtres pour signifier la prière des fidèles qui montait vers Dieu. La myrrhe servait à embaumer les défunts, et évoquait les prophètes qui avaient été persécutés à cause de leurs messages. L'enfant-Dieu est à la fois Prêtre, Prophète et Roi - ce que nous sommes devenus également le jour de notre baptême – et les mages sont assez humbles pour le reconnaître. Ils ne se sont pas prosternés devant le puissant roi Hérode, mais devant un petit enfant couché dans une étable.

Troisièmement, les mages nous enseignent à témoigner. Après avoir offerts leurs biens, « *avertis en songe de ne pas retourner chez Hérode, ils regagnèrent leur pays par un autre chemin.* » Ce changement d'itinéraire, motivé par le fait que le roi de Judée voulait faire périr le Roi de l'univers, est le symbole de leur conversion. Ils ont été transformés par leur rencontre avec le Seigneur. Désormais, ils vont témoigner de lui. L'évangile ne le dit pas explicitement, mais c'est le sens de la fête que nous célébrons aujourd'hui. Les mages sont les premiers des païens à rencontrer le Sauveur. Cette rencontre avait été annoncée bien des siècles auparavant par le prophète Isaïe: « *Debout, Jérusalem ! Resplendis : elle est venue, ta lumière, et la gloire du Seigneur s'est levée sur toi... Les nations marcheront vers ta lumière, et les rois, vers la clarté de ton aurore... Les trésors d'au-delà des mers afflueront vers toi avec les richesses des nations.* » *(1° lect)* Les mages ont été les premiers à pénétrer le mystère proclamé par saint Paul : « *Ce mystère, c'est que les païens sont associés* *au même héritage, au même corps, au partage de la même promesse, dans le Christ Jésus, par l'annonce de l'Évangile. » (2° lect.)* Venus à Bethléem à l'aide d'une étoile, les mages vont devenir eux-mêmes des étoiles pour tous ceux qu'ils rencontreront, les guidant vers le Sauveur.

Ainsi, les mages étaient animés d'un grand désir de la Vérité. Loin de les enorgueillir, leur savoir les a rendus suffisamment pauvres de cœur pour se prosterner devant l'Enfant-Dieu. Puis ils sont repartis transformés et ont témoigné de leur découverte aux autres païens. **Ce qu'ils ont vécu, frères et sœurs, nous pouvons le vivre nous-mêmes dans chaque eucharistie.** Beaucoup de chrétiens, comme les grands prêtres et les scribes, ne se donnent pas la peine d'aller à l'église, même si elle est toute proche de chez eux. Mais nous, y allons-nous en traînant les pieds, ou avec un immense désir de rencontrer le Sauveur dans sa Maison qui est l'Église ? Lorsque nous y sommes, participons-nous à la messe d'une façon passive ou active, en adorant le Seigneur à travers notre prière, notre écoute, nos chants ? Et lorsque nous en repartons, est-ce avec seulement le sentiment du devoir accompli, ou avec le désir de témoigner autour de nous de l'Amour de Dieu ? Pour nous aider à progresser dans ces 3 dimensions, qui sont les 3 cadeaux des mages, **n'oublions pas que le Seigneur se donne à nous non seulement lors de chaque eucharistie, mais aussi lors de chaque temps d'adoration du Saint Sacrement.** Alors, si nous le pouvons, prenons chaque semaine un temps pour venir l'y rencontrer.

Si nous ne le pouvons pas, considérons que **chacune de nos rencontres, chacune de nos prières, chacun des évènements que nous vivrons cette semaine, pourra nous permettre de mieux connaître la Vérité, de mieux aimer le Seigneur, et de mieux témoigner de Lui.** Alors, nous serons des étoiles pour nos frères, rayonnantes de la Vérité et brûlantes de l'Amour de Dieu. AMEN.

Baptême du Christ : Celui-ci est mon Fils bien-aimé ; en lui j'ai mis tout mon amour[9]

Frères et sœurs, **avons-nous les pieds sur terre et la tête dans les étoiles ?** Autrement dit, sommes-nous assez humbles pour nous reconnaître de pauvres pécheurs devant le Seigneur, et assez confiants pour nous savoir aimés de Lui d'un amour infini ? Le Christ, par son baptême, nous donne l'exemple : alors qu'il était parfaitement pur devant son Père, il a pris la place des pécheurs en demandant à Jean de le baptiser ; et après être remonté de l'eau, il a su mener sa mission avec une confiance absolue dans l'amour de Celui dont la voix s'était fait entendre au bord du Jourdain. Cherchons à bien comprendre le sens de ces deux facettes d'un même évènement, composés d'abord d'une descente puis d'une montée.

Le baptême est d'abord **une descente** dans l'eau, une plongée même, selon son étymologie grecque. Dans nombre de religions, l'eau a un caractère sacré et sert à régénérer l'homme. Que ce soit dans le Nil, dans le Gange, ou ailleurs, elle lui permet de laver non seulement son corps mais aussi

---

[9] *Au début de la célébration, demander aux fidèles qui se souvient de la date de son baptême, les inviter à se renseigner, et leur souhaiter un bon anniversaire, car c'est aujourd'hui que nous pouvons nous souvenir tous ensemble de notre baptême.*

son âme. Pourquoi l'eau revêt-elle une telle valeur sacrée ? Parce qu'elle est à la fois symbole de mort et symbole de vie : elle est nécessaire à la vie, et pourtant elle peut tuer.

En Israël, alors que la circoncision est le grand signe de l'alliance avec Dieu, au temps de Jésus, on baptisait les prosélytes qui voulaient devenir Juifs. Par ailleurs, les Esséniens développèrent le symbolisme de l'eau purificatrice. A Qumran, on trouve de nombreuses cuves destinées aux ablutions. Certains se sont demandé si Jean n'avait pas fait partie de leur communauté. Quoi qu'il en soit, il part dans le désert, près du Jourdain, pour donner le baptême à tous ceux qui veulent se préparer à la venue du Sauveur en se reconnaissant pécheurs. Pourquoi choisit-il le Jourdain ? Parce que c'est un lieu hautement symbolique. D'abord, c'est l'endroit le plus bas de la terre, à environ 400m sous le niveau de la mer. Ensuite, c'est un fleuve non pas majestueux comme d'autres, mais « humble », souvent boueux, dont le nom signifie « descente », en hébreu. Enfin, c'est le fleuve que Josué a traversé avec le peuple hébreu pour entrer en Terre Promise, après 40 ans passés dans le désert... lieu propice pour reconnaître sa bassesse et commencer une nouvelle vie !

Mais alors, pourquoi Jésus vient-il demander le baptême ? Au départ, Jean lui-même ne comprend pas, et il cherche même à l'en empêcher en disant : « *C'est moi qui ai besoin de me faire baptiser par toi, et c'est toi qui viens à moi !* » Mais Jésus lui répond : « *Pour le moment, laisse-moi faire ; c'est de cette façon que nous devons accomplir parfaitement ce qui est juste.* » Jésus n'a jamais commis de péché, mais il vient pour sauver les pécheurs. En se plongeant dans l'eau du Jourdain, c'est comme s'il plongeait déjà dans la mort. Jésus lui-même fera ce rapprochement plus tard dans son ministère : « *Je dois recevoir un baptême, et comme il m'en coûte d'attendre qu'il soit accompli !* » (Lc 12,50) Et il demandera à Jacques et Jean : « *Pouvez-vous boire à la coupe que je vais boire, recevoir le baptême dans lequel je* **suis** *plongé ?* » (Mc 10,38), le présent indiquant que sa plongée commencée dans le Jourdain s'est poursuivie jusqu'à la croix. Saint Paul ira jusqu'à écrire : « *Celui qui n'a pas connu le péché, Dieu l'a pour nous identifié au péché des hommes, afin que, grâce à lui, nous soyons identifiés à la justice de Dieu.* » *(2 Co 5,21)* Jésus ne vient pas sauver les hommes en déployant une puissance écrasante, mais à la façon du serviteur souffrant décrit par le prophète Isaïe : « *il ne criera pas, il ne haussera pas le ton, on n'entendra pas sa voix sur la place publique. Il n'écrasera pas le roseau froissé, il n'éteindra pas la mèche qui faiblit* ». Comme l'a dit l'abbé Huvelin à Charles de Foucauld : le Christ a *tellement pris la dernière place que jamais personne n'a pu la lui ravir*. Nous pouvons admirer Jean qui a su « *laisser faire* ». Plus tard, Pierre devra accepter de se laisser laver les pieds par Jésus... Chez les saints, la force de la volonté va de pair avec l'humilité de l'abandon à la volonté divine.

Le baptême commence par une plongée, symbole de la mort au péché, mais se poursuit par une **remontée**, symbole de résurrection. Après s'être abaissé, Jésus est exalté par son

Père: *les cieux s'ouvrent, et il voit l'Esprit de Dieu descendre comme une colombe et venir sur lui.* Il devient le Christ, « *l'oint* ». Les cieux avaient été fermés par la désobéissance du premier Adam, ils sont ouverts par l'obéissance du nouvel Adam : à nouveau, le Seigneur va pouvoir combler l'homme de ses bienfaits. En particulier, il va pouvoir le combler du plus grand de tous les dons, son Esprit lui-même. La colombe rappelle celle du déluge, que Dieu avait envoyée pour permettre à Noé de connaître le moment où les eaux auraient suffisamment reflué pour qu'il sorte de l'arche. L'heure est venue où l'humanité peut enfin sortir de sa prison pour vivre libre dans une création renouvelée.

Des cieux, une voix dit : « Celui-ci est mon Fils bien-aimé ; en lui j'ai mis tout mon amour. » Le don de l'Esprit va avec celui du Fils. Le Père nous les donne ensemble, comme les deux mains par lesquelles il va nous sauver. Alors que Matthieu suggère que seul le Christ a vu la colombe, tous ont entendu la voix. Pourquoi ? Parce que sans cette voix, qui aurait pu comprendre la portée de l'évènement ? Qui aurait suivi cet homme qui ressemblait à tous les autres ? Désormais, ceux qui attendaient le Messie, en particulier les disciples de Jean, peuvent se mettre en route à la suite de Jésus.

Après son baptême, Jésus va être poussé par l'Esprit au désert, où il va rester 40 jours, tenté par Satan. Il effectuera ainsi en sens inverse le chemin du peuple hébreu, entré en Terre Promise après 40 ans au désert. Jésus ira ainsi plus loin dans sa mort à lui-même, commencée par sa descente dans le Jourdain et qui se conclura le samedi saint par sa descente aux enfers. Jésus est descendu aussi bas que possible, afin de nous élever aussi haut que possible.

Ainsi, frères et sœurs, **Jésus a demandé le baptême pour signifier symboliquement qu'il est venu pour nous sauver du péché et de la mort, et pour faire de nous des fils et filles de Dieu**. En mourant et ressuscitant, il a réalisé en vérité ce qu'il avait anticipé par un geste riche de sens. Avons-nous conscience de la grâce que nous avons reçue le jour de notre propre baptême ? En étant trois fois aspergés ou immergés dans l'eau, nous avons été plongés dans la mort du Christ, et nous en sommes sortis « *ressuscités* » pour une vie nouvelle. Cette vie nouvelle, cependant, ce n'est pas de manière magique que le Christ nous l'a offerte. Parce qu'il respecte toujours notre liberté, il nous appelle chaque jour à renouveler notre baptême. « *Chrétien, deviens ce que tu es* », disait saint Augustin. Plutôt que de dire : « *j'ai été baptisé* », disons : « *je suis baptisé* ». Chaque jour, il nous faut descendre et remonter, faire mourir « *le vieil homme* » en nous et ressusciter « *l'homme nouveau* ». Chaque jour, il nous faut avoir les pieds sur terre et la tête dans les étoiles : les pieds sur terre pour reconnaître notre pauvreté et nos péchés ; la tête dans les étoiles pour vivre de manière digne des enfants de Dieu, sûrs d'être aimés infiniment de Lui. A chacun d'entre nous, Il redit en effet aujourd'hui : « *Tu es mon fils ou ma fille bien-aimée ; en toi j'ai mis tout mon amour* ». Saint Léon l'a dit d'une autre manière : « *Chrétien, reconnais ta dignité* » ! Cette semaine, pour vivre les pieds sur terre et la tête dans les étoiles, n'hésitons pas à recevoir le sacrement de réconciliation, ou au moins à faire chaque soir notre examen de conscience avec une humilité et une confiance renouvelées.

Présentation de Jésus au Temple : Mes yeux ont vu ton salut, lumière pour éclairer les nations

Frères et sœurs, **sommes-nous des lumières pour le monde ?** Nous célébrons aujourd'hui la Chandeleur, c'est-à-dire la fête des chandelles. Nos chandelles, celles que nous ou nos parents avons reçues le jour de notre baptême, éclairent-elles ? Elles ne le peuvent que si, comme ce jour-là, elles ont été allumées au cierge pascal, c'est-à-dire au Christ ressuscité. En d'autres termes, sommes-nous unis à celui qui est la lumière du monde ? Cette union n'est possible que si nous acceptons de lui consacrer nos vies. C'est pourquoi **cette fête de la Chandeleur est aussi la fête de la vie consacrée**. Nous prions aujourd'hui particulièrement pour tous ceux – religieux, religieuses, laïcs consacrés – qui ont prononcé des vœux dans ce sens. Mais **nous sommes appelés nous aussi, même si c'est d'une façon différente, à nous consacrer au Seigneur. Comment ? En suivant trois conseils que nous a laissés Jésus : l'obéissance, la pauvreté, et la chasteté.** Les personnages de l'évangile que nous venons d'entendre nous donnent l'exemple. Syméon et Anne sont deux vieillards qui représentent l'Ancienne Alliance : ils vivent dans l'attente du Messie[10]. Joseph et Marie sont deux jeunes époux qui représentent la Nouvelle Alliance : ils vivent en présence de ce Messie. Tous les quatre vivent dans l'obéissance, la

---

[10] *Saint Luc écrit du premier qu'il « attendait la Consolation d'Israël », et de la seconde qu'elle « parlait de l'enfant à tous ceux qui attendaient la délivrance de Jérusalem ».*

pauvreté et la chasteté. Leur rencontre est tellement belle que les orientaux appellent la fête d'aujourd'hui « fête de la Rencontre ». L'Ancienne et la Nouvelle Alliance se rejoignent en la personne de Jésus, venu *« non pour abolir la Loi, mais pour l'accomplir »* (Mt 5,17). C'est la Loi qui demandait aux époux Juifs de consacrer leur fils premier-né à Dieu, en souvenir de la libération d'Egypte[11]. Et la Loi demandait également aux femmes qui venaient d'accoucher de venir au Temple au bout de 40 jours seulement (80 pour les filles), le temps de retrouver la pureté rituelle. Joseph et Marie obéissent donc à la Loi. Quant à Syméon et Anne, ils obéissent à l'Esprit Saint lui-même, qui *« pousse »* le premier vers le Temple comme il a certainement poussé la seconde à ne pas s'en éloigner, *« servant Dieu jour et nuit dans le jeûne et la prière »*. Prenons donc exemple sur ces quatre personnages qui ont consacré leur vie au Seigneur, et surtout sur celui qui est au cœur de leur rencontre, le Christ lui-même. **Voyons ce que signifient les 3 conseils que celui-ci nous a laissés, et comment il les a vécus lui-même. Ce faisant, nous comprendrons pourquoi il est devenu** *« un signe de division »*, **par lequel sont** *« dévoilées les pensées secrètes d'un grand nombre »*.

---

[11] *Si Dieu s'est résigné à frapper les premiers-nés d'Egypte pour libérer son peuple, il attend de celui-ci de se montrer digne de la liberté qu'il a reçue. Et quoi de plus beau de consacrer ma liberté à Celui dont je la tiens ? La présentation au Temple est un geste rituel et symbolique pour signifier cette dette d'Israël à l'égard de Dieu.*

Le premier vœu est l'obéissance. Certains, comme les dominicains qui n'en prononcent pas d'autre, considèrent ce vœu comme le plus important des trois, parce qu'il inclut les deux autres. Dans notre société marquée par Nietzsche, l'un des 3 maîtres du soupçon, et par l'existentialisme de Sartre, la liberté est comprise par beaucoup comme le libre arbitre – la possibilité de faire ce qui me plaît quand ça me plaît – et l'obéissance est considérée comme une lâcheté, un refus d'assumer ma propre responsabilité.

En réalité, l'obéissance au Seigneur, loin de réduire la liberté, la fait grandir. Pourquoi ? Parce que nous ne sommes pas naturellement libres. A cause de nos péchés et de nos blessures, nous sommes souvent asservis par nos passions. La liberté est donc une vocation, comme saint Paul l'écrit aux Galates : « *frères, vous avez été appelés à la liberté.* » (Ga 5,13) En obéissant au Seigneur, l'homme se libère progressivement de son orgueil et de son égoïsme.

Prenons exemple sur le Christ, qui a affirmé : « *je ne suis pas descendu du ciel pour faire ma volonté, mais pour faire la volonté de celui qui m'a envoyé.* » (Jn 6,38) Cette volonté du Père, il l'a toujours réalisée, même lorsqu'il lui a fallu passer par la souffrance, comme à Gethsémani où il dit : « *Père, si tu veux, éloigne de moi cette coupe ; cependant, que ce ne soit pas ma volonté qui se fasse, mais la tienne.* » (Lc 22,42) Ainsi, «*ayant souffert jusqu'au bout l'épreuve de sa Passion, il peut porter secours à ceux qui subissent l'épreuve* » (2ème lect.) et nous donner la force d'obéir à Dieu à notre tour.

Le deuxième vœu est la pauvreté. Dans notre société capitaliste qui nous pousse à nous enrichir, afin de faire de nous de bons consommateurs, ce vœu est incompréhensible. Un autre maître du soupçon qui s'est opposé au capitalisme, Marx, considérait pourtant le bonheur de l'homme uniquement sous l'angle de la possession de biens matériels. Les extrêmes se rejoignent... En réalité, la pauvreté évangélique n'est pas la misère, mais une vie simple qui ne se laisse pas asservir par l'argent et les biens matériels. Elle peut être source de bonheur : « *Heureux, vous les pauvres : le royaume de Dieu est à vous !* » (Lc 6,20), dit Jésus à ses disciples. Cette pauvreté matérielle, exaltée par saint Luc, doit conduire à la pauvreté du cœur, encensée par saint Matthieu : « *Heureux les pauvres de cœur : le Royaume des cieux est à eux !* » (Mt 5,3) Le pauvre de cœur reconnaît que tout ce qu'il possède, matériellement et humainement, il l'a reçu de Dieu.

Le Christ a été pauvre. Il est né non dans un palais, mais dans une étable. Il a grandi dans une famille non pas misérable, mais sans grandes richesses. Durant son ministère, il n'avait « *pas d'endroit où reposer sa tête.* » (Mt 8,20) Et il est mort nu sur une croix, après que même ses vêtements aient été partagés entre les soldats romains.

Le troisième vœu est la chasteté. Il est à nouveau aux antipodes de notre société qui nous pousse à donner libre cours à nos pulsions, et qui considère la chasteté comme une insupportable limite à notre liberté. Le 3ème maître du soupçon, Freud, y voyait même la source de toutes les névroses. En fait, la chasteté nous aide à devenir plus libres, car elle nous protège de ces mêmes pulsions qui peuvent devenir de véritables tyrans. L'incestueux (du latin« incastus », contraire de « castus ») en est tellement esclave qu'il va jusqu'à commettre un crime dans sa propre famille. La chasteté va plus loin que la continence, qui signifie l'absence de relations sexuelles, elle signifie essentiellement le respect de l'autre. C'est pourquoi elle concerne tout homme, célibataire ou marié.

Le Christ a été chaste. Dans toutes ses rencontres, il a respecté profondément la liberté de l'autre. Au jeune homme riche, avant de l'inviter à vendre ses biens et à le suivre, il dit : « *Si tu veux être parfait* » (Mt 19,21). Et il dit à tous ses disciples : « *Si quelqu'un veut marcher derrière moi, qu'il renonce à lui-même, qu'il prenne sa croix et qu'il me suive.* » (Mt 16,24) Le Christ chaste, c'est-à-dire pur, nous purifie nous-mêmes, comme l'avait annoncé le prophète Malachie : « *il est pareil au feu du fondeur, pareil à la lessive des blanchisseurs. Il s'installera pour fondre et purifier.* » (1ère lect.)

Ainsi, frères et sœurs, **les trois vœux que prononcent ceux et celles qui se consacrent au Seigneur ne sont pas des limitations à leur liberté, mais au contraire des soutiens pour la faire grandir.** Ils ne se consacrent pas en dépit de ces trois vœux, mais par eux, car ils leur permettent ainsi d'être **configurés au Christ obéissant, pauvre et chaste.** Plus ils se laissent configurer, plus ils deviennent lumières à leur tour : « *Vous êtes la lumière du monde* » (Mt 5,14). Beaucoup ne comprennent ou n'acceptent pas leur choix de vie, mais Syméon avait prévenu Marie que son Fils serait *« un signe de division »*... Même si nous n'avons pas prononcé ces trois vœux nous-mêmes, nous sommes invités par le Christ à en vivre le plus possible. Nous sommes appelés à obéir chaque jour à la volonté de Dieu, telle que nous la recevons à travers la prière, l'Ecriture, les personnes, les évènements... Nous sommes appelés à vivre dans une certaine pauvreté, en considérant notre argent et nos biens non comme des maîtres, mais comme des serviteurs pour le Royaume. Nous sommes appelés à vivre de façon chaste, en respectant non seulement notre conjoint, si nous sommes mariés, mais aussi toutes les personnes que nous rencontrons. Pour vivre pleinement selon ces « conseils » évangéliques, il nous faut la grâce de Dieu, mais n'oublions pas que la grâce ne supprime pas la Loi, elle l'accomplit plutôt. C'est pourquoi Syméon a appelé Jésus *« lumière pour éclairer les nations païennes, et gloire d'Israël son peuple »*. Voilà pourquoi nous devons demeurer fidèles aux dix commandements, et bien connaître le message des Prophètes et des Sages... Prenons exemple sur ceux et celles qui se consacrent au Seigneur, **offrons-nous avec eux à celui qui s'est offert pour nous et qui continue de le faire dans chaque eucharistie, et portons tous ensemble au monde la lumière du Christ.** AMEN.

Carême

Mercredi des cendres : Laissons-nous réconcilier avec Dieu

Frères et sœurs, **sommes-nous prêts à nous convertir ?** Dans quelques instants, au moment où les cendres imposées sur notre front nous rappelleront que nous sommes poussière et que nous retournerons à la poussière, nous entendrons cette parole : « ***Convertissez-vous, et croyez à l'évangile* ».** Peut-être avons-nous parfois une répugnance à aller nous confesser, en nous disant que n'avons pas commis de grands péchés… Si nous raisonnons ainsi, c'est que nous avons oublié le plus grand de tous les commandements : « ***Tu aimeras le Seigneur, ton Dieu, de tout ton cœur, de toute ton âme, de toute ta force et de tout ton esprit ; et ton prochain comme toi-même* »** (Lc 10,27) Ce commandement nous donne un objectif que nous n'aurons jamais atteint complètement. Toujours, nous aurons à nous convertir pour aimer davantage Dieu, nos frères et nous-mêmes… Toujours, nous aurons à nous tourner vers Dieu, car nous sommes sans cesse portés à nous en détourner, poussés par notre nature blessée par le péché, par le monde, et par l'Adversaire… Alors, comment nous convertir à ce triple amour ? Jésus lui-même vient de nous répondre dans l'évangile, en nous indiquant 3 pistes, qu'on pourrait appeler les 3 p : **la prière pour grandir dans l'amour de Dieu ; le partage pour grandir dans l'amour des autres ; les privations pour grandir dans l'amour de nous-mêmes.** Ces 3 p se rassemblent et conduisent au P de Pâques, qui signifie passage : de la mort à la vie, de la haine et de l'indifférence à l'amour. Voici la récompense dont Jésus vient de nous parler plusieurs fois dans l'évangile : la vie et l'amour, auxquels nous aspirons tous. Puisque c'est Dieu qui est la Vie et l'Amour, notre récompense, c'est Lui-même ! Voyons comment nous pouvons recevoir cette récompense, en apprenant à aimer davantage le Seigneur, notre prochain, et nous-mêmes.

Commençons par le Seigneur. « *Dieu premier servi* » disait Jeanne d'Arc. Tous ici, nous L'aimons, sinon pourquoi serions-nous ici ce soir ? Mais aimons-nous vraiment de tout notre cœur Celui qui « *est tendre et miséricordieux, lent à la colère et plein d'amour, renonçant au châtiment* » envers nous (1° lect.) ? Voyons quelles sont les caractéristiques de l'amour entre deux personnes. Premièrement, ils sont prêts à passer des heures dans l'intimité ensemble, ils voudraient ne jamais se quitter. Deuxièmement, ils cherchent à se connaître sans cesse mieux l'un l'autre. Troisièmement, ils aiment aussi se faire des cadeaux… Est-ce ainsi que nous agissons vis-à-vis du Seigneur ? D'abord, quel temps consacrons-nous à la prière, à ce cœur à cœur amoureux où alternent les paroles et le silence ? Ensuite, cherchons-nous à mieux connaître le Seigneur en formant notre Foi par des lectures ou par la participation à des cours ou à des conférences ? Enfin, sommes-nous désireux de recevoir les cadeaux de Dieu que sont les sacrements ? Le Carême est un temps pour ré attiser le feu de notre amour pour Lui. Un homme et une femme mariés depuis de longues années, s'ils ne font pas d'efforts particuliers, risquent de sombrer dans la routine et de mener une vie de solitudes jointes, sans véritable communication et en oubliant les cadeaux. En fait, l'amour est comme un feu qui peut se développer sans cesse, pour peu qu'on veuille bien le nourrir. Le bois sec brûle d'ailleurs mieux que le bois vert. Certains couples célèbrent leurs 50 ou 60 ans de mariage avec un amour encore plus grand qu'au premier jour, même s'il a pris une forme différente. Mère Teresa, avant de mourir, a révélé que sa prière avait été sèche pendant de longues années. Elle ne ressentait plus la ferveur des débuts de sa vie religieuse. Pourtant, elle a toujours continué à prier avec fidélité, parce qu'elle savait que l'amour est bien plus qu'un sentiment, qu'il passe par des actes concrets.

En deuxième lieu, **celui qui aime Dieu aime aussi son prochain**, c'est pourquoi Jésus a déclaré qu'ils ne formaient qu'un seul commandement. « *Si quelqu'un dit : "J'aime Dieu" et qu'il déteste son frère, c'est un menteur : celui qui n'aime pas son frère, qu'il voit, ne saurait aimer le Dieu qu'il ne voit pas.* » (1 Jn 4,20) nous rappelle saint Jean. Souvenons-nous qu'à la fin de notre vie, le Seigneur nous jugera sur la manière avec laquelle nous nous serons comportés avec les autres, et en particulier avec les plus pauvres. « *J'ai eu faim, et tu m'as donné à manger ; j'ai eu soif, et tu m'as donné à boire* » (cf Mt 25,35). L'expression « *faire l'aumône* » qui est utilisée dans l'évangile a été dénaturée. Pour beaucoup de nos contemporains, elle signifie seulement donner une petite pièce à un pauvre dans la rue ou envoyer un chèque à une association. Certes, ces actions sont bonnes, à condition toutefois de n'être pas seulement des moyens pour se donner bonne conscience. Ce qui importe vraiment, c'est de donner avec Amour, comme saint Paul l'écrivait aux Corinthiens : *« Quand je distribuerais tous mes biens en aumônes, si je n'ai pas la charité, cela ne me sert de rien. »* (1 Co 13,3) L'amour implique notamment l'humilité, Jésus vient de nous le dire : *« quand tu fais l'aumône, que ta main gauche ignore ce que donne ta main droite, afin que ton aumône reste dans le secret »*. Saint Vincent de Paul en avait tellement conscience qu'il déclarait à propos des pauvres qu'il servait de tout son cœur : *« Ils sont nos maîtres »*. Et à la fin de sa vie, félicité par la reine sur l'extraordinaire travail qu'il avait accompli, il avait pu répondre sans fausse modestie : *« J'ai si peu fait »*… Il était véritablement devenu le serviteur inutile félicité par le Maître de l'évangile (Lc 17,10).

En troisième lieu, **celui qui aime Dieu et son prochain ne peut que s'aimer lui-même**. A la lumière de l'Esprit qui l'habite, il prend conscience de sa valeur inestimable, en tant que fils ou fille aimée de Dieu et serviteur de ses frères. Cet amour de soi n'est ni orgueil, ni égoïsme. Comme le disait sainte Thérèse d'Avila, *« l'humilité, c'est la vérité »*. Le plus bel exemple nous est donné par la Vierge Marie elle-même. Après avoir accepté de devenir la mère du Sauveur, elle chante son magnificat avec notamment ces paroles : Dieu *« s'est penché sur son humble servante, désormais toutes les génération me diront bienheureuse. Le Seigneur fit pour moi des merveilles, saint est son Nom »* (Lc 1,48-49) Le jeûne, et plus largement les privations, peuvent nous aider à grandir dans l'amour de nous-mêmes. En me privant de quelque chose qui me tient à cœur, voire même dont j'ai besoin, je suis amené à faire davantage confiance à Dieu et à grandir ainsi dans la Foi. Je peux alors éprouver ce que saint Paul écrivait : « *Je peux tout en Celui qui me fortifie* » (Ph 4,13).

Ainsi, la prière, le partage et les privations sont des moyens privilégiés pour vivre le Carême. La prière, et plus largement les sacrements et la formation de mon intelligence, feront grandir mon amour pour Dieu. Le partage m'aidera à grandir dans l'amour des autres. Et les privations me donneront de grandir dans l'amour de moi-même. En réalité, cependant, **ces trois chemins se rejoignent.** Nos privations nous dégageront du temps et des ressources pour Dieu et pour les autres. Nos partages nourriront nos prières d'actions de grâces et d'intercessions, et motiveront nos privations. Et nos prières elles-mêmes alimenteront notre désir de partager avec les autres et nous fortifieront pour supporter nos privations. **Prenons exemple sur le Christ** : il priait souvent son Père, parfois pendant des nuits entières, et il a étudié la Torah pendant son enfance; il a donné tout ce qu'il possédait, la Vérité, et finalement sa Vie elle-même ; il s'est beaucoup privé, non seulement pendant son jeûne au désert, mais aussi ensuite, lorsqu'il n'avait « *pas de pierre où reposer la tête* »…

Pour conclure, frères et sœurs, laissons-nous réconcilier avec Dieu. « *C'est maintenant le moment favorable, c'est maintenant le jour du salut* » (2° lect). **Prions les uns pour les autres, afin que ce Carême soit pour nous tous un temps de**

grâce qui nous permette de grandir dans l'amour de Dieu, des autres et de nous-mêmes. Prions pour que nous ne tombions pas dans le volontarisme, et que nous réalisions tous nos efforts de Carême dans le souffle de l'Esprit ! Et lorsque nous chuterons, n'oublions pas que nous sommes nous-mêmes des ppp, **pauvres pêcheurs pardonnés**, et que le Seigneur nous attend au confessionnal comme un Père *« tendre et miséricordieux »* !

1ᵉʳ dimanche : Arrière, Satan !

Frères et sœurs, **qui est notre véritable Maître ? Sommes-nous toujours à l'écoute du Seigneur, dociles à sa volonté ? Ou préférons-nous parfois écouter l'Adversaire, celui qui est le Menteur par excellence ?** Les lectures de ce jour nous rappellent que notre vie chrétienne nécessite un véritable combat spirituel. Sans cesse, il nous faut choisir entre deux voies : celle des fils et filles de Dieu, qui font confiance à leur Père... ou celle des disciples de Satan qui veulent devenir des dieux par leurs propres forces. L'adversaire nous tente de trois manières principales, qui touchent notre rapport d'abord à Dieu lui-même (désir de gloire), ensuite à la création (désir d'avoir), enfin aux autres (désir de pouvoir). **Cherchons à mieux comprendre chacune de ces tentations à travers trois sortes d'exemples : Adam et Eve dans le jardin de la Genèse ; les Hébreux durant leurs 40 années dans le désert ; Jésus durant son séjour de 40 jours, lui aussi dans le désert. Là où les premiers hommes et les Hébreux ont succombé, le Fils de Dieu est sorti vainqueur.** Pourquoi ? Parce qu'**il s'est laissé** « *conduire* » **par l'Esprit** (saint Marc écrit même « *poussé* », pour signifier que Jésus n'est pas allé au désert de gaîté de cœur), **et éclairer par la Parole de Dieu** (qu'il cite sans cesse). Nous suivrons l'ordre des tentations employé par le serpent vis à vis de nos premiers parents, plutôt que celui qu'il a employé avec le Christ (qui varie en fonction des évangélistes).

En premier lieu, **Satan tente l'homme par rapport à Dieu lui-même**. Il le dépeint de manière mensongère, non comme un Père plein d'Amour, mais comme un tyran jaloux de ses prérogatives. **C'est le désir de vaine gloire**. Le serpent dit à la femme : « *Alors, Dieu vous a dit : "Vous ne mangerez le fruit d'aucun arbre du jardin"* », ce qui est un premier mensonge, car Dieu a au contraire permis à Adam et Eve de manger de tous les arbres du jardin, sauf de celui qui les entraînerait à renier leur véritable nature. Puis, après la réponse elle-même erronée d'Eve, qui prête à Dieu une parole qu'Il n'a pas prononcée (à propos de l'arbre en question, « *vous n'y toucherez pas* »), il ajoute un second mensonge : « *Pas du tout ! Vous ne mourrez pas ! Mais Dieu sait que, le jour où vous en mangerez, vos yeux s'ouvriront, et vous serez comme des dieux, connaissant le bien et le mal.* » Voici la première tentation, à la racine de toutes les autres : devenir comme des dieux, en s'opposant à Dieu.

Cette tentation, les Hébreux y ont également succombé dans le désert. Alors que Moïse tardait à redescendre de la montagne, ils ont décidé de se créer un dieu à leur convenance, le veau d'or (cf Ex 32). Au lieu de faire preuve de patience et de confiance envers Moïse, le représentant de Yahvé, ils ont préféré se créer un dieu semblable à ceux des autres peuples. Alors que Dieu les avait créés à son image, ils ont créé un dieu à leur image, celle d'un ruminant doté de peu d'intelligence.

Jésus, lui aussi, fait face à cette tentation. Alors que le démon l'emmène au sommet du Temple de Jérusalem et lui dit : « *Si tu es le Fils de Dieu, jette-toi en bas ; car il est écrit : Il donnera pour toi des ordres à ses anges, et : Ils te porteront sur leurs mains, de peur que ton pied ne heurte une pierre »* Jésus lui répond : « *Il est écrit : Tu ne mettras pas à l'épreuve le Seigneur ton Dieu.* » Il ne se place pas au-dessus de son Père, il ne le met pas à son service, il fait exactement l'inverse. Tous les miracles que Jésus accomplira seront destinés à glorifier le Père, et non à se glorifier lui-même. Un jour, oui, Jésus « se jettera » dans la mort... Mais ce ne sera pas pour manifester sa puissance dans un accès de vaine gloire, mais pour manifester la toute-puissance de l'Amour de son Père.

En second lieu, **Satan tente l'homme par rapport à la création. C'est la tentation de l'avoir** : les biens de la terre et même mes autres deviennent pour moi des objets, des sources de jouissance. A cause des paroles du serpent, Eve s'aperçut « *que le fruit de l'arbre devait être savoureux et qu'il avait un aspect agréable* » (Gn 3,6). Au lieu de soumettre la terre (Gn 1,28), et de cultiver et garder le jardin d'Eden (Gn 2,15) comme Dieu le leur avait demandé, Adam et Eve mangent du fruit de l'arbre défendu, et deviennent ainsi esclaves de la terre parce qu'esclaves de leurs propres désirs.

De la même manière, dans le désert, les Hébreux se sont soumis à leurs propres désirs. Alors que Dieu les nourrissait chaque jour avec la manne, ils se mirent à pleurer en regrettant le poisson et la nourriture d'Egypte (Nb 11,4-5). Pour les punir, Dieu leur envoya d'abord une quantité innombrable de cailles, avant de les *frapper d'une très grande plaie* (Nb 11,33), que l'Ecriture ne précise pas.

Jésus, lui aussi, a été tenté par rapport à la création. Alors qu'il avait faim, le tentateur s'approcha et lui dit : « *Si tu es le Fils de Dieu, ordonne que ces pierres deviennent des pains.* » Au lieu de se soumettre au diable et à sa faim, Jésus se défend grâce à l'Ecriture. Se souvenant de ses ancêtres dans le désert, il cite le Deutéronome : « *Ce n'est pas seulement de pain que l'homme doit vivre, mais de toute parole qui sort de la bouche de Dieu* » (cf Dt 8,3). Plus tard, il déclarera à ses disciples : « *Ma nourriture, c'est de faire la volonté de celui qui m'a envoyé et de mener son œuvre à bonne fin.* » (Jn 4,34) Un jour, oui, il multipliera les pains... Mais ce sera pour combler non sa propre faim, mais celle des autres.

En troisième lieu, **Satan tente l'homme par rapport à son prochain**. Il l'incite à le dominer plutôt qu'à le servir. **C'est la tentation du pouvoir**. Dans la Genèse, elle apparaît comme la conséquence du péché. Dieu dit à Eve : « *Ta convoitise te poussera vers ton mari et lui dominera sur toi.* » (Gn 3, 16) Au lieu de s'attacher l'un à l'autre et de ne faire plus qu'un (Gn 2,24), l'homme et la femme entrent en guerre l'un contre l'autre.

Dans le désert, les Hébreux ont succombé à la même tentation. Tout d'abord, Myriam et Aaron furent jaloux de Moïse. Alors qu'il était « *un homme très humble, l'homme le plus humble que la terre ait porté»* (Nb 12,3), ils dirent : *« Yahvé ne parlerait-il donc qu'à Moïse ? N'a-t-il pas parlé à nous aussi ?»* (Nb 12,2) Le Seigneur punit Myriam en la rendant lépreuse pendant 7 jours. Plus tard, les membres du clan de Coré furent jaloux de celui d'Aaron et cherchèrent à se saisir du sacerdoce, sans que Dieu les y ait appelés (cf Nb 16). Il fallut que Dieu les punisse eux aussi pour dissuader d'autres de succomber à la même tentation.

L'emmenant sur une très haute montagne et lui faisant voir tous les royaumes du monde avec leur gloire, le diable tente Jésus de manière semblable : « *Tout cela, je te le donnerai, si tu te prosternes pour m'adorer.* » Un jour, oui, il règnera sur l'univers, comme nous le célébrons lors de la solennité du Christ-Roi. Mais en attendant, « *le Fils de l'homme n'est pas venu pour être servi, mais pour servir* » (Mt 20,28). Face à cette dernière tentation, alors que Satan a été obligé de se dévoiler après ses deux échecs précédents, Jésus réagit de manière particulièrement forte : « *Arrière, Satan ! car il est écrit : C'est devant le Seigneur ton Dieu que tu te prosterneras, et c'est lui seul que tu adoreras.* » Celui qui cherche à être servi et adoré par les autres, en réalité, sert et adore l'Adversaire.

Ainsi, frères et sœurs, **Satan nous tente en nous invitant à devenir des dieux par nos propres forces, en nous soumettant à notre concupiscence sur la création, et en dominant les uns sur les autres.** Ces trois tentations touchent directement notre être de chrétiens, fils et filles de Dieu. Ce n'est pas un hasard si Jésus a été tenté juste après son baptême. C'est pourquoi notre combat n'est pas seulement physique et moral, mais aussi et surtout spirituel. Dans notre société, ces trois tentations sont omniprésentes. L'athéisme prôné par Nietzsche nous invite à nous considérer nous-mêmes comme des dieux, en allant au-delà du bien et du mal. Hitler, avec le nazisme, a mis cette idéologie en pratique. La sexualité prônée par Freud et la déesse Consommation nous incitent à ne pas refréner nos désirs. Plusieurs empereurs romains, avec le slogan « *panem et circenses* », ont mis cette idéologie en pratique. Enfin, la guerre des classes prônée par Marx nous pousse à voir en l'autre non un frère, mais un adversaire à éliminer. Lénine et Staline, avec le communisme, ont mis cette idéologie en pratique. **Pendant ce Carême, apprenons à rejeter ces trois tentations en nous mettant à l'école du Christ, le nouvel Adam. Il a rejeté toutes les tentations en se servant de la Parole de Dieu et en se laissant conduire par l'Esprit Saint. Nous-mêmes, pourquoi ne pas nous mettre davantage à l'écoute de la Parole de Dieu**, après avoir invoqué l'Esprit Saint, par exemple en recevant chaque jour l'évangile du jour sur notre portable ? Illuminés et nourris par cette Parole, dont l'efficacité sera démultipliée par les trois moyens que le Christ nous a rappelés le mercredi des Cendres (la Prière contre la vaine gloire, les Privations par rapport à l'avoir et le Partage vis-à-vis du pouvoir), nous pourrons nous convertir en changeant notre regard d'une triple manière. D'abord, en **considérant Dieu comme un Père qui veut nous combler ; la Prière nous** y aidera. Ensuite, en considérant la création comme un jardin rempli d'arbres aux fruits délicieux, que nous pouvons manger mais sans oublier la tempérance ; nos Privations nous y aideront. Enfin, en nous considérant comme des frères et sœurs, qui trouvent leur joie à se servir mutuellement ; le Partage nous y aidera. Si jamais il nous arrive de succomber à certaines tentations, souvenons-nous des paroles de saint Paul que nous venons d'entendre : « *le don gratuit de Dieu et la faute n'ont pas la même mesure. En effet, si la mort a frappé la multitude des hommes par la faute d'un seul, combien plus la grâce de Dieu a-t-elle comblé la multitude, cette grâce qui est donnée en un seul homme, Jésus Christ !* » (2ème lect.) Alors, pendant ce Carême, **combattons humblement avec le Christ, car c'est seulement par sa grâce, en lui demeurant unis, que nous pourrons être vainqueurs.**

En complément : Les 3 tentations ci-dessus à la lumière de la Passion du Christ, de notre société et du message de l'Evangile.

L'agonie à Gethsémani (« Non pas ma volonté, mais la tienne »).	Le relativisme, pour parvenir à **une (fausse) liberté.**	La Vérité vous rendra libres.
La flagellation	Le consumérisme et la sexualité débridée, pour	La tempérance nous permet de jouir de la

	parvenir à un (faux) **plaisir**.	création avec modération.
Le couronnement d'épines	Le carriérisme pour pouvoir dominer sur les autres (fausse **fraternité**).	L'obéissance nous donne de goûter la fraternité dans le service des autres.

2ème dimanche : Il fut transfiguré devant eux

Frères et sœurs, **que faire lorsque nous éprouvons le poids de notre finitude**, avec son lot de difficultés qui pourraient nous pousser vers la déprime, le désespoir, la révolte ? **Croire et espérer.** Alors que nous nous sommes engagés dans le combat pour la conversion il y a dix jours, et que le Christ nous a montrés dimanche dernier qu'il nous était possible d'en sortir vainqueurs avec lui, peut-être avons-nous déjà rencontré quelques difficultés ou essuyé quelques échecs qui pourraient nous faire douter de cette victoire. Aussi **le Seigneur nous rappelle-t-il aujourd'hui le but de notre marche à travers le désert - la divinisation, et le chemin pour atteindre ce but- l'écoute de sa Parole**. Le Christ transfiguré nous le révèle sur le Thabor, qui signifie « nombril », le lieu où est manifestée son identité la plus profonde. Jésus a beau être pleinement homme, il est aussi une Personne divine, comme le concile de Chalcédoine l'a déclaré solennellement en 451. La blancheur éclatante de ses vêtements symbolise sa divinité, et c'est pourquoi nous revêtons un vêtement blanc le jour de notre baptême. Les 3 p du Carême (prière, partage et privation) doivent nous conduire jusqu'au P de la Pâques, qui signifie Passage : du péché à la sainteté, de la mort à la vie, et de l'homme à Dieu. Un jour nous aussi, nous réaliserons notre grand Passage, et nous serons transfigurés : « *lorsque le Fils de Dieu paraîtra, nous serons semblables à lui parce que nous le verrons tel qu'il est.* » (1 Jn 3,2) Mais avant de voir Dieu et d'être alors divinisés, il nous faut accepter de cheminer humblement sur cette terre avec la Foi, qui consiste à écouter le Seigneur. C'est pourquoi ce 2ème dimanche de Carême est chaque année non seulement celui de la Transfiguration, qui nous indique notre but, mais aussi celui d'Abraham, le « *père des croyants* » (Rm 4,11), qui nous indique le chemin. **Méditons d'abord sur le but de notre pèlerinage terrestre, la vision de Dieu, et ensuite sur la manière d'y parvenir, l'écoute de Dieu.**

« *Je veux voir Dieu* ». Cette parole célèbre de sainte Thérèse d'Avila exprime notre but. Du plus profond de nous-mêmes, nous désirons voir Celui qui nous a créés, afin de devenir semblables à Lui. Mais alors que toutes les religions façonnaient des dieux selon leurs imaginations, le Seigneur a dit à son peuple : « *Tu ne feras aucune idole, aucune image de ce qui est là-haut dans les cieux* » (Ex 20, 4) ou encore : « *on ne peut pas me voir sans mourir.* » (Ex 33,20). Pourtant, il a été donné à deux hommes le privilège de s'approcher de Dieu. Moïse, d'abord, dans la tente de la rencontre, « *parlait au Seigneur face à face, comme un homme parle à son ami.* » (Ex 33,11) Cependant, lorsqu'il Lui demanda : « *fais-moi de grâce voir ta gloire* » (Ex 33,18), il lui fut permis de Le voir seulement de dos. Elie, ensuite, se couvrit le visage de son manteau lorsque le Seigneur lui apparut dans la brise légère (1R 19,13) Pas étonnant que ces deux personnages soient présents sur le Thabor au moment où Jésus est transfiguré, avec la nuée qui rappelle celle qui entourait la Tente de la rencontre au désert. Si Moïse représente la Loi et Elie les Prophètes, les deux parties les plus importantes de l'Ancien

Testament, tous deux sont avant tout des intimes du Seigneur. Désormais, leur désir est assouvi, car c'est seulement avec le Christ que Dieu se rend visible : « *Qui m'a vu a vu le Père* » (Jn 14,9) dira Jésus. Ils sont aussi les deux témoins que la Loi exigeait pour rendre témoignage à quelqu'un. Jésus est celui dont ils avaient préparé la venue, le nouveau Moïse, qui nous donne la Loi des Béatitudes, et le nouvel Elie (à la suite du Baptiste), qui nous appelle à la conversion. Enfin, ils sont des figures de la résurrection, car on ne sait où Moïse a été enterré, et Elie a été emmené dans un char de feu.

La vision de Dieu nous sera accordée après notre mort, si nous Le laissons purifier notre cœur d'ici là. Pourtant, déjà sur cette terre, il nous est donné des moments où nous avons le sentiment de « voir » Dieu, tellement nous ressentons sa présence. Ce sont des moments « mystiques » où les nuages de nos doutes et de nos épreuves disparaissent et où le soleil divin brille dans nos cœurs. A ces moments-là, nous voudrions faire comme Pierre, *dresser des tentes* pour demeurer sans cesse dans cet état de bonheur ineffable... Mais tôt ou tard, on se retrouve avec Jésus seul, et le Père nous laisse cette parole : « *Écoutez-le* » !

« *Écoutez-le* », **voilà précisément le rôle de la Foi.** Trois fois par jour, depuis des millénaires, les Juifs récitent cette prière : « *Écoute,* shema, *Israël* ». Ils prennent exemple sur leur ancêtre Abraham, qui sut écouter le Seigneur en toutes circonstances. Aujourd'hui, nous avons entendu son premier appel : « *Pars de ton pays, laisse ta famille et la maison de ton père, va dans le pays que je te montrerai.* » (1ère lect.) Abraham a sans doute éprouvé la peur de tout quitter pour obéir à ce Dieu qu'il ne connaissait pas encore. Pourtant, il Lui a fait confiance, fort de la promesse de recevoir toutes ses bénédictions (le mot apparaît 5 fois) et ce premier acte de Foi a été suivi de beaucoup d'autres. Voilà pourquoi Abraham est « *notre père à tous* » (Rm 4,16).

Par définition, la Foi implique d'accepter une certaine part de risque et d'obscurité. Comme l'écrit saint Paul aux Corinthiens : «*nous avons pleine confiance, tout en sachant que nous sommes en exil loin du Seigneur tant que nous habitons dans ce corps ; en effet, nous cheminons dans la foi, nous cheminons sans voir.* » (2 Co 5,6-7) La Foi implique aussi une part d'épreuves, c'est pourquoi Paul exhorte Timothée à prendre sa part « *de souffrance pour l'annonce de l'Évangile* » (2ème lect.). Son disciple était apparemment trop « installé » confortablement dans sa position d'évêque de Chypre. De même, autant Pierre et les autres apôtres étaient prêts à demeurer sur la montagne dans des tentes, autant ils ne l'étaient pas à partager les souffrances que leur Maître allait bientôt endurer. L'épisode de la Transfiguration se situe juste après la première annonce de la Passion, à Césarée de Philippes. Souvenons-nous comment Pierre avait réagi : « *prenant Jésus à part, il se mit à lui faire de vifs reproches : "Dieu t'en garde, Seigneur ! cela ne t'arrivera pas."* » (Mt 16,22) Et Jésus avait réagi avec force à son tour : « *Passe derrière moi, Satan, tu es un obstacle sur ma route ; tes pensées ne sont pas celles de Dieu, mais celles des hommes. »* (Mt 16,23) Et il avait ajouté : « *Si quelqu'un veut marcher derrière moi, qu'il renonce à lui-même, qu'il prenne sa croix et qu'il me suive.* » (Mt 16,24) Si Jésus n'a emmené que Pierre, Jacques et Jean sur le Thabor, c'est parce qu'il veut les aider à se préparer aux évènements qui approchent. Ils sont dans la « nuit de la Foi », une expression chère aux mystiques parce qu'ils l'ont tous traversée. Le sommeil accablant qui les saisit sur le Thabor symbolise cette nuit pendant laquelle Dieu travaille leurs cœurs. Ces trois mêmes apôtres seront bientôt avec Jésus sur un autre mont - celui des Oliviers où se situe le jardin de Gethsémani - au moment où il sera non plus trans- mais dé-figuré par l'angoisse... Ce jour-là, ils auraient pu se souvenir du Thabor pour garder leur courage, mais ils ne verront même pas le visage angoissé et suant le sang de leur maître, car ils dormiront à nouveau. Ce sommeil-là, contrairement à celui du Thabor, sera celui de leur péché, car Jésus leur aura demandé auparavant de veiller. Ils ont refusé de l'écouter, malgré la demande du Père.

Ainsi, frères et sœurs, **le Seigneur nous conforte aujourd'hui dans l'Espérance de le voir un jour face à face, et d'être transfigurés et divinisés à notre tour. En attendant ce moment, cependant, Il nous appelle à l'écouter dans la Foi, et à marcher avec lui en renonçant à nous-mêmes et en prenant nos croix.** N'oublions pas que c'est Lui qui, le premier, croit et espère en nous. Pendant ce Carême, prenons le temps de méditer sa Parole et de la laisser résonner dans le silence de notre cœur. Acceptons de marcher dans la direction que le Seigneur nous aura indiquée, même si elle nous semble obscure, sûrs qu'Il ne nous abandonnera pas. Et si notre marche devient trop difficile, souvenons-nous de tous les « Thabor » que nous avons vécus : lors d'un moment de prière, de notre profession de Foi ou de notre confirmation, d'une eucharistie, d'un grand rassemblement comme le Frat ou les JMJ… Le souvenir de ces rencontres avec le Seigneur nous transfigurera à nouveau, et nous serons fortifiés pour redescendre dans les plaines de nos vies quotidiennes. AMEN.

3ème dimanche : « L'eau que je lui donnerai deviendra en lui source jaillissante pour la vie éternelle »

Frères et sœurs, **sommes-nous de bons missionnaires ?** Aujourd'hui comme aux premiers siècles, l'Eglise en a besoin. Le synode des Évêques de 2012, sur le thème de « la nouvelle évangélisation pour la transmission de la foi chrétienne », et le Pape François, nous le rappellent sans cesse. Dans notre monde comme il y a 2000 ans, beaucoup d'hommes et de femmes ont soif de Dieu, mais ne peuvent étancher leur soif. C'est notre rôle, en tant que baptisés, de les y aider. Comment ? Dans l'évangile de ce dimanche, Jésus nous répond. Dans son dialogue avec la Samaritaine, il nous propose un **« rite » missionnaire**, qui comprend les **trois grandes étapes de toute mission. D'abord, entrer en Relation ; ensuite, aider l'autre à s'Interroger sur son existence ; enfin, Témoigner de notre Foi... Tout cela sous la conduite de l'Esprit Saint !**

Pour commencer toute mission, il faut entrer en Relation. Saint Jean écrit dans sa première lettre : *Dieu nous a aimés le premier* (Jn 4,19). C'est Dieu qui a fait le premier pas vers l'homme, non l'inverse. Alors qu'Adam et Eve avaient péché et se cachaient, honteux de leur nudité, Il est venu jusqu'à eux pour les couvrir de peaux de bête et pour leur promettre la venue d'un Sauveur (Gn 3). Puis, lorsque les Hébreux étaient esclaves de Pharaon, c'est lui qui prit l'initiative de leur envoyer Moïse. Plus tard encore, le Fils de Dieu s'incarna sans que nous ayons mérité une telle grâce... Comme Saint Paul l'écrit aux Romains (2° lect.): « *La preuve que Dieu nous aime, c'est que le Christ est mort pour nous alors que nous étions encore pécheurs.* » (Rm 5,8)

Ici, Jésus entre en relation avec une personne avec laquelle il aurait été politiquement correct de n'avoir aucune relation. D'abord, c'est une femme, et un homme n'aborde pas une femme aussi simplement dans la société de l'époque. Qui plus est, c'est une Samaritaine, et les Juifs - pour des raisons à la fois historiques et religieuses - ne veulent rien avoir en commun avec son peuple. Pourtant, Jésus aborde cette femme, et loin de lui parler de haut, il lui demande humblement un service : « *Donne-moi à boire.* » Demander un service, c'est reconnaître qu'on a besoin de l'autre, c'est donc reconnaître sa dignité.

La relation une fois établie, elle pourrait demeurer superficielle. Mais le Seigneur nous invite à aller plus loin, et à **pousser l'autre à s'interroger sur le sens de son existence.** Pour cela, il faut d'abord qu'il prenne conscience de la vanité de sa vie. « *Vanité des vanités, dit Qohélet ; vanité des vanités, tout est vanité.* » (Qo 1,2) Cette parole est celle d'un sage, Qohélet appelé aussi l'Ecclésiaste, qui a su observer le monde en profondeur. Si ce livre a été intégré par les Juifs dans le canon des Ecritures, c'est pour mettre en relief que sans Dieu, la vie n'a pas de sens. Notre désir est infini, mais se heurte aux limites de notre condition humaine.

Jésus cherche à ce que la Samaritaine prenne conscience de son insatisfaction. Il parle d'abord de manière symbolique : « *Tout homme qui boit de cette eau aura encore soif ; mais celui qui boira de l'eau que moi je lui donnerai n'aura plus jamais soif* ». Ensuite, il parle plus clairement : « *Va, appelle ton mari, et reviens.* » La femme répliqua : « *Je n'ai pas de mari.* » Jésus reprit : « *Tu as raison de dire que tu n'as pas de mari, car tu en as eu cinq, et celui que tu as maintenant n'est pas ton mari ...* » Jésus ne juge pas cette femme, il lui manifeste seulement qu'il la connaît. Elle se sent reconnue et aimée. C'est pourquoi elle n'aura pas peur de dire à ses compatriotes : « *Venez voir un homme qui m'a dit tout ce que j'ai fait* ». La Samaritaine ressemble étonnamment à tant de personnes de notre société, ces hommes et ces femmes qui se séparent si facilement de leurs conjoints parce qu'ils éprouvent vite de la déception face à leurs imperfections. Ils sont en recherche d'une perfection qu'ils ne pourront trouver que dans le Christ lui-même. C'est pourquoi Jésus a dit auparavant : « *Si tu savais le don de Dieu, si tu connaissais celui qui te dit : 'Donne-moi à boire', c'est toi qui lui aurais demandé, et il t'aurait donné de l'eau vive.* » Traditionnellement, l'eau vive est un symbole de l'Esprit Saint. Ce que l'homme doit rechercher, ce ne sont pas les biens matériels ou les biens affectifs passagers, c'est l'eau vive de l'Esprit que seul le Christ est capable de lui donner.

Ce qu'il enseigne à la Samaritaine, Jésus l'enseigne également à ses disciples. Alors qu'ils s'étonnent qu'il ne mange pas, se demandant si quelqu'un lui aurait apporté à manger, il leur déclare : « *Ma nourriture, c'est de faire la volonté de celui qui m'a envoyé et d'accomplir son œuvre* ». Il les appelle ainsi à passer d'une faim corporelle à une faim spirituelle, celle de faire la volonté de Dieu. C'est ce que nous demandons dans chaque Notre Père : « *Que ta volonté soit faite* », demandant seulement ensuite : « *Donne-nous aujourd'hui notre pain de ce jour* ».

Il ne suffit pas de susciter le désir de Dieu, il faut encore l'assouvir. C'est l'étape du témoignage de notre Foi. Autrement, on en reste à l'action des sectes. Dans le désert, Dieu a étanché la soif de son peuple. Le rocher sur lequel Moïse a frappé avec son bâton, et dont de l'eau a jailli (1° lect.), c'est le symbole du Christ (cf 1Co 10,4) qui a été transpercé sur la Croix et dont de l'eau et du sang ont jailli du côté, préfigurations du baptême et de l'eucharistie.

Jésus ne s'est pas contenté de susciter le désir de Dieu chez la Samaritaine. Il l'a ensuite assouvi en l'enseignant. D'abord, il parle clairement, sans tomber dans un syncrétisme politiquement correct : « *Vous adorez ce que vous ne connaissez pas ; nous adorons, nous, celui que nous connaissons, car le salut vient des Juifs* ». Ensuite, il manifeste que cette vérité n'est pas synonyme d'étroitesse d'esprit et d'exclusion, au contraire : « *l'heure vient - et c'est maintenant - où les vrais adorateurs adoreront le Père en esprit et vérité : tels sont les adorateurs que recherche le Père* ». Jésus ne s'est pas contenté de ces quelques paroles ; ensuite, il a poursuivi sa catéchèse en restant deux jours entiers auprès des Samaritains que la femme avait attirés jusqu'à lui. Celle qu'il avait commencé à évangéliser est devenue très vite elle-même missionnaire.

Si le Christ est parvenu à faire de la Samaritaine une adoratrice en esprit et en vérité, c'est parce qu'il a parcouru ces 3 étapes non seulement avec elle, mais aussi avec l'eau vive de l'Esprit qu'il lui promettait. En entendant cet évangile, **nous pouvons nous situer à une double place. D'abord, à celle de la Samaritaine.** Nous aussi, nous sommes en recherche, nous éprouvons des désirs d'infini, que seul Dieu, avec le Fils et l'Esprit Saint, peut assouvir. Mais **nous pouvons aussi nous mettre dans la peau de Jésus**, et avoir la même soif que la sienne. Sur la croix, il a dit : « *J'ai soif* » (Jn 19,28) **L'homme a soif de Dieu, mais Dieu a aussi soif de l'homme.** Il a soif de son amour. Alors, en tant que baptisés, c'est à nous de désaltérer le Christ. Voilà pourquoi nous devons être missionnaires. Cette semaine, sachons entrer en relation avec des non- (ou mal-) croyants de notre entourage. Poussons-les avec délicatesse à s'interroger sur le sens de leurs vies. Témoignons de notre Foi par nos vies et par nos paroles. Alors, nous sentirons l'eau vive du Saint Esprit couler en nous comme d'une source jaillissante pour la vie éternelle, et nous adorerons Dieu en esprit en en vérité. AMEN.

4ᵉᵐᵉ dimanche : Je suis venu pour que ceux qui ne voient pas puissent voir[12]

Frères et sœurs, **sommes-nous clairvoyants ?** Si je pose cette question, ce n'est pas seulement parce que nous sommes en période préélectorale, avec bientôt un choix très important à faire, mais aussi parce que nous avons souvent des décisions à prendre et parce que, plus profondément encore, nous voulons tout connaître la Vérité. Si nous sommes lucides, nous pouvons reconnaître d'emblée que nous sommes tous plus ou moins aveugles. Pourquoi ? Parce que nous vivons dans un monde rempli de ténèbres, à tel point que Paul dit des hommes sans Dieu qu'ils sont « *ténèbres* » eux-mêmes (2° lect.) Ce constat, même un non-croyant peut l'opérer : dans son allégorie sur la caverne, Platon soulignait déjà il y a 2500 ans que les hommes vivent dans la pénombre, et qu'ils tendent à confondre les ombres avec la réalité, parce que le soleil leur est caché[13]. Alors,

---

[12] *En ce dimanche de Laetare, l'Eglise nous invite particulièrement à la joie. La couleur rose - mélange de blanc et de rouge - nous rappelle que la joie ne peut pas habiter dans un cœur qui n'est pas pur (le blanc) et qui n'est pas prêt à se donner (le rouge). Aussi les péchés, parce qu'ils rendent nos cœurs impurs et égoïstes, nous aveuglent et étouffent en nous la joie.*

[13] *Des hommes sont enchaînés dans la caverne. Ils n'ont jamais vu directement la lumière du jour, dont ils ne connaissent que le faible rayonnement qui parvient à pénétrer jusqu'à eux. Des choses et d'eux-mêmes, ils ne connaissent que les ombres projetées sur les*

comment guérir de nos cécités et parvenir à la joie d'une claire vision ? L'aveugle-né de l'évangile peut nous y aider : il s'est laissé guérir non seulement physiquement, mais aussi spirituellement. A son école, **pour nous laisser guérir de notre cécité, il nous faut faire preuve d'humilité, de courage, et de Foi.**

Pour commencer, **l'aveugle fait preuve d'humilité**. Alors qu'il n'a rien demandé et que Jésus l'a invité à aller à la piscine de Siloé après lui avoir mis de la boue sur les yeux, il accepte de lui obéir. Cet homme est pauvre (matériellement puisqu'il mendie aux portes du temple), mais aussi spirituellement, il sait qu'il n'a rien à perdre. La boue employée par Jésus évoque le geste du potier, et rappelle la création d'Adam : en guérissant l'aveugle, il veut faire de lui un homme nouveau.

---

murs de leur caverne par un feu allumé derrière eux. Des sons, ils ne connaissent que les échos. Que l'un d'entre eux soit libéré de ses chaînes et accompagné vers la sortie, il sera d'abord ébloui par la lumière. Souffrant de tous les changements, il sera tenté de revenir à sa situation antérieure. Mais s'il persiste, il s'accoutumera et pourra voir le monde dans sa réalité. Prenant conscience de sa condition antérieure, ce n'est qu'en se faisant violence qu'il retournera auprès de ses semblables. Mais ceux-ci, incapables d'imaginer ce qui lui est arrivé, refuseront de le croire : « Ne le tueront-ils pas ? » demande Platon...

Par contraste, les Pharisiens sont orgueilleux, et ils tiennent à leur position sociale. Souvenons-nous de la parabole du Pharisien et du Publicain (Lc 18): alors que le premier rend grâce à Dieu pour ce qu'il est et méprise le second, celui-ci se frappe la poitrine en se reconnaissant pécheur. Or, c'est principalement l'orgueil qui aveugle l'homme. En se prenant pour une sorte de dieu, l'orgueilleux ne voit plus sa condition de créature et de pécheur. Il est aveugle.

En Grèce, la devise « *connais-toi toi-même* » était inscrite sur le fronton du Temple d'Apollon à Delphes, et Socrate la prononça souvent. Elle signifie que l'homme doit prendre la mesure de lui-même, sans se prendre pour un dieu. L'erreur par excellence, pour les Grecs, est de tomber dans l'hybris, c'est-à-dire l'orgueil, la démesure[14]. La morale des Grecs est une morale de la modération et de la sobriété, obéissant à l'adage *pan metron* (qui signifie « *de la mesure en tout* », ou encore « *jamais trop* » et « *toujours assez* »). L'homme doit rester conscient de sa place dans l'univers, i.e. à la Fois de son

---

[14] *Dans l'Odyssée, lorsqu'Ulysse descend temporairement au séjour des morts, il rencontre le glorieux Achille et lui dit : « Achille, jamais mortel ne sera plus heureux que toi : de ton vivant, les Grecs t'honoraient comme un dieu, et maintenant tu règnes sur les morts »... Mais Achille répond : « N'essaie pas de me consoler de la mort, illustre Ulysse ! J'aimerais mieux vivre et servir un pauvre paysan pouvant à peine se nourrir que régner sur tous les morts qui ne sont plus ». Alors que l'Iliade faisait l'éloge de la gloire obtenue au combat et de la mort illustre, l'Odyssée affirme le contraire : il vaut mieux vivre inconnu, sans gloire, parmi les siens.*

rang social dans une société hiérarchisée et de sa mortalité face aux dieux immortels.

L'humilité nous permet de reconnaître non seulement que nous sommes des créatures, mais aussi que nous sommes pécheurs. La notion de péché au sens religieux est absente chez les Grecs, mais très présente chez les Juifs et les Chrétiens. Pourquoi ? Parce qu'elle ne peut apparaître que si Dieu se révèle et nous donne une Loi. Lorsque nous connaissons cette Loi et que nous la transgressons, nous éprouvons de la culpabilité. Est-ce à dire qu'il vaut mieux ne pas connaître la Loi de Dieu ? Non, d'abord parce que cette Loi est bonne et qu'elle nous permet de grandir, ensuite parce que Celui qui nous l'a donnée est un Dieu à la Fois juste et miséricordieux, dont nous ne devons pas avoir peur. C'est le drame de notre société : parce qu'on a perdu le sens de Dieu, on a aussi perdu celui du péché, ce qui entraîne des comportements qui défigurent l'homme et qui sont pourtant acceptés par beaucoup parce qu'ils sont comme des aveugles. Au temps de Jésus, c'est l'inverse : on voit le péché même là où il n'est pas. La cécité, par exemple, est considérée comme le salaire d'un péché, commis soit par l'aveugle, soit par ses parents. Mais Jésus déclare : « *Ni lui, ni ses parents n'ont péché* ». Il n'explique pas le mal, il le combat. Mais la cécité physique n'est pas aussi grave que la cécité spirituelle car celle-ci est bien la conséquence du péché. C'est pourquoi, lorsque les Pharisiens demandent à Jésus : «*Serions-nous aveugles, nous aussi ?* », il répond : « *Si vous étiez aveugles, vous n'auriez pas de péché ; mais du moment que vous dites : 'Nous voyons !', votre péché demeure. »*[15].

L'humilité est nécessaire pour voir, mais pas suffisante : il faut lui associer le courage. Dans le mythe de Platon, l'homme qui est sorti de la caverne doit en faire preuve à la Fois pour persévérer lorsqu'il est ébloui par le soleil, pour revenir ensuite vers ses congénères qui sont restés dans la caverne, et enfin pour supporter leurs persécutions (ils veulent le tuer). De même dans l'évangile, l'aveugle guéri doit faire face à l'hostilité des pharisiens, seul parce que ses parents ont pris de la distance « *parce qu'ils avaient peur des Juifs* ». Mais il ne se laisse pas intimider. Au fur et à mesure qu'ils font pression sur lui pour qu'il rende gloire à Dieu en déclarant que Jésus est un pécheur, il s'enhardit jusqu'à finir par leur faire la leçon: « *Je vous l'ai déjà dit, et vous n'avez pas écouté. Pourquoi voulez-vous m'entendre encore une Fois ? Serait-ce que vous aussi vous voulez devenir ses disciples ?* » C'est le monde à l'envers : l'élève reprend le maître, malgré les menaces qui planent sur lui. La remise en question évoquée par Jésus est pleinement à l'œuvre. Ensuite, face aux insultes qu'il reçoit des pharisiens, l'homme va plus loin : alors qu'ils refusent l'origine divine de Jésus, il leur répond :

---

[15] *Charles de Foucauld fut guéri de sa cécité spirituelle en octobre 1886 dans l'église Saint Augustin, lorsqu'il se confessa à l'abbé Huvelin. Ce n'est qu'à ce moment-là que ses doutes s'évanouirent et qu'il vit enfin clairement l'existence de Dieu, à qui il décida de donner toute sa vie.*

« *Comme chacun sait, Dieu n'exauce pas les pécheurs, mais si quelqu'un l'honore et fait sa volonté, il l'exauce. [...] Si cet homme-là ne venait pas de Dieu, il ne pourrait rien faire.* » Comme il pouvait s'y attendre, il est alors jeté dehors. Ce n'est pas par hasard que l'aveugle a été guéri à la piscine de Siloé, qui signifie « *envoyé* ». Il a joué pleinement son rôle de témoin, même s'il n'a pas été martyrisé au sens fort du terme (« témoin » se dit « martyrios » en grec).

Dans sa lettre aux Ephésiens, saint Paul les exhorte au courage lui-aussi (2° lect.) : « *autreFois, vous étiez ténèbres ; maintenant, dans le Seigneur, vous êtes devenus lumière ; vivez comme des fils de la lumière [...] Ne prenez aucune part aux activités des ténèbres [...] ; démasquez-les plutôt.* »

Grâce à son obéissance et à son courage, l'aveugle-né est maintenant capable d'entrer dans une relation de Foi avec le Christ. Ce ne sont pas seulement les yeux de son corps qui se sont ouverts, mais aussi les yeux de son cœur. Alors qu'il parle d'abord de « *l'homme qu'on appelle Jésus* », il le qualifie ensuite de « *prophète* », puis comme venant « *de Dieu* », et finalement comme au « *Fils de l'homme* », son « *Seigneur* » *en qui il croit*, et *il se prosterne devant lui* dans un geste d'adoration. Cet homme a su voir au-delà des apparences. D'une certaine manière, il entre dans la vision divine : divine parce qu'elle lui permet de voir Dieu en Jésus, mais aussi parce qu'elle vient de Dieu. Seul l'Esprit de Dieu peut ainsi permettre à l'homme de voir au-delà des apparences.

Souvenons-nous du récit de la vocation de David: *« Le Seigneur dit à Samuel : [...] Dieu ne regarde pas comme les hommes, car les hommes regardent l'apparence, mais le Seigneur regarde le cœur » (1° lect.)*[16].

Notons que c'est le Christ qui a pris l'initiative et est allé à la rencontre de l'aveugle, d'abord en le guérissant physiquement, puis en le retrouvant pour lui demander : *« crois-tu au Fils de l'homme ? »*. La Foi est avant tout un don de Dieu, qui attend une réponse de l'homme. L'aveugle n'a fait que rester accroché au réel, contrairement aux Pharisiens et à ses parents.

Ainsi, frères et sœurs, **le Seigneur nous invite aujourd'hui à faire preuve d'humilité, de courage et de Foi.** Humilité pour reconnaître que nous cheminons dans une certaine pénombre, parce que nous sommes de pauvres pécheurs, et que nous avons besoin de la lumière du Seigneur. Courage pour accepter de vivre dans la lumière, malgré l'hostilité de ceux qui préfèrent demeurer dans les ténèbres. Foi pour voir au-delà des apparences, et reconnaître la présence divine là où elle est cachée. L'illumination est la 2ème des 3 grandes

---

[16] *Souvenons-nous aussi de ce que Jésus déclare à Pierre, après qu'il a reconnu en lui le messie, le Fils du Dieu vivant : « Heureux es-tu, Simon fils de Yonas : ce n'est pas la chair et le sang qui t'ont révélé cela, mais mon Père qui est aux cieux » (Mt 16,17)*

étapes de l'itinéraire qui mène vers Dieu, après la purification et avant l'union. Certes, **l'homme ne peut pas parvenir sur terre à une vision parfaite**. Saint Paul avait beau avoir recouvré la vue après avoir été aveuglé sur le chemin de Damas, une vue à la Fois physique et spirituelle puisqu'il était alors entré dans la Foi au Christ, il avait conscience que cette vue n'était pas encore parfaite. Il écrit ainsi aux Corinthiens : « *nous sommes en exil loin du Seigneur tant que nous habitons dans ce corps ; en effet, nous cheminons dans la Foi, non dans la claire vision.* » (2 Co 5,6-7) Un jour cependant, si nous nous laissons sanctifier par le Seigneur, nous parviendrons à la vision parfaite, qu'on appelle la vision béatifique : « ***lorsque le Fils de Dieu paraîtra, nous serons semblables à lui parce que nous le verrons tel qu'il est.*** » (1 Jn 3,2)… Dans les semaines qui nous séparent de Pâques, soyons humbles, recevons le sacrement du pardon ; soyons courageux, et osons braver le « politiquement correct » quand la Vérité est en jeu ; faisons des actes de Foi, afin de reconnaître Celui qui est toujours présent et agissant au milieu de nous, et qui nous aime au-delà de nos apparences, jusqu'à notre cœur. AMEN.

5ème dimanche : Je suis la résurrection et la vie

« Moi, je suis la résurrection et la vie. Tout homme qui vit et qui croit en moi ne mourra jamais. » Croyez-vous cela, frères et sœurs ? La question que Jésus pose à Marthe, il la pose aussi à chacun d'entre nous. Il ne s'agit pas ici de la mort biologique, qui nous concernera tous, mais de la mort spirituelle, celle que saint Jean appelle 4 fois *« la seconde mort »* dans son Apocalypse. Il y a deux dimanches, Jésus s'est présenté comme la source d'eau vive, symbole de l'Esprit Saint grâce auquel nous pouvons *« adorer Dieu en esprit et en vérité »*. Dimanche dernier, il s'est révélé comme *« la lumière du monde »*, celui qui nous délivre des ténèbres de nos aveuglements. Aujourd'hui, il déclare qu'il est *« la résurrection et la vie »*. Ainsi, il peut étancher notre soif de connaître Dieu et la Vérité, non seulement ici-bas, mais aussi après notre mort. Comment le peut-il ? Justement parce qu'il a vaincu la mort. La résurrection de Lazare est le 7ème et dernier signe relaté par saint Jean dans son évangile. C'est le plus éclatant de tous, celui qui va paradoxalement entraîner sa propre mort. Pour le différencier de sa propre résurrection, après laquelle il reviendra sur terre avec un corps glorifié, on pourrait parler du « réveil » de Lazare, ou de son « retour à la vie ». Certes, il s'agit du 7ème récit de résurrection relaté par la Bible (4 dans l'Ancien Testament, et 3 dans les évangiles). Cependant, c'est le seul où le défunt sent déjà, parce qu'il est déjà entré en décomposition. Voilà pourquoi Jésus a attendu 2 jours avant d'aller retrouver son ami Lazare, après avoir déclaré : *« Cette maladie ne conduit pas à la mort, elle est*

pour la gloire de Dieu, afin que par elle le Fils de Dieu soit glorifié. » Cet évènement relaté par saint Jean, bien que réel, est aussi très symbolique. Il nous invite à une résurrection non de notre corps (celle-ci adviendra à la fin des temps), mais de notre cœur, ici et maintenant. **A l'aide de 3 paroles de Jésus, illustrées par 3 exemples de personnages de la Bible ou de l'Eglise, nous allons voir qu'il est une invitation à une triple conversion : nous arracher à notre sommeil ; sortir de nos tombeaux ; nous laisser délier de nos bandelettes.**

« *Lazare, notre ami, s'est endormi ; mais je m'en vais le tirer de ce sommeil.* » A un autre moment aussi, Jésus a parlé de la mort comme du sommeil. En allant vers la fille de Jaïre, le chef de la synagogue, il avait dit : « *Pourquoi cette agitation et ces pleurs ? L'enfant n'est pas morte : elle dort.* » (Mc 5,39) Pour commencer, le Christ nous invite donc indirectement à sortir de notre sommeil. Bien-sûr, il s'agit ici du sommeil au sens spirituel. En effet, il est possible de dormir en étant éveillé. Combien de fois n'avons-nous pas dit à un proche, ou nous sommes-nous entendus dire : « *Tu dors ?* », parce que ce proche ou nous-mêmes n'étions pas pleinement présents à ce que nous faisions ? Bernanos a eu des mots très virulents contre ceux qui passent leur vie à dormir, sans jamais permettre à leur conscience de s'éveiller. Ces hommes-là sont des morts-vivants. Lorsque nous dormons, nous sommes vulnérables et c'est pourquoi une armée possède des veilleurs qui peuvent à tout moment donner l'alerte. C'est pourquoi, au début de l'Avent, saint Paul nous exhorte chaque année : « *c'est le moment, l'heure est venue de sortir de votre sommeil.* » (Rm 13,11)

Un exemple dans les évangiles est celui du fils prodigue. Alors que sa conscience semblait endormie, le rendant indifférent à la douleur qu'il avait causée à son père en décidant de le quitter, il « *rentra en lui-même* » (Lc 15,17), ce qui signifie qu'il commença de se réveiller pour revenir à la sagesse. C'est ainsi que son père put dire ensuite : « *mon fils était mort, et il est revenu à la vie !* » (Lc 15,32).

« Lazare, viens dehors ! » Pour vivre pleinement, éveiller sa conscience est nécessaire, mais pas suffisant ; il faut aussi sortir de nos tombeaux : de nos peurs, de nos enfermements. Par le prophète Ezéchiel, le Seigneur avait déclaré : « *Je vais ouvrir vos tombeaux et je vous en ferai sortir, ô mon peuple, et je vous ramènerai sur la terre d'Israël.* » (1ère lect.) A son peuple en exil à Babylone, guetté par le découragement et la désespérance, Dieu voulait susciter une espérance.

La petite Thérèse de Lisieux n'était pas une grande pècheresse, mais sa fragilité psychique - que la mort de sa mère puis les départs de ses sœurs avaient occasionnée - l'empêchait de vivre pleinement. Elle était comme enfermée dans un tombeau avec ses crises de scrupules et d'angoisse. Après l'avoir « ressuscitée » une première fois par le sourire de sa Mère lorsqu'elle avait 10 ans, le Seigneur la guérit complètement 4 ans plus tard, lors de la nuit de Noël. Alors qu'elle était tentée d'éclater une nouvelle fois en sanglots après une parole malheureuse de son papa, elle reçut une grâce qui lui permit d'arborer un large sourire à ceux qui l'entouraient. Elle écrira ensuite : **« *en cette nuit où Il se fit faible et souffrant pour mon amour, Il me rendit forte et courageuse, Il me revêtit de ses armes et depuis cette nuit bénie, je ne fus vaincue en aucun combat, mais au contraire je marchai de victoires en victoires et commençai pour ainsi dire une course de géant !* »** (Ms A44).

« *Déliez-le, et laissez-le aller.* » Pour vivre de la vie divine, il faut non seulement sortir de notre sommeil et de nos tombeaux, mais aussi nous laisser délier de nos péchés qui nous rendent esclaves. Saint Paul écrit aux Romains : « *sous l'emprise de la chair, on ne peut pas plaire à Dieu.* » (2ème lect.) La chair, ce sont toutes les tendances qui nous éloignent de Dieu et de nos frères. Au contraire, « *si le Christ est en vous, votre corps a beau être voué à la mort à cause du péché, l'Esprit est votre vie, parce que vous êtes devenus des justes.* » Il nous faut donc choisir entre l'emprise de la chair et l'emprise de l'Esprit. Cependant, nous savons qu'il nous arrive à tous de pécher, même si nous voulons être dociles à l'Esprit. Alors, comment nous laisser délier des bandelettes de « la chair », c'est-à-dire de tout ce qui en nous n'est pas encore converti ? Par le sacrement de réconciliation. Jésus a dit solennellement aux apôtres : « *Amen, je vous le dis : tout ce que vous aurez lié sur la terre sera lié dans le ciel, et tout ce* *que vous aurez délié sur la terre sera délié dans le ciel.* » (Mt 18, 18)

Un exemple des évangiles illustre bien la puissance du pardon de Dieu, celui de Marie-Madeleine. Après avoir été libérée par Jésus de « *sept démons* » (Lc 8,2), elle n'a plus été sous l'emprise de la chair, mais sous celui de l'Esprit. Dans sa liberté recouvrée, elle a été capable de suivre Jésus jusqu'au pied de la croix, alors que les apôtres s'étaient tous laissés asservir par la peur.

Ainsi, frères et sœurs, **le Seigneur Jésus veut nous délivrer de la « seconde mort », la mort spirituelle. Dans ce but, il nous appelle à nous arracher au sommeil de notre conscience, à sortir de nos tombeaux, et à nous libérer de la servitude du péché.** Il nous invite à cette triple conversion **dès maintenant**, comme il a invité Marthe à passer d'une foi en la résurrection dans l'avenir à une résurrection pour le présent. Le Christ *est venu pour que nous ayons la vie, la vie en abondance* (Jn 10,10), dès ici-bas. Cette semaine, recevons le sacrement de réconciliation, si nous ne l'avons pas reçu récemment, et cherchons à vivre dans le Christ. Si le Fils de Dieu a pleuré, c'est parce qu'il souffrait de nos propres souffrances, et en particulier de la mort. Alors, soyons des vivants, afin qu'il puisse se réjouir avec nous !

Dimanche des Rameaux : Béni soit celui qui vient au nom du Seigneur

Au début de cette célébration, frères et sœurs, **pourquoi avons-nous agité des rameaux, que nous installerons bientôt dans nos maisons ou nos appartements** ? D'abord parce qu'ils sont des symboles de la vie éternelle, comme le buis qui reste toujours vert. Mais aussi parce qu'ils évoquent l'intronisation de celui qui veut régner dans nos maisons et surtout dans nos cœurs : le Christ, que les disciples ont accueilli dans Jérusalem en agitant des branches d'arbre et en criant : « *Hosanna au fils de David ! Béni soit celui qui vient au nom du Seigneur ! Hosanna au plus haut des cieux !* » Le Christ veut régner en nous, mais seulement si nous l'acceptons. Alors que ces cris manifestent la joie de la foule des disciples, qui ont accompagné Jésus depuis Jéricho ou même avant, Matthieu souligne que « *toute la ville* » est « *en proie à l'agitation* ». Nous avons agité des rameaux dans la joie nous aussi, mais ici, ce sont les cœurs qui sont agités par la peur : le mot *eseisthè* exprime le bouleversement causé par un tremblement de terre[17]. Ce passage renvoie à l'annonce par les Mages de la naissance du roi des Juifs, qui avait entraîné le « *trouble* » de la ville (Mt 2,3). Au début et à la fin de sa vie, Jésus est craint parce qu'on pressent qu'il vient troubler l'ordre public et renverser les puissants de leurs

---

[17] *Benoît XVI, Jésus de Nazareth, De l'entrée à Jérusalem à la Résurrection, ed. Rocher, p. 22*

trônes… C'est vrai et faux à la fois : certes, Jésus est bien le Messie tant attendu, le roi d'Israël et même de tout l'univers, comme nous le célébrons le dernier dimanche de chaque année liturgique. Mais **sa royauté n'est pas celle des puissants de ce monde, elle ne ressemble pas à celle de Pilate, le gouverneur romain, ou à celle d'Hérode, le roi fantoche de la Galilée.** Il ne rentre pas dans Jérusalem sur un grand cheval, mais sur un petit âne. On ne lui déroule pas le tapis rouge, mais on dépose devant lui des manteaux. Bientôt, les acclamations de la foule vont changer et devenir des cris de haine : *« crucifie-le ! crucifie-le ! »* Au lieu de juger ses sujets, comme le faisait Salomon ou comme le fera saint Louis au pied de son chêne dans la forêt de Vincennes, tout près d'ici, il sera jugé lui-même et condamné. On lui préférera Barabbas (étymologiquement *« le fils du père »*), qui était considéré comme le Messie par certains, parce qu'il voulait précisément chasser les Romains par la violence. Au lieu d'une magnifique couronne d'or et de diamants, il portera une couronne d'épines. Au lieu de porter les plus beaux vêtements, on le revêtira d'un manteau de couleur éclatante en signe de dérision, avant de le dénuder complètement. Au lieu de l'oindre avec les crèmes les plus douces, on le flagellera et on lui crachera dessus. Au lieu de l'installer sur une chaise à porteurs, c'est lui qui devra porter une lourde croix. Au lieu de l'asseoir sur un trône en métal précieux, il sera cloué sur une croix. Ainsi, Jésus est bien *« le roi des Juifs »*, comme Pilate le fera écrire ensuite au-dessus de sa tête sur la croix. Quel est le sens de cette royauté de Jésus ? Lui-même l'avait dit à ses disciples : *« Vous le savez : les chefs* *des nations les commandent en maîtres, et les grands font sentir leur pouvoir. [...] Le Fils de l'homme, lui, n'est pas venu pour être servi, mais pour servir, et donner sa vie en rançon pour la multitude. »* (Mt 20, 25.28) **Comment le Christ nous sert-il ? En nous aimant et en nous dévoilant la vérité**. Comme le dit un psaume (84), *« amour et vérité se rencontrent »*. Réfléchissons sur ces 2 facettes de la royauté du Christ.

Pour commencer, **le Christ veut régner par la vérité**. Lorsque Pilate lui demande au moment de son procès : *« "Alors, tu es roi ?" Jésus répondit : "C'est toi-même qui dis que je suis roi. Moi, je suis né, je suis venu dans le monde pour ceci : rendre témoignage à la vérité. Quiconque appartient à la vérité écoute ma voix." »* (Jn 18,37) Rendre témoignage, en grec, se dit *martyrios*. Comme dit l'Ecriture, dans la bouche de Jésus, *« on n'a pu trouver de mensonge »* (1P 2,22). A Pilate qui lui demande : *« Es-tu le roi des Juifs ? »*, il n'esquive pas, bien qu'il sache que sa réponse peut lui valoir la mort, il répond : *« C'est toi-même qui le dis. »* Il sait pourtant que pour les Romains, il ne doit pas y avoir d'autre roi que César, comme les chefs du peuple le diront opportunément pour leur part ensuite : *« Pilate leur dit : "Vais-je crucifier votre roi ?" Les grands prêtres répondirent : "Nous n'avons pas d'autre roi que l'empereur." »* (Jn 19,15) Si Jésus ne répond pas à Hérode qui lui pose *« bon nombre de questions »*, c'est parce qu'il sait que cela ne servira à rien, Hérode étant trop superficiel pour comprendre ses réponses éventuelles.

Le Christ veut régner par la Vérité, mais aussi par l'Amour. Cet Amour s'exprime tout au long de la Passion. Songeons au serviteur du grand prêtre, à qui un disciple (un autre évangéliste précise que c'est Pierre) a tranché l'oreille, et que Jésus guérit. Songeons à Pierre, encore lui, qui a renié 3 fois Jésus, et sur lequel celui-ci pose un regard tellement plein de tendresse que Pierre ne peut s'empêcher de pleurer amèrement ensuite. Songeons à tous les ennemis de Jésus, pour lesquels il prie sur la croix en disant : « *Père, pardonne-leur : ils ne savent pas ce qu'ils font.* » Songeons au malfaiteur crucifié à côté de lui, et à qui il fait cette étonnante promesse : « *Amen, je te le dis : aujourd'hui, avec moi, tu seras dans le Paradis.* » Cet Amour de Jésus pour les hommes est à la mesure de sa souffrance, dont témoigne son cri vers le Père : « *Mon Dieu, mon Dieu, pourquoi m'as-tu abandonné ?* » Jésus n'éprouve aucune consolation sensible, il a d'ailleurs refusé de boire la coupe de vin mêlé de fiel qui lui était proposée par un soldat pour atténuer quelque peu sa douleur (Mt 27,34) Mais n'oublions pas que ce cri de souffrance est d'abord celui du psaume 21 qui se termine par un autre cri, de louange cette fois : « *Tu m'as répondu ! Et je proclame ton nom devant mes frères, je te loue en pleine assemblée. Vous qui le craignez, louez le Seigneur* » (2° lect.). L'Amour de Jésus pour les hommes s'enracine dans son Amour pour son Père. C'est à Lui, dans l'abandon et la confiance, qu'il adresse sa dernière parole : « *Père, entre tes mains je remets mon esprit.* » (Lc 23,46)

Ainsi, frères et sœurs, **le Christ veut régner en nos maisons et en nos cœurs par la Vérité et par l'Amour.** A chaque fois que nous osons exprimer la Vérité, même et surtout devant ceux qui voudraient nous faire taire, nous acclamons le Christ comme notre roi. A chaque fois que nous aimons nos frères, même et surtout ceux qui nous ont fait du mal et à qui nous osons pardonner, nous acclamons le Christ comme notre roi. Mais à chaque fois que nous usons de mensonge ou que nous taisons la vérité, nous re crucifions Jésus. Et à chaque fois que nous refusons d'aimer et de pardonner, nous re crucifions Jésus. « *Christ est en agonie jusqu'à la fin du monde* », a écrit Pascal. Pendant les jours et les mois à venir, **à chaque fois que nous regarderons les rameaux accrochés à nos murs, demandons-nous si le Christ règne véritablement dans nos cœurs.** Et si nous sommes tentés de le crucifier à nouveau, regardons la Vierge Marie, sa Mère qui l'a suivi jusqu'au pied de la croix et qu'il nous a donné pour mère, et demandons-lui d'intercéder pour nous : « *Sainte Marie, mère de Dieu, prie pour nous, pauvres pécheurs, maintenant et à l'heure de notre mort* ». AMEN.

Jeudi Saint : Faites cela en mémoire de moi

Dans quelques minutes, frères et sœurs, nous allons répéter le geste extraordinaire que Jésus a accompli il y a 2000 ans, lorsqu'il a lavé les pieds de ses disciples. Lui, **le Fils de Dieu, a pris la position des esclaves et des serviteurs. Pourquoi l'a-t-il fait ?** Il nous répond lui-même : « *Si donc moi, le Seigneur et le Maître, je vous ai lavé les pieds, vous aussi, vous devez vous laver les pieds les uns aux autres.* **C'est un exemple que je vous ai donné afin que vous fassiez, vous aussi, comme j'ai fait pour vous.** » Cette exhortation du Christ signifie deux choses : d'abord que nous devons servir Dieu et les autres ; c'est le sens qui nous vient le plus spontanément à l'esprit. Mais aussi, que nous devons nous laisser servir par Dieu et par les autres. Cherchons à mieux comprendre ces deux sens, à la lumière de l'Eucharistie, à laquelle le Christ nous a **demandé de participer :** « *faites cela en mémoire de moi* » a-t-il répété 2 fois (2° lect.)

Premièrement, nous devons servir Dieu et les autres. Il nous faut lutter contre notre égoïsme (« vivre pour soi ») par la charité. Mais il y a un ordre : « *Dieu premier servi* », disait Jeanne d'Arc. N'oublions pas que le premier commandement est double, et qu'il commence par : « *Tu aimeras le Seigneur ton Dieu de tout ton cœur, de toute ton âme et de toute ta force* » (Dt 6,5). De même, les 3 premiers des 10 commandements (ceux de la 1ère table de pierre) concernent le Seigneur : « *Tu n'auras pas d'autres dieux que moi* », « *Tu* n'invoqueras pas le nom du Seigneur ton Dieu pour le mal », « *Tu feras du sabbat un mémorial, un jour sacré.* » Dans le passé, on cherchait à servir les dieux en leur offrant des sacrifices, animaux ou même humains. Mais le Seigneur nous a révélé que le seul sacrifice qui lui plaisait, c'était nous-mêmes. « *Je vous exhorte donc, frères, par la tendresse de Dieu, à lui présenter votre corps – votre personne tout entière –, en sacrifice vivant, saint, capable de plaire à Dieu : c'est là, pour vous, la juste manière de lui rendre un culte.* » (Rm 12, 1) Ce culte du Seigneur, nous pouvons le réaliser dans toutes nos activités: « *tout ce que vous dites, tout ce que vous faites, que ce soit toujours au nom du Seigneur Jésus, en offrant par lui votre action de grâce à Dieu le Père* »[18]. Cependant, **la participation à la messe est une des plus belles manières de s'offrir au Seigneur.** Avant tout, la messe est en effet le mémorial du sacrifice du Christ, dont celui de l'agneau pascal était une figure (1° lect.) et que nous sommes appelés à reproduire. C'est pourquoi Paul écrit: « *chaque fois que vous mangez ce pain et que vous buvez cette coupe, vous proclamez la mort du Seigneur, jusqu'à ce qu'il vienne* » (2° lect.) C'est pourquoi aussi les saints, même s'ils se sont occupés des pauvres, ont toujours pris le temps de célébrer l'Eucharistie. Mère Teresa, durant chacune de ses journées bien sûr très chargées, prenait non seulement un temps d'oraison mais aussi un temps pour la messe. Participer à

---

[18] *Et plus loin : « Quel que soit votre travail, faites-le de bon cœur, comme pour le Seigneur et non pour plaire à des hommes »* (3,17.23)

l'eucharistie, ce n'est pas d'abord remplir une obligation pour se donner bonne conscience, c'est s'offrir à Dieu pour qu'Il puisse accomplir sa volonté en nous et par nous.

En servant Dieu, notamment en participant comme Il me le demande à l'eucharistie, je ne peux pas ensuite ne pas servir mes frères. N'oublions pas que le Corps du Christ, c'est bien sûr l'hostie consacrée, appelée aussi le corps eucharistique, mais c'est aussi l'Eglise, appelée aussi son Corps mystique. La même Jeanne d'Arc disait à propos du Christ et de l'Eglise : « *c'est tout un* ». Et les membres de ce corps, ce ne sont pas seulement les baptisés, mais aussi les personnes qui souffrent : « *ce que vous l'avez fait à l'un de ces plus petits de mes frères, c'est à moi que vous l'avez fait.* » (Mt 25,40) En communiant au corps eucharistique du Christ, je reçois son Esprit, sa force, sa vie, qui me permettent de me mettre au service de mes frères, comme il l'a fait. A la fin de la messe, lorsque le célébrant dit « *allez dans la paix du Christ* », nous pouvons comprendre : « allez servir vos frères, qui font partie du même corps que le vôtre ».

Le Christ nous invite donc à servir, mais ce n'est pas tout : il nous demande aussi, et c'est moins facile pour nous peut-être, de nous laisser servir. Alors que le service de Dieu et des autres nous oblige à renoncer à notre égoïsme (« vivre pour soi »), nous laisser servir par eux contredit parfois notre orgueil (« vivre par soi »). Pour commencer, **laissons-nous servir par Dieu lui-même.** C'est ce que Pierre a du mal à accepter : lorsque Jésus veut lui laver les pieds, il s'écrie : « *Tu ne me laveras pas les pieds ; non, jamais !* » Mais la réponse de Jésus est claire et nette : « *Si je ne te lave pas, tu n'auras pas de part avec moi.* » Pierre a la même réaction que Jean, lorsqu'il vit Jésus venir à lui pour recevoir le baptême[19]. Nous devons aussi bien accepter du Seigneur les croix (ce que Pierre eut du mal à faire aussi, souvenons-nous de la volée de bois vert qu'il reçut à Césarée de Philippes après que Jésus ait annoncé sa Passion et sa mort à venir cf Mt 16,22-23), que les « douceurs ». Accepter que Dieu nous serve, c'est d'abord accepter de Lui obéir[20].

Si le Christ nous appelle à participer à l'eucharistie, c'est non seulement pour nous offrir avec lui en sacrifice, mais aussi pour nous nourrir de lui. La messe est aussi un repas, dans lequel le Seigneur lui-même nous sert. « *Heureux ces serviteurs-là que le maître, à son arrivée, trouvera en train de veiller. Amen, je vous le dis : c'est lui qui, la ceinture autour des reins, les fera prendre place à table et passera pour les servir.* » (Lc 12,37)… paroles incroyables, qui se réalisent au moment de la dernière Cène, et qui anticipent le banquet

---

[19] « *Il voulait l'en empêcher et disait : 'C'est moi qui ai besoin d'être baptisé par toi, et c'est toi qui viens à moi' ! Mais Jésus lui répondit : 'Laisse faire pour le moment, car il convient que nous accomplissions ainsi toute justice'. Alors Jean le laissa faire* » (Mt 3,14-15)

[20] *Un autre exemple : le général syrien Naaman, qui était venu de loin pour se faire guérir de sa lèpre par Elisée, et qui était reparti en colère parce que le prophète ne lui avait demandé que quelque chose de très simple, se tremper 7 fois dans les eaux du Jourdain (2R 5). Il avait fallu l'intervention de ses serviteurs pour qu'il accepte finalement de le faire et soit guéri.*

eschatologique ! Le Christ nous sert en particulier par sa Parole, qui nous éclaire, par son Corps qui nous nourrit, et aussi par son Pardon qui nous purifie. C'est l'un des sens que l'on peut donner à la parole mystérieuse de Jésus à Pierre : « *Quand on vient de prendre un bain, on n'a pas besoin de se laver, sinon les pieds : on est pur tout entier. Vous-mêmes, vous êtes purs* ». Selon saint Augustin, le baptême nous purifie tout entiers, mais les pieds sont les symboles de notre contact avec la terre, c'est-à-dire avec le monde des hommes qui nous salit forcément un peu, que nous le voulions ou non. C'est pourquoi, au début et à plusieurs reprises au cours de chaque messe, nous demandons au Seigneur de nous pardonner.

Mais **en participant à la messe, nous nous laissons aussi servir par les autres**, ceux qui ont préparé les fleurs, les chants, la musique, la liturgie, l'autel, l'homélie, etc. Et de même qu'à la fin de la célébration, nous sommes envoyés pour servir les autres, nous le sommes aussi pour nous laisser servir, c'est-à-dire pour accepter de ne pas vivre seulement par nous-mêmes, mais aussi par eux. Comme le dit un proverbe : « *si tu veux aller vite, agis seul ; si tu veux aller loin, agis avec les autres* ».

Ainsi, frères et sœurs, **en lavant les pieds de ses disciples, Jésus a voulu nous inviter à la fois à servir Dieu et les autres, mais aussi à nous laisser servir par eux**. Tout cela, nous pouvons l'accomplir en participant à la messe, non pour

remplir une obligation mais comme un acte d'amour. De cette façon, nous pourrons devenir des hommes et des femmes eucharistiques, c'est-à-dire que nous pourrons offrir chaque jour nos vies en sacrifice, tout en nous nourrissant sans cesse de Dieu. **Ce soir, nous pouvons prier particulièrement pour les prêtres, dont c'est la fête.** Nous avons été appelés par Dieu à lui offrir nos vies pour vous servir, vous les laïcs[21], en particulier en célébrant la messe, qui est au cœur de nos vies, avec le sacrement de la réconciliation qui lui est intimement lié. Mais nous ne pouvons rien sans vous, car nous sommes tous membres d'un même Corps, qui est celui du Christ. C'est pourquoi nous devons aussi nous laisser servir par vous. Rendons grâce au Seigneur qui a institués pour nous le sacrement de l'Eucharistie, servons-Le et laissons-Le nous servir en y participant de tout notre cœur. AMEN.

---

[21] *« Mieux les chrétiens vivent leur sacerdoce baptismal, plus ils ont besoin du sacerdoce ministériel, plus leur vie et leur action appellent que des prêtres les accompagnent. »* (Card. André 23, homélie de la messe chrismale 2016)

Vendredi Saint : Vivons dans la Lumière de l'Amour

Pourquoi allons-nous vénérer la croix, frères et sœurs ? Pourquoi en avons-nous certainement installé dans nos maisons et nos appartements, aux côtés des rameaux bénis que nous avons ramené de la messe dimanche dernier ? Pourquoi cette vénération pour cet instrument de supplice, le plus cruel que les Romains employaient, eux qui n'étaient pas précisément des enfants de cœur ? Les premiers Chrétiens, eux, ne représentaient pas le Christ en croix, ils le représentaient plutôt comme un jeune berger ou comme un poisson, comme on peut le voir dans les catacombes. Mais à partir du IV° siècle, la croix est devenue le symbole même de notre Foi. Pourquoi ? **Parce qu'elle symbolise une double victoire, celle de l'Amour sur la haine, et celle de la Vie sur la mort**. Le Fils de Dieu nous a témoigné son Amour en nous donnant sa vie, et le Père lui a témoigné son Amour en le ressuscitant des morts. **Cette double victoire, nous pouvons la résumer en une seule : la victoire de la Lumière sur les ténèbres**. Une victoire est d'autant plus belle et précieuse qu'elle est acquise sur un adversaire puissant. Aussi, **pour commencer, nous allons voir comment les forces des ténèbres, au début, ont été fortes et ont semblé l'emporter. Puis, nous verrons comment les forces de la lumière ont préparé discrètement leur victoire, que nous célébrerons demain.**

« *L'obscurité se fit dans tout le pays jusqu'à trois heures, car le soleil s'était caché.* » L'obscurité qui enveloppe la Palestine, au moment où le Christ est en agonie, n'est pas seulement atmosphérique. Elle est aussi spirituelle. Oui, vraiment, **ce moment de l'histoire humaine est sombre**. Le Fils de Dieu a d'abord sué « *comme des gouttes de sang* » à Gethsémani, tant son angoisse était grande devant sa souffrance et sa mort à venir. Il est maintenant en train de mourir, crucifié comme un malfaiteur. Comment les foules, qui l'ont acclamé avec leurs rameaux comme le Messie lors de son arrivée à Jérusalem, ont-elles pu finir par vociférer « *crucifie-le, crucifie-le* » quelques jours plus tard ? Comment Judas, qui a été choisi par Jésus et a été l'un de ses compagnons de vie pendant trois ans, a-t-il pu le trahir ? Comment Pierre, qui a été désigné par Jésus comme le chef des disciples, a-t-il pu le renier trois fois ? Comment Pilate et Hérode, représentants de la justice, ont-ils pu l'abandonner à l'injustice ? Comment les chefs du peuple, qui devaient guider le peuple vers le Messie, ont-ils pu être aussi aveugles ? Comment les soldats, qui devaient maintenir l'ordre, ont-ils pu maltraiter et railler aussi cruellement un homme sans défense ? Autant de questions qui restent sans réponses… ou plutôt, que l'on ne peut expliquer que par le mystère du mal. Après avoir été vaincu par Jésus dans le désert, au début de son ministère, le démon s'était éloigné de lui « *jusqu'au moment fixé* » (Lc 4,13). Ce moment, nous y sommes parvenus, c'est celui de la Passion. Le démon est entré en Judas, et il agit à travers tous les personnages cités, sans que leur responsabilité soit réduite à néant pour autant. Au désert, le diable avait incité Jésus à échapper à la souffrance et à réaliser des prodiges. Ici encore, il l'incite dans le même sens. C'est d'abord Pierre lui-même qui se sert de son épée pour le défendre. C'est ensuite Hérode qui espère le voir réaliser un miracle. Puis ce sont les chefs des prêtres, les soldats, et même l'un des autres condamnés, qui se moquent de lui en le défiant de se sauver lui-même au moment où il est sur la croix... Tous coopèrent par leur péché à l'obscurcissement de la terre.

Dans cette obscurité, pourtant, **la lumière commence déjà à poindre**. Elle jaillit d'abord du cœur du Christ. Face à la haine et à l'injustice, comment réagit-il ? D'abord, après le troisième reniement de Pierre, il avait posé son regard sur lui, on peut imaginer avec quel amour et quelle tendresse. Pierre avait alors pleuré amèrement, première étape de sa conversion. Ensuite, les 4 évangélistes nous ont laissé sept paroles de Jésus en croix. Les 3 premières témoignent de l'amour infini du Christ à notre égard : un amour qui pardonne : *« Père, pardonne-leur : ils ne savent pas ce qu'ils font »* (Lc 23,34); un amour qui accueille : *« En vérité, je te le dis aujourd'hui, tu seras avec moi dans le paradis »* (Lc 23,43) dit Jésus au malfaiteur repenti crucifié à côté de lui; un amour qui donne : *« Femme, voici ton fils »* dit Jésus à sa mère, qui devient ainsi notre mère, et quel plus beau cadeau aurait-il pu nous faire ? 3 autres témoignent de l'amour infini de Jésus à l'égard de son Père : *« Mon Dieu, mon Dieu, pourquoi m'as-tu abandonné ? »* (Mc 15,34 & Mt 27,46), c'est la reprise d'un psaume qui exprime une grande souffrance mais aussi une confiance inaltérable, dont témoignent les 2 paroles suivantes : « *Tout est achevé* » et « *Père, entre tes mains je remets mon esprit* » *(Lc 23,46)*. Une 7ème parole enfin, que je cite en dernier même si Jésus la prononce avant son dernier cri, exprime un amour qui désire être aimé : « *J'ai soif* ». Elle manifeste à la fois la souffrance physique de Jésus (la crucifixion entraînait l'asphyxie progressive) mais aussi sa souffrance spirituelle. C'est cette parole que Mère Teresa entendit au plus profond de son cœur et qui la poussa à partir dans les rues de Calcutta pour soulager les pauvres en qui elle voyait Jésus lui-même.

Face à une telle lumière, celle de l'Amour plus fort que la haine, plusieurs se laissent illuminer à leur tour. D'abord, l'un des condamnés se convertit, le bon larron que je viens d'évoquer : saisi par la « *crainte de Dieu* », il reconnaît humblement qu'il a ce qu'il mérite ; surtout, il espère dans la miséricorde de Dieu, plus grande que ses fautes : « *Jésus, souviens-toi de moi quand tu viendras inaugurer ton Règne.* » Face à lui, un autre homme se convertit, le centurion romain : « *A la vue de ce qui s'était passé, il rendait gloire à Dieu : "Sûrement, cet homme, c'était un juste."* » Les foules se laissent elles-aussi à nouveau retourner : « *Tous les gens qui s'étaient rassemblés pour ce spectacle, voyant ce qui était arrivé, s'en retournaient en se frappant la poitrine.* »

Un autre rayon de lumière vient de Joseph d'Arimathie. Membre du Conseil des chefs du peuple, « *il n'avait donné son accord ni à leur délibération, ni à leurs actes* », et il a le courage d'aller trouver Pilate et de demander le corps de Jésus, avant de le descendre de la croix, de l'envelopper dans un linceul et de le mettre dans un sépulcre taillé dans le roc, où personne encore n'avait été déposé. Enfin, les femmes qui accompagnaient Jésus depuis la Galilée ont elles-aussi eu la force de suivre Joseph jusqu'au tombeau, avec l'intention d'y retourner ensuite pour l'embaumer comme il le méritait. Ainsi, alors que l'obscurité enveloppe le pays, des rayons de lumière annoncent déjà l'aurore de la résurrection.

Ainsi, **le récit de la Passion est l'histoire de la lutte entre les ténèbres de la haine et de la mort, et la lumière de l'amour et de la vie. Dans l'arène, il y a 3 types de combattants. Il y a le Christ, qui est la lumière ou encore le soleil du monde. Il y a Satan, celui qui s'appelait d'abord Lucifer, « le porteur de lumière », et qui est devenu comme un trou noir, qui absorbe toute lumière. Il y a enfin les hommes, qui peuvent choisir de combattre sous la bannière du Christ, ou sous celle de l'adversaire.** Parmi eux, il y a la Vierge Marie, qui est souvent représentée au-dessus de la lune parce que, comme elle, elle reflète si bien la lumière du soleil qu'elle éclaire ceux qui marchent dans la nuit... Et nous-mêmes, frères et sœurs, **pour qui combattons-nous ?** Sous la bannière du Christ ? Vivons-nous dans la pleine lumière de sa résurrection ? Ne nous arrive-t-il pas de préférer les ténèbres de notre égoïsme et de nos penchants mauvais ? **A chaque fois que nous péchons, nous crucifions à nouveau le Christ et nous rendons le monde plus sombre.** Mais l'amour de Dieu pour nous est infini ; il sait que, parfois, nous ne savons pas ce que nous faisons. Alors, **convertissons-nous pleinement**. Pleurons notre péché comme saint Pierre, reconnaissons notre injustice comme le bon larron, émerveillons-nous devant le Christ comme le centurion, frappons-nous la poitrine comme les foules, ayons du courage comme Joseph d'Arimathie et le cœur plein d'amour comme les saintes femmes. Les 40 jours du Carême ont dû nous aider à cheminer vers la lumière. **Ce soir, en vénérant la croix, laissons-nous illuminer encore davantage par celui qui a donné sa vie pour chacun et chacune d'entre nous. Alors, au dernier jour, nous ressusciterons à notre tour, et nous le rejoindrons avec le bon larron et tous les saints pour jouir avec eux de la joie infinie de la Victoire de l'Amour et de la Vie sur la haine et sur la mort.** AMEN.

Temps pascal

Vigile : Soyez sans crainte !

Frères et sœurs, **vivons-nous dans la peur de la mort, ou dans la crainte de Dieu qui ouvre à la reconnaissance pour la Vie ?** Dans l'évangile, l'ange d'abord, puis le Christ ressuscité, prononcent la même parole : *« Soyez sans crainte ! »* Cette parole est la plus répandue de toute la Bible. Pourquoi ? Parce que l'homme est un être fragile et pécheur, et que le diable l'entraîne à craindre la mort[22] et à craindre tout court. Souvenons-nous de l'entrée triomphale de Jésus à Jérusalem, le jour des Rameaux : toute la ville fut *« agitée »* par la peur (Mt 21,10), comme le jour où les Mages annoncèrent la naissance du roi des Juifs (Mt 2,3). Si souvent, au lieu de rendre grâce pour la Vie, nous avons peur des changements qui menacent nos habitudes et nos sécurités. Si pendant 40 jours, nous avons renoncé à certaines de nos habitudes et de nos sécurités, c'était pour prendre conscience que le Seigneur était toujours avec nous, et pour passer ainsi de la crainte mortifère à la confiance vivifiante. Voilà précisément le sens de Pâques : c'est le passage de la mort à la Vie. Mais si le Carême a duré 40 jours, au point de nous sembler long peut-être, c'est parce qu'il nous faut du temps pour entrer dans la confiance et dans la Vie. C'est pour cette même raison que l'histoire du peuple de Dieu est longue, qu'il lui a fallu 40 ans

---

[22] *« Par sa mort, Jésus a pu réduire à l'impuissance celui qui possédait le pouvoir de la mort, c'est-à-dire le diable, et il a rendu libres tous ceux qui, par crainte de la mort, passaient toute leur vie dans une situation d'esclaves. » (He 2, 14 15)*

pour entrer en terre promise, et qu'il a fallu beaucoup plus de temps encore et plusieurs étapes avant que le Fils de Dieu vienne parmi nous pour vaincre la mort. La lumière de la Résurrection n'a pas brillé instantanément, elle est venue progressivement, de la même façon que nous avons allumé cette église ce soir, grâce au feu qui a d'abord brillé dans la nuit de ce monde. Il est le symbole de Dieu présent avec nous : dans le buisson ardent, dans la colonne qui guidait le peuple dans le désert, dans la flamme qui brûlait perpétuellement dans le Temple, et maintenant devant le tabernacle qui est derrière moi. **Revisitons les grandes étapes de la victoire de la Vie sur la mort que les lectures viennent de nous rappeler.**

Pour commencer, nous devons prendre conscience que **le Seigneur nous a créés pour la Vie éternelle**, la Vie bienheureuse auprès de Lui. Le premier récit de la création (1° lect.) nous le rappelle : tout ce qu'Il a créé est « *bon* », et l'ensemble est même « *très bon* ». Parmi toutes les créatures de la terre, l'homme et la femme sont le sommet, puisque Dieu les a créés « *à son image* ». Le premier commandement qu'Il leur donne est un commandement de Vie : « *Soyez féconds et multipliez-vous, remplissez la terre et soumettez-la* ». Rien à voir avec l'image des dieux grecs, qui craignaient leurs enfants au point de chercher à les faire périr ou à les exiler afin qu'ils ne les détrônent pas. Le Christ dira plus tard : « *je suis venu pour que vous ayez la vie, la vie en abondance.* » (Jn 10,10) Mais alors, d'où vient la mort ? La bible répond :

« *C'est par la jalousie du diable que la mort est entrée dans le monde.*» (Sg 2,23) Cette jalousie, elle s'est concrétisée par la ruse du serpent, relatée dans le chapitre suivant le 2nd récit de la création. Le Seigneur avait dit à Adam: « *Tu peux manger les fruits de tous les arbres du jardin ; mais l'arbre de la connaissance du bien et du mal, tu n'en mangeras pas ; car, le jour où tu en mangeras, tu mourras.* » (Gn 2,16-17) Ce commandement vient bien après le premier que j'ai évoqué, et il reflète lui aussi une générosité parfaite. Pourquoi un interdit ? Non pour empêcher l'homme de vivre pleinement, mais au contraire pour lui éviter la mort. Car au départ, l'homme était comme un enfant qu'il fallait protéger, et à qui le Seigneur voulait enseigner progressivement la connaissance du bien et du mal. Le serpent l'a trompé, lui faisant croire que Dieu voulait l'empêcher de participer à Sa vie et qu'il pourrait devenir comme un dieu instantanément en lui désobéissant (Gn 3,1-5). Mais au lieu de la vie divine, l'homme a récolté la mort. Cependant, Dieu ne l'a pas *abandonné à son pouvoir*[23].

Après le déluge, le Seigneur a contracté une alliance avec **Noé**, représentant l'humanité nouvelle qui ne s'était pas corrompue. Il a renouvelé son commandement de vie : « *Dieu bénit Noé et ses fils. Il leur dit : Soyez féconds, multipliez-vous,*

---

[23] « *Dans ta miséricorde, tu es venu en aide à tous les hommes pour qu'ils te cherchent et puissent te trouver. Tu as multiplié les alliances avec eux, et tu les as formés, par les prophètes, dans l'espérance du salut. Tu as tellement aimé le monde, Père très saint, que tu nous as envoyé ton propre Fils, lorsque les temps furent accomplis, pour qu'il soit notre Sauveur* » (P.E.n°4)

remplissez la terre. » (Gn 9,1) Mais ensuite, l'homme a continué à commettre le mal, érigeant notamment la tour de Babel pour s'élever vers le ciel par ses propres forces. C'est alors que surgit **Abraham**, le père des croyants, qui accepte de répondre à l'appel du Seigneur. Cet homme fait tellement confiance au Seigneur qu'il accepte de sacrifier son fils **Isaac,** croyant *« que Dieu est capable même de ressusciter les morts. »* (He 11,19)

D'Abraham va naître un peuple, Israël. Obligé au temps de **Joseph** de s'exiler en Egypte pour y trouver du pain, il va y devenir esclave 4 siècles plus tard. Confronté à la mort, celle des premiers-nés d'abord puis celle de tous lorsque le joug de Pharaon se fera plus pesant, il en sera délivré grâce à **Moïse** qui le conduira à travers le désert. La traversée de la Mer Rouge (3° lect.) fut un évènement fondateur, passage par excellence de la rive de l'esclavage et de la mort à celle de la liberté et de la vie. Mais la liberté et la vie doivent s'apprendre, et il fallut 40 ans pour que le peuple atteigne la terre promise. 40 ans pendant lesquels il apprit aussi à faire confiance à Dieu, alors qu'il était confronté à de nouvelles menaces de mort (la faim, la soif, les serpents...)

Après le temps des patriarches (Abraham, Isaac, Jacob, Joseph et Moïse) vient celui des prophètes. Leur mission est double : d'une part rappeler la loi de Moïse, lorsque le peuple s'en détourne pour adorer d'autres dieux ; d'autre part, annoncer le bonheur à venir lorsque le peuple sombre dans la désespérance. Les paroles du prophète **Isaïe** furent prononcées lorsque le peuple connut l'une des plus grandes épreuves de son histoire, au moment de sa captivité à Babylone. Ecoutons-le à nouveau : « *Jérusalem, malheureuse [...] Tes fils seront tous disciples du Seigneur, et grande sera leur paix. Tu seras établie sur la justice*» (4° lect.). Encore un appel à la confiance : Dieu ne nous a pas abandonnés, Il nous enverra bientôt un Sauveur, celui qu'on appelle le messie (l'oint du Seigneur).

Finalement, **après avoir ainsi préparé sa venue par les patriarches et les prophètes, Dieu a envoyé ce Sauveur, son propre Fils.** Mais il n'est pas facile de passer de la peur de la mort à la reconnaissance pour la vie. Durant son ministère, Jésus avait annoncé plusieurs fois sa mort et sa résurrection. Mais ses disciples *ne comprirent pas ses paroles* (Mc 9,10). Même lorsqu'ils entendirent de la bouche des femmes revenant du tombeau vide la bonne nouvelle, *les Onze et tous les autres disciples estimèrent que leurs propos étaient délirants, et ils ne les crurent pas*. Même si leur chef, Pierre, *courut voir au tombeau, il s'en retourna chez lui, tout étonné de ce qui était arrivé* (Lc 24,11)…

Ainsi, frères et sœurs, **le passage de la mort à la vie et de la peur de la mort à la crainte de Dieu et à la reconnaissance pour la Vie ne va pas de soi. Il exige de nous un autre passage : celui de l'homme ancien qui est en nous à l'homme nouveau.** « *Pensez que vous êtes morts au péché, mais vivants pour Dieu en Jésus Christ* » (épître). Si le feu est le symbole de la présence de Dieu, l'eau est le symbole de la purification que nous apporte le baptême. Le feu et l'eau sont aussi 2 symboles de l'Esprit Saint, car lui seul peut nous donner la vie même de Dieu. Et il fait de nous des missionnaires. Aussi bien l'ange que Jésus demandent aux disciples, immédiatement après leur avoir annoncé la résurrection, d'aller *en Galilée*, ce *« carrefour des nations »* (Mt 4,15) que Jésus n'a cessé de parcourir pour proclamer la Bonne Nouvelle. Etre chrétien, c'est être vivant, ce qui signifie aussi être missionnaire car la vie cherche toujours à se propager... **N'ayons plus peur de la mort, vivons dans la joie de la Résurrection du Christ et témoignons-en autour de nous.** AMEN.

Jour de Pâques : Il est vraiment ressuscité !

« **Christ est ressuscité, il est vraiment ressuscité. ALLELUIA** ». Cet évènement, frères et sœurs, est le plus important dans l'histoire des hommes, avec l'incarnation. Le Christ a vaincu la mort, non pas en revenant à la vie terrestre, comme il l'avait fait avec Lazare, mais en ressuscitant avec un corps glorieux, c'est-à-dire un corps qui n'est plus soumis aux limites de l'espace et du temps, mais qui garde en même temps les traces de son histoire (avec les stigmates). Jésus n'est pas revenu à la vie, il est la Vie elle-même. **Cet évènement est la Bonne Nouvelle par excellence pour nous car il nous permet d'espérer ressusciter nous-mêmes après notre mort. Mais d'ici là, qu'est-ce que la résurrection du Christ change à nos vies ?** Eh bien, elle peut les transformer entièrement, en nous touchant dans nos intelligences, mais aussi dans nos cœurs, dans nos âmes, dans nos corps... Aujourd'hui, les lectures nous montrent que **la résurrection du Christ nous sollicite à 4 niveaux de nos êtres. Nous sommes invités à croire, à comprendre, à vivre, et à témoigner.**

Pour commencer, **nous devons croire** à la résurrection. Les évangiles témoignent de la difficulté pour l'homme d'accueillir cette Bonne Nouvelle. Saint Marc révèle que les femmes qui étaient venues au tombeau pour embaumer le corps, lorsqu'elles eurent reçu l'annonce de la résurrection et la mission de la transmettre aux disciples et à Pierre, « *s'enfuirent et ne dirent rien à personne, car elles avaient* peur » (Mc 16,8). Et les apôtres, lorsque Marie-Madeleine revint du tombeau avec ses compagnes, « *l'entendant dire qu'il vivait et qu'elle l'avait vu, ne la crurent pas* » (Mc 16,11) *estimant que c'était du « radotage »* (Lc 24,11). Pierre lui-même, le chef des apôtres, après avoir couru au tombeau et vu les linges, « *s'en alla chez lui, tout surpris de ce qui était arrivé* » (Lc 24,12), sans pouvoir croire encore. Alors, comment être étonné lorsqu'on lit dans les Actes des Apôtres à propos des Athéniens, qui avaient écouté Paul à l'aréopage avec attention jusque-là : en entendant les mots de « *résurrection des morts, les uns se moquaient, les autres disaient : " Nous t'entendrons là-dessus une autre fois"* » (Ac 17,32) ? Comment être étonné que parmi les catholiques eux-mêmes, seule une minorité croit à la résurrection ? La résurrection, que ce soit celle du Christ ou la nôtre, ne peut se démontrer, elle est offerte à notre liberté de croire ou de ne pas croire...

Si Dieu ne veut nous donner aucune preuve scientifique de la résurrection, ce qui réduirait à néant notre liberté précisément, Il nous offre des signes. Parmi les disciples, alors que beaucoup refusèrent de croire comme nous l'avons souligné, le disciple que Jésus aimait, nous révèle saint Jean, « *vit et crut* » (év.). Qu'a-t-il vu ? Pas grand-chose : un tombeau vide, mais aussi « *les linges, gisant à terre, ainsi que le suaire qui avait recouvert sa tête ; non pas avec les linges, mais roulé à part dans un endroit.* » Ce simple signe suffit pour lui : si Jésus avait été enlevé, les linges seraient tous ensemble, les ravisseurs n'auraient pas pris la peine de rouler le suaire à part. Lazare était sorti de son tombeau encore enveloppé de bandelettes, mais Jésus en est ressorti libre. Qu'est-ce qui a permis à ce disciple de croire, ce que les autres ne parvenaient pas à faire ? C'est l'amour. Ce n'est pas un hasard si Jean l'a désigné comme *« le disciple que Jésus aimait »*. Cela signifie qu'il existait entre lui et son Maître une grande intimité, qu'atteste la scène du dernier repas où il était assis à son côté, et où il s'était penché sur sa poitrine pour lui demander qui allait le trahir (cf Jn 13,25). Seul l'amour permet de franchir les barrières que la raison est impuissante à ôter.

Deuxièmement, **nous sommes invités à comprendre**. Vous êtes peut-être surpris que j'en parle en second, dans notre mentalité cartésienne, mais saint Anselme avait bien dit : *« il faut croire pour comprendre »*. A la fin de l'évangile que nous venons d'entendre, saint Jean écrit : **« les disciples n'avaient pas compris que, d'après l'Écriture, il fallait que Jésus ressuscite d'entre les morts »**. Pourquoi le fallait-il ? Parce que l'homme était asservi aux forces de la mort, et que seul Dieu pouvait l'en délivrer. Même en cherchant bien, on ne trouvera aucune annonce explicite de la résurrection du Messie. Mais c'est toute l'Ecriture, relue à la lumière de cette résurrection, comme Jésus l'a fait avec les disciples d'Emmaüs, qui nous permet de découvrir que Dieu est plus fort que la mort[24].

Si nous croyons à la résurrection et si nous en avons compris le sens, sommes-nous parvenus là où le Seigneur veut nous mener ? Non, il reste encore deux étapes à franchir : d'abord, **il nous faut en vivre**. Nietzsche dit un jour, en voyant des chrétiens sortir d'une église : « *je croirai quand je les verrai avec des gueules de ressuscités* ». Mais comment vivre ainsi, alors que nous cheminons sur cette terre qui ressemble souvent à une « *vallée des larmes* » (ps 84) ? En nous unissant à celui qui a vaincu la mort, comme nous l'avons célébré cette nuit. Mais pour nous unir à lui, nous devons passer par le chemin qu'il a suivi lui-même. La victoire de la Vie sur la mort est inséparable de celle de l'Amour sur le péché. C'est pourquoi saint Paul écrit aux Colossiens : « *Vous êtes ressuscités avec le Christ. Recherchez les réalités d'en haut [...] En effet, vous êtes morts avec le Christ, et votre vie reste cachée avec lui en Dieu.* » (2° lect.) Qu'est-ce que cela signifie ? Non pas que nous devrions mépriser les réalités de la terre, mais que nous devons les transformer, conscients que le Seigneur nous prépare « *des cieux nouveaux et une terre nouvelle* » (Ap 21,1). La petite Thérèse l'avait si bien

---

[24] *La traversée de la mer rouge, que nous avons entendue cette nuit, en est une illustration parmi beaucoup d'autres : alors que le peuple était promis à la mort, avec la mer devant lui et l'armée de Pharaon derrière lui, le Seigneur lui a tracé un chemin de vie, qui ressemble à une résurrection.*

compris qu'elle dit, au moment de mourir : « *j'entre dans la Vie* ». Cela signifie aussi que nous devons mourir au péché, et vivre à la manière du Christ. Comme Paul le précise dans les versets suivants, il s'agit de « *faire mourir en nous ce qui n'appartient qu'à la terre : débauche, impureté, passion, désir mauvais, et cette soif de posséder, qui est une idolâtrie* » (Col 3,5) et de « *revêtir l'homme nouveau* » (le vêtement blanc des nouveaux baptisés en est le signe) et ainsi de se revêtir «*de tendresse et de compassion, de bonté, d'humilité, de douceur et de patience.* » (Col 3, 10.12) Cette transformation n'est pas visible de tous, car notre vie *reste cachée avec le Christ en Dieu*. Comme le disaient St François de Sales et St Vincent de Paul: « *Le bruit ne fait pas de bien, et le bien ne fait pas de bruit.* »

En plus de vivre comme des ressuscités, **le Seigneur nous invite à une ultime étape : le témoignage**. La résurrection est la Bonne Nouvelle, l'évangile par excellence, que nous ne pouvons pas garder pour nous seuls. Tant d'hommes et de femmes autour de nous sont comme des brebis égarées ! Il nous faut imiter les Apôtres et Pierre, qui dit au centurion Corneille : « *Il nous a chargés d'annoncer au peuple et de témoigner que Dieu l'a choisi comme Juge des vivants et des morts.* » (1° lect.) Certes, le fait de vivre comme des ressuscités est déjà un beau témoignage. Mais dans certaines situations, il nous faut y ajouter la parole car, comme l'écrit saint Paul aux Romains : « *la foi naît de ce qu'on entend ; et ce qu'on entend, c'est l'annonce de la parole du Christ.* » (Rm 10,17) Alors, même si nous ne sommes pas de grands théologiens, même si nous ne pourrons pas répondre à toutes les questions, n'ayons pas peur d'aller vers « les périphéries », comme le Pape François nous y invite, pour proclamer, « *à temps et à contretemps* » (2Tm 4,2), que le Fils de Dieu est mort pour nos péchés et ressuscité pour nous donner la vie !

Pour conclure, frères et sœurs, **rendons grâce à Dieu qui nous a appelle à comprendre, à croire, à vivre et à témoigner de la résurrection du Christ. Un jour, nous aussi, nous ressusciterons et nous entrerons pleinement dans la Vie. En attendant, nous devons combattre pour vaincre avec le Christ.** La victoire de la Vie sur la mort et de l'Amour sur le péché ne s'acquière pas d'un coup de baguette magique, elle exige des efforts et du temps. Du temps pour faire mourir en nous le vieil homme et faire advenir l'homme nouveau, c'est pourquoi pendant 40 jours, nous avons lutté avec le Christ pour nous convertir à travers la prière, le partage et les privations. Du temps aussi pour nous réjouir avec le Christ de sa victoire, que nous allons célébrer pendant les 8 jours de l'octave et les 50 jours du temps pascal. Paradoxalement, il nous est peut-être plus facile de lutter que de célébrer, du fait que notre vie sur la terre est parsemée d'épreuves multiples. Le temps pascal qui commence aujourd'hui nous demande d'anticiper la vie divine que nous connaîtrons après notre résurrection. Comme le dit saint Augustin dans un de ses sermons les plus célèbres : « *Chantons dès ici-bas l'alléluia au milieu de nos soucis, afin de pouvoir un jour le chanter là-haut dans la paix... Chantons et marchons* ». **Avec le Christ, chantons et marchons, avec des gueules de ressuscités.** C'est ainsi que nos frères non-croyants, en nous voyant, pourront croire que oui, vraiment, le Christ est ressuscité, il est vraiment ressuscité. ALLELUIA.

2ème dimanche : Offrons nos vies au Dieu de miséricorde[25]

Parmi tous les attributs de Dieu, lequel est le plus important ? Certains croyants d'autres religions répondraient sans doute : « la toute-puissance », « l'omniscience », « la justice »... Les chrétiens, nous affirmons que « Dieu est Amour », et que tous les autres attributs sont relatifs à cet Amour. **L'Amour a de multiples visages, mais il en est un qui nous concerne plus particulièrement : la Miséricorde.** Par définition, le miséricordieux est celui dont le cœur se laisse toucher par la misère de l'autre. Il est touché non seulement dans ses sentiments, mais aussi dans ses actions : non seulement il est ému, mais encore il tend une main secourable. Notre Dieu s'est révélé comme infiniment riche en miséricorde. Cela apparaît déjà dans l'Ancienne Alliance, par exemple lorsqu'Il libère son peuple d'Egypte[26]. Mais sa miséricorde est pleinement révélée par le Christ, en qui nous voyons le Père. En mourant sur la Croix, il nous témoigne de son Amour infini, qui n'a pas reculé devant la souffrance. En ressuscitant, il va

---

[25] *Saint Jean-Paul II a été tellement habité par sa foi en la miséricorde divine, dont Faustine Kowalska (sa compatriote qu'il a lui-même canonisée) était devenue un témoin privilégié, qu'il a institué cette fête du 2ème dimanche de Pâques...*

[26] *Il déclare à Moïse : « J'ai vu, oui, j'ai vu la misère de mon peuple qui est en Égypte, et j'ai entendu ses cris sous les coups des chefs de corvée. Oui, je connais ses souffrances » (Ex 3, 7) et il envoie Moïse pour le délivrer.*

encore en témoigner, comme nous allons le comprendre en méditant sur l'évangile, d'abord vis-à-vis des disciples, ensuite vis-à-vis de Thomas. **Il va libérer les premiers de leur culpabilité, de leur désarroi et de leur peur, et Thomas de son refus de croire.**

Jésus ressuscité va d'abord libérer les disciples de leur culpabilité, de leur désarroi et de leur peur. Culpabilité par rapport au passé, désarroi par rapport au présent, peur par rapport à l'avenir. D'abord, les disciples souffrent certainement d'un immense sentiment de culpabilité. Ils ont abandonné leur Maître au jardin de Gethsémani, et leur chef, Pierre, l'a même renié trois fois. En plus, ils sont en plein désarroi : maintenant que leur Guide a disparu, quel sens peuvent-ils donner à leur vie ? Enfin, ils ont peur : ils ont « *verrouillé les portes du lieu où ils étaient, car ils avaient peur des Juifs* ». Ils ont bien compris que leur vie était en danger, comme Jésus lui-même le leur avait d'ailleurs clairement annoncé avant sa Passion : « *On portera la main sur vous et on vous persécutera ; on vous livrera aux synagogues, on vous jettera en prison, on vous fera comparaître devant des rois et des gouverneurs, à cause de mon Nom.* » (Lc 21,12) Ils sont enfermés dans le Cénacle, mais aussi dans leurs cœurs.

Se plaçant non au-dessus d'eux dans un nuage mais « *au milieu d'eux* », sa première parole est : « *La paix soit avec vous !* » Il ne leur fait aucun reproche. Et pour bien leur montrer qu'il n'est pas un fantôme ou un imposteur, « *il leur montre ses mains et son côté* ». La culpabilité et la peur font alors place à la joie. La mort de Jésus avait ruiné leurs espérances et aveuglé leurs esprits, sa résurrection les remet debout et les illumine. Mais la blessure est profonde, alors Jésus répète une seconde fois : « *La paix soit avec vous !* » La première parole était-elle pour guérir leur culpabilité, et la seconde pour leur peur ? En tout cas, les disciples sont guéris de leur culpabilité par rapport au passé et de leur peur par rapport à l'avenir.

Mais il faut aussi redonner du sens à leur vie : c'est pourquoi Jésus ajoute : « *De même que le Père m'a envoyé, moi aussi, je vous envoie* » et, pour qu'ils en aient la force, il répand sur eux le souffle de l'Esprit Saint. Il leur donne alors une mission : « *Tout homme à qui vous remettrez ses péchés, ils lui seront remis ; tout homme à qui vous maintiendrez ses péchés, ils lui seront maintenus* ». Le Seigneur est prêt à pardonner tous les péchés, mais il ne peut le faire que si l'homme est prêt à accueillir son pardon, et donc à se reconnaître pécheur. Jésus envoie ses disciples témoigner de la miséricorde de Dieu, dont ils sont les premiers bénéficiaires.

Le jour de la Pentecôte, 6 semaines plus tard, Jésus leur enverra à nouveau l'Esprit Saint, grâce auquel ils seront encore plus profondément libérés de leur peur et forts pour annoncer la Bonne Nouvelle, au point de mettre en jeu leur sécurité et même leur vie, en s'adressant à tous ceux qui seront à Jérusalem pour cette fête.

La miséricorde du Christ brille une seconde fois dans cet évangile huit jours plus tard. Cette fois, c'est l'apôtre Thomas qui en est le bénéficiaire. On fait souvent de lui le prototype du « rationaliste », de celui qui s'appuie solidement sur sa raison, les pieds bien sur terre. En réalité, Thomas est plutôt le prototype de celui qui refuse de croire malgré l'évidence. 3 fois, Jésus avait annoncé sa mort et sa résurrection. Les femmes avaient annoncé la bonne nouvelle en revenant du tombeau, et les apôtres avaient confirmé avoir vu le Ressuscité. Pourtant, Thomas refuse toujours de croire. Son problème n'est pas rationnel, mais spirituel. Sans qu'on en connaisse la raison, il a endurci son cœur. Cependant, Jésus ne l'abandonne pas à son incrédulité. Non seulement il vient à lui mais il lui propose en plus de toucher les cicatrices de ses mains et de son côté, lui offrant ainsi ce qu'il avait exigé. Ainsi, le Seigneur s'adapte à chacun, pour que tous les hommes puissent croire et être sauvés. Devant une telle miséricorde, Thomas est entièrement retourné, et son exclamation est la plus belle expression de Foi que l'on puisse trouver : « *Mon Seigneur et mon Dieu !* » Il a eu besoin de voir le corps physique de Jésus, mais il voit maintenant bien au-delà, jusqu'à sa divinité. Il ira ensuite jusque loin en Orient pour témoigner de sa Foi, et il mourra martyr en Inde. Son cri est celui que nous pouvons lancer nous-mêmes parfois, notamment devant le Saint-Sacrement. Jésus est certainement heureux de cette illumination du cœur de Thomas, mais il ajoute à son intention et à celle des autres disciples : « *Parce que tu m'as vu, tu crois. Heureux ceux qui croient sans avoir vu.* »

Cette parole de Jésus s'adresse surtout à nous. Nous-mêmes, nous ne pouvons pas voir Jésus dans sa chair glorifiée, sauf si nous en recevons le privilège comme certains saints, telle que Thérèse d'Avila. Mais elle-même a écrit que les apparitions dont elle a bénéficié n'étaient pas déterminantes dans sa conversion. Le Seigneur, depuis 2000 ans, se rend présent aux hommes, par la Foi, de diverses manières : dans l'Ecriture, dans les sacrements – particulièrement dans l'Eucharistie, dans les personnes – notamment les plus pauvres, dans les évènements... C'est à nous de garder les yeux de notre cœur ouverts pour le reconnaître. Grâce à notre Foi, laissons-nous secourir par le Seigneur dans nos multiples misères. Saint Pierre nous y invite : « *tressaillez de joie, même s'il faut que vous soyez attristés, pour un peu de temps encore, par toutes sortes d'épreuves ; elles vérifieront la qualité de votre foi qui est bien plus précieuse que l'or (cet or voué pourtant à disparaître, qu'on vérifie par le feu)* » (2° lect.).

Ainsi, frères et sœurs, le Seigneur est infiniment riche en miséricorde. Il ne cesse de venir en aide aux hommes dans leurs misères. **Le Christ ressuscité a délivré ses disciples de leur culpabilité, de leur désarroi et de leur peur et il a délivré Thomas de son incrédulité. Et nous-mêmes, quelles sont les misères dont nous voudrions qu'il nous délivre ?** Lorsque nous péchons, le Seigneur peut nous pardonner, en particulier dans le sacrement de la pénitence et de la réconciliation. Lorsque nous sommes désemparés, il peut nous montrer des chemins pour nous engager à son service et à celui de nos frères. Lorsque nous avons peur, il peut nous donner sa paix. Lorsque nous doutons, il peut nous donner la Foi. Alors, cette semaine, demandons humblement au Seigneur dans la prière qu'il envoie sur nous son souffle pour nous éclairer sur nos misères, non pas pour nous écraser, mais au contraire pour nous relever. Alors, nous deviendrons nous-mêmes des témoins de sa Miséricorde. Nous pourrons même nous offrir à elle, comme l'a fait la petite Thérèse. Contrairement aux apôtres, nous n'accomplirons peut-être pas de grands « *prodiges* » (1° lect.). Mais nous pourrons leur ressembler en ce qu'ils vivaient avec la première communauté chrétienne : « *les frères étaient fidèles à écouter l'enseignement des Apôtres et à vivre en communion fraternelle, à rompre le pain et à participer aux prières. La crainte de Dieu était dans tous les cœurs [...] ils prenaient leurs repas avec allégresse et simplicité* ». C'est ainsi que nous donnerons à ceux que nous rencontrerons le témoignage du Christ ressuscité, et que nous contribuerons à les soulager des misères cachées dans leurs cœurs. AMEN.

3ème dimanche : Mon cœur exulte, mon âme est en fête

Frères et sœurs, **quel est le moment le plus ressourçant de notre semaine ?** Est-ce le film du samedi soir ? Ou le match à la télé du mercredi soir ? Ou le déjeuner du dimanche midi ? Tous ces moments peuvent en effet nous permettre de nous ressourcer, mais qu'en est-il de la messe du dimanche ? Y participons-nous par habitude, ou comme une réponse à l'invitation du Christ, qui veut nous y nourrir en profondeur, corporellement et spirituellement ? Aujourd'hui, **l'évangile va nous permettre de mieux comprendre le sens de la messe, à partir de ses deux grandes parties.** Tout d'abord, la liturgie de la Parole nourrit notre esprit. Ensuite, la liturgie eucharistique nourrit notre corps. En nous ressourçant à ces deux tables, même si nous arrivons tout tristes et désemparés comme les pèlerins d'Emmaüs, nous pouvons repartir tout joyeux et témoins de la Bonne Nouvelle.

Pour commencer, **le Christ nous invite à la table de sa Parole.** Etant à la fois corps et esprit, *« ce n'est pas seulement de pain que l'homme doit vivre, mais de toute parole qui sort de la bouche de Dieu. »* (Mt 4,4) Le problème est que bien souvent, l'esprit de l'homme est replié sur lui-même, incapable d'accueillir la Parole de vie que Dieu veut lui communiquer. La parabole du semeur illustre bien les différents obstacles à l'accueil de cette Parole : le manque d'attention d'abord, le manque de persévérance ensuite, les soucis du monde et de la richesse, les plaisirs de la vie... Ici, les disciples d'Emmaüs sont écrasés par la tristesse. Celui en qui ils avaient placé leurs espérances, voici qu'il a été mis à mort. Leur cœur est tellement lourd que même la nouvelle de sa résurrection, apportée par quelques femmes du groupe, n'a pas suffi pour les relever... Plutôt que de leur reprocher immédiatement leur manque de foi, Jésus accepte d'abord de passer pour un ignorant *(« tu es bien le seul de tous ceux qui étaient à Jérusalem à ignorer les événements de ces jours-ci »)*, et les laisse ensuite vider leur sac. C'est l'intérêt d'arriver en avance à la messe, ou bien de s'être préparé chez soi avant de venir : on peut alors mieux exprimer ses désirs et ses souffrances au Seigneur, en lui disant : *« kyrie eleison, Seigneur, prends pitié »* ! Même sur un plan seulement psychologique, il faut permettre à la personne éprouvée d'exprimer sa souffrance, pour que celle-ci puisse être mise à distance par les mots.

Crier vers le Seigneur peut atténuer la souffrance, mais pas toujours la faire disparaître. Pour cela, il faut donner du sens à l'épreuve traversée. C'est précisément ce que fait Jésus : pour commencer, il reproche à Cléophas et à son compagnon (qui n'est pas nommé, car c'est peut-être chacun de nous ?) leur manque de foi (*« comme votre cœur est lent à croire tout ce qu'ont dit les prophètes ! »*). Le Seigneur n'est pas un papa-gâteau, qui aurait peur de faire mal à ses enfants : il emploie le langage de la Vérité, car seule *la Vérité nous rend libres* (Jn 8,32). C'est pourquoi, au début de la messe, il ne suffit pas d'exprimer nos malheurs au Seigneur, il faut aussi reconnaître humblement que nous sommes pécheurs, et implorer sa miséricorde.

Une fois notre cœur placé ainsi dans la Vérité sur lui-même, il peut accueillir la lumière que le Seigneur veut lui communiquer. Jésus déclara : « *Ne fallait-il pas que le Messie souffrît tout cela pour entrer dans sa gloire ? Et, en partant de Moïse et de tous les Prophètes, il leur expliqua, dans toute l'Écriture, ce qui le concernait.* » Grâce au Christ, ce qui était ténébreux devient lumineux, comme lors du premier jour de la création. C'est le sens des lectures de la messe et de l'homélie : finalement, leur objectif est que les cœurs deviennent « *brûlants* », comme ceux des pèlerins d'Emmaüs.

La liturgie de la Parole est nécessaire, mais pas suffisante. Après avoir cheminé un bon moment avec Jésus, les disciples ne l'ont toujours pas reconnu. Pour cela, il va leur falloir une seconde étape, qu'on peut appeler liturgie eucharistique. A l'approche du village où ils se rendaient, Jésus « *fit semblant d'aller plus loin* » : il ne veut pas s'imposer, c'est seulement s'il est désiré qu'il se donne au croyant. C'est là le sens de la préface et de la prière eucharistique : augmenter en nous le désir de communier avec ce Dieu qui nous a révélé auparavant sa bonté dans sa Parole.

Puis vint le moment où Jésus « *prit le pain, dit la bénédiction, le rompit et le leur donna* ». C'est le moment de la consécration et de la communion, qui marque le sommet de la messe. A ce moment seulement, les yeux des deux disciples

« *s'ouvrirent, et ils le reconnurent* ». Enfin, ils sont dans la pleine lumière, puisqu'ils sont unis à celui qui est « *la lumière du monde* » (Jn 8,12). Pourquoi alors disparaît-il à leurs regards ? Parce qu'il est maintenant dans sa condition de Ressuscité, capable de se faire le compagnon non seulement des disciples de Palestine, mais de tous les hommes par la foi.

L'évangile ne se termine pas là cependant. « *A l'instant même* », écrit saint Luc, « *ils se levèrent et retournèrent à Jérusalem* ». Alors qu'ils en étaient partis tout tristes le matin même, sans doute pour y fuir les persécutions à venir et surtout leurs souvenirs, ils y reviennent en toute hâte. Les deux heures de marche ne leur font pas peur, ils ont remplacés leurs semelles de plomb par des ailes qui leur permettent de voler dans l'ivresse de la liberté retrouvée. Et s'ils reviennent, c'est pour pouvoir témoigner auprès des apôtres et de leurs compagnons ce qu'ils ont vécu. De la même manière, à l'issue de la messe, le célébrant nous envoie avec ces mots : « *Allez dans la paix du Christ !* » Allez témoigner de la Bonne Nouvelle à vos compagnons d'existence ! Allez leur dire, le cœur tout brûlant, que le Christ est ressuscité, et qu'il est prêt à marcher avec nous sur le chemin de nos vies, et même à venir faire en nous sa demeure ! Allez soulager ceux qui souffrent en devenant à votre tour leurs compagnons, en partageant avec eux votre foi et votre espérance !

Pour conclure, frères et sœurs, **rendons grâce au Seigneur de nous avoir donné le sacrement de l'Eucharistie.** C'est précisément le sens même de ce mot : *eucharistein*, en grec, signifie action de grâce. Dans ce sacrement, « *source et sommet de notre vie chrétienne* » (concile Vatican II), nous pouvons nous débarrasser de nos fardeaux, et prendre des forces pour avancer sur le chemin de nos existences et pour témoigner de notre foi et de notre espérance. **Si Emmaüs n'a jamais pu être localisé avec certitude, c'est peut-être parce qu'il se situe partout là où nous vivons.** Prenons exemple sur Pierre, dont nous avons entendu le discours de Pentecôte dans la première lecture : alors qu'il avait d'abord renié son maître au moment de sa Passion, tant son cœur était triste comme celui des pèlerins d'Emmaüs, il a ensuite eu le courage de témoigner de lui jusqu'à lui donner sa vie. Grâce au Christ qui a illuminé son cœur comme celui des pèlerins d'Emmaüs, il a compris que l'Ancien Testament préparait le Nouveau. C'est dans la lumière de l'Esprit qu'il a pu dire aux habitants de Jérusalem, le jour de la Pentecôte : « *David a vu d'avance la résurrection du Christ, dont il a parlé ainsi : Il n'a pas été abandonné à la mort, et sa chair n'a pas connu la corruption.* » (2ème lect.) Et il a ajouté : « *Ce Jésus, Dieu l'a ressuscité ; nous tous, nous en sommes témoins.* » Nous aussi, cette semaine, soyons des témoins joyeux du Christ ressuscité. Comme Pierre, reprenons avec force les paroles du psaume 15 : « *Mon cœur exulte, mon âme est en fête, ma chair elle-même repose en confiance : tu ne peux m'abandonner à la mort ni laisser ton ami voir la corruption* » !

4ème dimanche : Je suis le bon pasteur

Qu'est-ce qu'un prêtre ? Frères et sœurs, en cette journée mondiale de prière pour les vocations, où nous sommes invités à prier le Seigneur pour qu'il donne de nouveaux prêtres à son Eglise, il est important de nous poser cette question. Pour que les chrétiens soient portés à prier pour leurs prêtres, et pour que des jeunes puissent entendre l'appel du Seigneur, il faut d'abord qu'ils comprennent l'identité et la mission du prêtre. Avant tout, **il est un pasteur.** Toutes les lectures de ce dimanche nous en parlent : le psaume (« *le Seigneur est mon berger : je ne manque de rien* ») ; la 2ème lecture *(« vous étiez errants comme des brebis; mais à présent vous êtes revenus vers le berger qui veille sur vous »*) ; l'évangile bien sûr *(« celui qui entre par la porte, c'est lui le pasteur, le berger des brebis »*) et même la 1ère lecture (« *détournez-vous de cette génération égarée* », qui rappelle les brebis perdues). **Quel est le rôle d'un pasteur ? La réponse tient en trois mots : nourrir, protéger et guider.** Pour les brebis, cela signifie : nourrir en allant jusque dans les verts pâturages, protéger des loups, guider à travers les chemins escarpés. Pour nous les hommes, cela signifie : enseigner, sanctifier et gouverner. Enseigner, c'est nourrir les hommes de la parole de Dieu ; sanctifier, c'est les rendre forts contre le mal et contre la mort ; gouverner, c'est les conduire vers leur bonheur, en évitant les chemins de traverse. Ces trois mots correspondent aux trois vocations que chaque chrétien reçoit le jour de son baptême : prophète, prêtre et roi. Chaque fidèle est appelé à enseigner, à sanctifier et à gouverner d'autres personnes. Mais le prêtre le fait d'une manière spécifique, qui correspond à celle du Christ-Tête de son Eglise, le Christ qui a proclamé, comme nous l'entendrons dimanche prochain : « *Je suis le chemin, la vérité, la vie* ». **Voyons comment le prêtre enseigne pour faire connaître la Vérité, sanctifie pour transmettre la Vie, et gouverne pour guider sur le chemin vers Dieu.**

Pour commencer, **le prêtre enseigne**. Il le fait dès qu'il a reçu le premier degré du sacrement de l'ordre, le diaconat. En grec, *diakonos* signifie serviteur. Le diacre sert les autres avec ses mains, mais aussi avec son intelligence. Il répond aux besoins matériels (cf Ac 6), mais aussi aux besoins spirituels. C'est pourquoi il proclame l'évangile et peut prêcher. Saint François d'Assise, qui fut ordonné diacre mais refusa par humilité de devenir prêtre, a laissé des sermons enflammés du feu de l'Esprit.

Pourquoi enseigner ? Parce que l'homme est assoiffé de Vérité. «*Si vous demeurez fidèles à ma parole, vous êtes vraiment mes disciples ; alors vous connaîtrez la vérité, et la vérité vous rendra libres.*» (Jn 8,32) La Vérité n'est pas un savoir abstrait, elle est une Personne vivante qui nous appelle à la suivre. Pour la connaître vraiment, il faut demeurer fidèle à sa parole, ce qui signifie aussi écouter sa voix. *« Quand le bon berger a conduit dehors toutes ses brebis, il marche à leur tête, et elles le suivent, car elles connaissent sa voix. »* L'enseignement du prêtre n'est donc pas destiné à donner un savoir abstrait, mais à libérer l'homme de toutes ses chaînes en l'invitant à mettre en pratique les commandements du

Seigneur. Le prêtre est conscient de communiquer une Vérité qui ne lui appartient pas, et qu'il cherche lui-même à suivre. Il est un semeur, qui espère que son enseignement tombera dans la bonne terre et produira beaucoup de fruit.

En plus d'enseigner, **le prêtre sanctifie**. Le jour de son ordination sacerdotale, il reçoit le pouvoir de célébrer les sacrements de l'Eucharistie, de la réconciliation et des malades. L'Eucharistie constitue le cœur de sa journée. Par elle, il nourrit les fidèles pour que chacun puisse *offrir sa vie en sacrifice saint, capable de plaire à Dieu* (Rm 12,1). En même temps, il se nourrit et s'offre lui-même, au point de faire siennes les paroles du Christ : « *Ceci est mon corps livré pour vous… ceci est mon sang versé pour vous et pour la multitude* ». Alors que la première partie de la messe est comme le prolongement de sa mission d'enseignement, qui culmine dans l'homélie, la seconde partie est au cœur de sa mission de sanctification. Celle-ci se prolonge elle-même dans les sacrements de la pénitence et des malades, destinés à guérir les brebis blessées dans leurs âmes et dans leurs corps. Alors que la Vérité est destinée à rendre l'homme libre, la sainteté le rend pleinement vivant : « *je suis venu pour que les hommes aient la vie, pour qu'ils l'aient en abondance.* »

Le saint patron des prêtres, le curé d'Ars, prenait certes du temps pour enseigner le catéchisme aux enfants de l'école qu'il avait créée et pour préparer ses homélies, mais l'essentiel de son ministère était consacré à la célébration de ces trois sacrements.

En plus d'enseigner et de sanctifier, **le prêtre gouverne** : « *il marche à la tête des brebis, et elles le suivent, car elles connaissent sa voix.* » Il le fait en tant que collaborateur de l'évêque, dont c'est la mission propre. Alors qu'il enseigne pour faire connaître la Vérité et qu'il sanctifie pour communiquer la Vie, il gouverne pour indiquer le Chemin qui mène vers le Royaume. Ce n'est pas parce qu'un fidèle connaît bien l'enseignement du Christ et reçoit régulièrement ses sacrements, qu'il connaît forcément le chemin qu'il doit emprunter personnellement pour avancer vers Dieu. Par exemple, n'importe quel jeune devrait se poser la question de sa vocation : « *suis-je appelé au mariage ? à la vie religieuse ? au sacerdoce ?* » Même s'il se laisse enseigner et sanctifier dans l'Eglise, il ne saura pas forcément répondre seul à cette question. De même, un homme ou une femme plus âgés peuvent avoir besoin d'aide pour prendre des grandes ou petites décisions. C'est particulièrement vrai dans notre société où de nombreux mauvais bergers, ceux que Jésus qualifie de « *voleurs* » et de « *bandits* », cherchent à nous conduire dans des précipices... C'est pourquoi l'Eglise invite les chrétiens à recourir à un accompagnateur spirituel, particulièrement lorsqu'ils sont confrontés à des choix importants. L'accompagnement peut être ponctuel, comme dans le cas d'une retraite, ou suivi dans le temps. Il peut être offert par des laïcs expérimentés, ou par des religieux ou des religieuses, mais il est certain que le prêtre reçoit par son ordination une grâce et par son ministère une connaissance de l'être humain qui peuvent l'aider dans cette mission.

Prenons des exemples parmi les évêques. Saint Charles Borromée et saint François de Sales ont tous deux excellé pour gouverner à la fois les prêtres et les fidèles de leurs diocèses. Quant à notre archevêque, c'est parce qu'il l'a demandé que, ces deux dernières années, nous vous avons proposé comme thèmes pastoraux « *la foi* » puis « *l'appel* », qui seront suivis après l'été de « *la mission* ».

Ainsi, frères et sœurs, **le prêtre reçoit la mission d'enseigner les hommes pour que la Vérité les rende libres, de les sanctifier pour qu'ils aient la Vie en abondance, et de les gouverner pour leur indiquer le Chemin sur lequel Dieu les appelle**. Il conduit au Christ, qui est « *la porte* » par laquelle ils peuvent sortir des prisons de leurs péchés et de leurs erreurs. Cette mission est difficile, et le prêtre ne peut l'accomplir de manière féconde que s'il est uni au Souverain Prêtre, le Bon Pasteur par excellence, le Christ-Tête de son Eglise. Prions pour tous les prêtres, afin que nous soyons toujours plus unis à Celui que nous représentons et qui nous envoie. Prions aussi pour tous les jeunes qui devront choisir un chemin de vie : que chacun sache entendre l'appel du Seigneur et y répondre avec confiance. AMEN.

5ème dimanche : Je suis le Chemin, la Vérité et la Vie

Frères et sœurs, **quel est votre désir le plus profond, votre but dans la vie ?** Est-ce seulement de réussir à survivre, sous la forme *« métro boulot dodo »*, avec un travail qui paie suffisamment pour bien vous nourrir, vous vêtir, vous loger, et prendre de temps en temps des vacances ? Ou sommes-nous habités par un grand désir, semblables aux grands hommes qui ont marqué l'histoire de l'humanité ? *« Il n'est pas de vent favorable pour celui qui ne sait où il va »*, disait Sénèque. Alexandre voulait conquérir l'ensemble du monde pour le découvrir et pour lui apporter les bienfaits de la civilisation grecque. Christophe Colomb voulait parvenir jusqu'aux Indes. Napoléon Bonaparte voulait répandre les idées des Lumières et de la Révolution française... Même si nous pouvons admirer ces grands hommes pour les nombreuses vertus qu'ils ont dû exercer pour atteindre leurs objectifs, prenons plutôt exemple sur Philippe, qui dit à Jésus : **« Seigneur, montre-nous le Père ; cela nous suffit. »** Philippe a compris l'essentiel, à savoir que nous ne pouvons trouver le bonheur qu'en atteignant Celui qui nous a créés. Plus tard, saint Augustin dira : *« notre cœur est sans repos tant qu'il ne demeure en toi »*. Et sainte Thérèse d'Avila s'écrira : *« Dieu seul suffit »*... Philippe a donc bien compris le message de Jésus, qui vient de déclarer : *« Dans la maison de mon Père, beaucoup peuvent trouver leur demeure [...] Je pars vous préparer une place »*. Il désire une de ces places, il désire vivre auprès du Père... Il a donc choisi le bon objectif, comme les autres apôtres sans doute, mais aucun d'entre eux n'a encore compris comment y parvenir. Thomas dit à Jésus : « *Seigneur, nous ne savons même pas où tu vas ; comment pourrions-nous savoir le chemin ?* », manifestant qu'il n'a pas saisi que son Maître allait rejoindre son Père. Ni Thomas ni Philippe n'ont saisi la véritable identité de Jésus. En vivant avec lui pendant 3 ans, ils l'ont reconnu comme le Messie, le Sauveur d'Israël, mais pas encore comme le Fils de Dieu. Maintenant que Jésus va les quitter, lors de son dernier repas avec eux avant la Passion, il est temps de le leur révéler. Il dit d'abord à Thomas : « *Moi, je suis le Chemin, la Vérité et la Vie ; personne ne va vers le Père sans passer par moi* » puis à Philippe : «*Il y a si longtemps que je suis avec vous, et tu ne me connais pas, Philippe ! Celui qui m'a vu a vu le Père. [...] Je suis dans le Père et le Père est en moi.* » Il leur révèle son identité divine au moment où ils sont bouleversés par ce qu'il vient de leur annoncer : sa Passion et sa mort, la trahison de Judas, le reniement de Pierre... « *Ne soyez donc pas bouleversés* », leur dit-il, « *vous croyez en Dieu, croyez aussi en moi.* » Cet appel à la foi, Jésus le relance à plusieurs reprises durant cette dernière Cène. Et nous, frères et sœurs, **croyons-nous que Jésus Christ est le Fils de Dieu, «** ***le Chemin, la Vérité et la Vie*** **»** ? Dans notre société qui se veut si tolérante, de telles paroles peuvent scandaliser beaucoup ; elles sont politiquement incorrectes, parce qu'elles heurtent de face le sacro-saint relativisme : « *chacun son chemin, chacun sa route* », pour reprendre les paroles d'un des tubes de ces dernières années. Alors, Jésus est-il intolérant ? Est-il trop orgueilleux ? Méditons sur ses paroles, en reprenant les trois mots utilisés : Chemin, Vérité et Vie, ou, pour mieux retenir, les 3 V : Voie, Vérité et Vie.

« Je suis la Voie. » Il ne sert à rien de poursuivre un but si l'on ne connaît pas le chemin. Tous les hommes cherchent le bonheur, beaucoup cherchent Dieu, mais peu le trouvent. Comme Jésus a dit, *« elle est grande, la porte, il est large, le chemin qui conduit à la perdition ; et ils sont nombreux, ceux qui s'y engagent. Mais elle est étroite, la porte, il est resserré, le chemin qui conduit à la vie ; et ils sont peu nombreux, ceux qui le trouvent. »* (Mt 7,13-14) Ces paroles contrastent avec celles que nous avons entendues il y a un instant : *« dans la maison de mon Père, beaucoup peuvent trouver leur demeure »*. Certes, Dieu *« veut que tous les hommes soient sauvés et arrivent à connaître pleinement la vérité »*, mais *« il n'y a qu'un seul médiateur entre Dieu et les hommes : un homme, le Christ Jésus »* (1 Tm 2,4-5) Cet homme a été sans cesse en mouvement pendant son ministère sur la terre, après les années « tranquilles » à Nazareth, il n'avait *« pas de pierre où reposer la tête »* (Mt 8,20). Aussi, le suivre implique pour nous un engagement et du courage pour traverser les moments difficiles, comme le savent tous ceux qui ont déjà effectué un pèlerinage (celui de Saint Jacques, par exemple).

« Je suis la Vérité ». Par nature, les hommes sont désireux de connaître la Vérité. Certains savants ont passé toute leur vie et consacré tous leurs efforts à percer les secrets de la nature, de l'être humain, de l'histoire… De fait, les vérités scientifiques existent, et même des croyants non-chrétiens peuvent connaître des bribes de la Vérité sur Dieu. Les Pères de l'Eglise évoquaient les « *semina verbi* », les semences de vérité disséminées dans toutes les cultures. Mais seul le Christ possède toute la Vérité ; mieux, il est la Vérité elle-même. Elle n'est donc pas un savoir abstrait, mais une Personne vivante. C'est pourquoi nous ne pourrons jamais saisir toute la Vérité, mais nous pouvons nous laisser saisir par elle. « *Certes* », écrit saint Paul aux Philippiens, « *je ne suis pas encore arrivé, je ne suis pas encore au bout, mais je poursuis ma course pour saisir tout cela, comme j'ai moi-même été saisi par le Christ Jésus.* » (Ph 3, 12)

« Je suis la Vie ». Toutes les créatures, pas seulement les hommes, cherchent à préserver leur vie. Mais seul l'homme aspire à la vie éternelle, car c'est pour elle qu'il a été créé : « *Oui, Dieu a créé l'homme pour l'incorruptibilité, il en a fait une image de sa propre nature* » (Sg 2,23) C'est ce désir de vie éternelle qui a poussé les Egyptiens à momifier leurs morts, et toutes les civilisations à les enterrer avec respect et souvent avec des objets ou même des compagnons pour l'au-delà.

Mais dans toutes les croyances, l'homme après la mort est amputé de son corps. Le christianisme, pour sa part, annonce avec force la résurrection des corps. Mieux encore, il déclare que nous, les croyants, nous pouvons participer à la vie divine. Tout comme Jésus qui nous dit : « *je suis dans le Père, et le Père est en moi* », nous pouvons entrer en communion avec les 3 Personnes divines. C'est si vrai qu'il nous dit d'une manière solennelle : « *Amen, amen, je vous le dis : celui qui croit en moi accomplira les mêmes œuvres que moi. Il en accomplira même de plus grandes, puisque je pars vers le Père.* » Quelle humilité du Fils de Dieu ! Quelle magnanimité ! Il nous laisse accomplir des œuvres plus grandes que lui ! Lui-même n'a accompli son ministère sur la terre que pendant 3 années, et dans un petit coin de la planète, la Palestine, mais c'était pour laisser à ses disciples la possibilité de poursuivre son œuvre, comme saint Paul, qui a évangélisé tant de peuples.

Alors, frères et sœurs, **croyons-nous que Jésus Christ est «** ***la Voie, la Vérité et la Vie*** **» ? Le croyons-nous tellement que nous ne nous laissons pas bouleverser par toutes les peurs, inquiétudes de nos vies ?** Saint Pierre nous a dit : « *il est la pierre vivante que les hommes ont éliminée, mais que Dieu a choisie parce qu'il en connaît la valeur.* » (1ère lect.) Et il nous a exhortés ensuite : « *Vous aussi, soyez les pierres vivantes qui servent à construire le Temple spirituel* ». Si notre foi dans le Christ est suffisamment solide, nous devenons nous-mêmes des pierres vivantes, sur lesquels Dieu peut construire son Royaume. Le mot « *amen* », « *je crois* » en hébreu, nous la rappelle d'ailleurs, car il est de la même racine que le mot « *rocher* ». **Par notre foi, soyons des pierres vivantes, et poursuivons notre marche à la suite du Christ, par lequel nous accomplirons de grandes choses et qui nous mènera jusqu'à la place qu'il nous a préparée auprès du Père.** AMEN.

6ème dimanche : Il vous donnera un autre Défenseur

Frères et sœurs, **comment nous défendre du mal ?** Nous sommes des êtres fragiles, et depuis notre naissance, nous avons eu besoin d'être protégés. Par nos parents et nos grands frères et grandes sœurs, d'abord. Par nos relations, notre avocat, notre syndicat ensuite… Très régulièrement, nous voyons des militaires ou des policiers devant notre église, et nous leur savons gré d'être là. Certes, toutes ces personnes nous ont protégés d'un mal à un moment ou à un autre. Mais ce mal, bien que réel, n'était pas forcément le pire, s'il n'a pas touché notre âme. Ce qu'il nous faut défendre avant tout, c'est elle, ce n'est pas notre corps, et c'est pourquoi saint Jean évoque à 4 reprises dans l'Apocalypse la « *seconde mort* », celle qui concerne l'âme justement. Qui sont ses adversaires ? La Tradition en distingue trois : le diable, la chair, et le monde. Qui va nous défendre face à eux ? C'est bien-sûr le Christ, mais c'est aussi l'Esprit Saint, dont il parle à ses disciples lors de la dernière Cène : « *Moi, je prierai le Père, et il vous donnera un autre Défenseur qui sera pour toujours avec vous* ». Voyons comment l'Esprit de Vérité nous défend face à ces 3 adversaires.

Premièrement, l'Esprit nous défend face au diable (diabolos, celui qui divise). Jésus a dit à ses disciples : « *Ne craignez pas ceux qui tuent le corps sans pouvoir tuer l'âme ; craignez* *plutôt celui qui peut faire périr dans la géhenne l'âme aussi bien que le corps. »* (Mt 10,28) Parmi ses noms divers, il y a Satan (l'adversaire), mais aussi l'accusateur. Saint Jean écrit : *« il est rejeté, l'accusateur de nos frères, lui qui les accusait, jour et nuit, devant notre Dieu. »* (Ap 12,10) Satan cherche sans cesse à nous culpabiliser, à nous faire éprouver du remords, afin de nous désespérer du pardon de Dieu.

Plusieurs saints ont évoqué le terrible combat qu'ils eurent à mener contre lui sur ce plan. Antoine du désert, Ignace de Loyola, François de Sales… crurent pendant un temps qu'ils seraient damnés. Notre petite Thérèse souffrit pendant plusieurs mois d'une terrible crise de scrupules : *« je pleurais d'avoir pleuré »* écrit-elle (Ms A, 44v). Elle a été guérie par un sourire de la Vierge Marie, l'épouse fidèle du Saint Esprit, qu'on appelle aussi le Consolateur. Alors que Satan accuse, lui console. S'il nous éclaire sur nos péchés, ce n'est pas pour nous écraser, c'est au contraire pour nous en libérer à travers le pardon de Dieu, librement demandé et reçu.

Deuxièmement, l'Esprit nous défend face à la chair. Ce terme ne signifie pas le corps, qui est bon parce que créé par Dieu, mais toutes les tendances égoïstes qui nous éloignent du Seigneur. Saint Paul en fait la liste dans son épître aux Galates : *« On sait bien à quelles actions mène la chair : inconduite, impureté, débauche, idolâtrie, sorcellerie, haines, rivalité, jalousie, emportements, intrigues, divisions, sectarisme, envie, beuveries, orgies et autres choses du même* *genre.* » (Ga 5,19-21) Celui qui se laisse conduire par ces passions en est esclave : « *les tendances de la chair s'opposent à l'Esprit, et les tendances de l'Esprit s'opposent à la chair. En effet, il y a là un affrontement qui vous empêche de faire tout ce que vous voudriez.* » (Ga 5,17) Mais « *voici le fruit de l'Esprit : amour, joie, paix, patience, bonté, bienveillance, fidélité, douceur et maîtrise de soi.* » (Ga 5,22-23) Paul ajoute : « *ceux qui sont au Christ Jésus ont crucifié en eux la chair, avec ses passions et ses convoitises. Puisque l'Esprit nous fait vivre, marchons sous la conduite de l'Esprit.* » (Ga 5,24-25)

Saint Augustin a fait l'expérience de l'esclavage de la chair, et de sa libération par l'Esprit. Dans ses Confessions (ch. 8), il décrit la torture qu'il éprouvait lorsque deux volontés se disputaient son cœur, l'une charnelle, l'autre spirituelle. Il en fut délivré lorsqu'il entendit une petite voix intérieure qui lui dit : « *prends, lis* ». Il ouvrit alors la Bible et tomba sur une épître de Paul : « *Conduisons-nous honnêtement, comme on le fait en plein jour, sans orgies ni beuveries, sans luxure ni débauches, sans rivalité ni jalousie, mais revêtez-vous du Seigneur Jésus Christ ; ne vous abandonnez pas aux préoccupations de la chair pour en satisfaire les convoitises.* » (Rm 13,13-14) : « *À l'instant même, en effet, avec les derniers mots de cette pensée, ce fut comme une lumière de sécurité déversée dans mon cœur, et toutes les ténèbres de l'hésitation se dissipèrent* ».

Troisièmement, l'Esprit nous défend face au monde. Attention là encore, ce terme ne signifie pas tous les hommes, mais seulement ceux qui s'opposent au dessein de Dieu. Avant d'envoyer ses disciples en mission, Jésus leur dit : *« on portera la main sur vous et l'on vous persécutera ; on vous livrera aux synagogues et aux prisons, on vous fera comparaître devant des rois et des gouverneurs, à cause de mon nom. Cela vous amènera à rendre témoignage. Mettez-vous donc dans l'esprit que vous n'avez pas à vous préoccuper de votre défense. C'est moi qui vous donnerai un langage et une sagesse à laquelle tous vos adversaires ne pourront ni résister ni s'opposer. »* (Lc 21,12-15) C'est l'Esprit Saint qui nous donne le langage et la sagesse du Christ, nous défendant ainsi des accusateurs. Cette défense concerne encore une fois notre âme et non notre corps : beaucoup de chrétiens sont morts martyrs, mais seulement après avoir témoigné de leur foi.

Songeons à saint Etienne, qui le fit d'une façon si admirable que *« ceux qui écoutaient son discours avaient le cœur exaspéré et grinçaient des dents contre lui. Mais lui, rempli de l'Esprit Saint, fixait le ciel du regard : il vit la gloire de Dieu, et Jésus debout à la droite de Dieu. »* (Ac 7,54-55)

Ainsi, **l'Esprit Saint est le meilleur des généraux, car il nous défend de nos pires ennemis, ceux qui peuvent faire périr notre âme : le diable, la chair, et le monde. Alors, comment bénéficier de son aide ? Jésus nous répond clairement : c'est**

en gardant ses commandements. « *Si vous m'aimez, vous garderez mes commandements. Moi, je prierai le Père, et il vous donnera un autre Défenseur qui sera pour toujours avec vous* ». Et ensuite : « *celui qui reçoit mes commandements et les garde, c'est celui-là qui m'aime ; et celui qui m'aime sera aimé de mon Père ; moi aussi, je l'aimerai, et je me manifesterai à lui* ». **Garder les commandements du Christ est à la fois simple, car ils nous correspondent parfaitement, et difficile, car nos ennemis cherchent sans cesse à nous en détourner.** Mais certaines guerres ne se remportent qu'après de nombreuses batailles. Le combat spirituel est *« violent comme le combat d'hommes »* (Rimbaud), mais chaque victoire remportée est source à la fois de joie et de force nouvelle. **S'il nous arrive d'être vaincus, ne désespérons jamais, ne nous replions pas sur nos remords, mais jetons-nous dans les bras de l'Esprit de Vérité.** A sa douce lumière, nous pourrons discerner les causes de notre défaite, en demander humblement pardon, et repartir joyeux pour reprendre le combat qui nous mènera vers la Victoire finale, celle de l'Amour sur la haine et de la Vie sur la mort. AMEN.

Ascension : Le Christ, près de son Père, nous attend et nous envoie auprès de nos frères

« *L'éternité, c'est long, surtout vers la fin* ». Cette parole de Kafka, reprise sur le mode humoristique par Woody Allen, reflète bien la pensée de beaucoup de nos contemporains. Ils ne désirent pas le Ciel, d'une part parce qu'ils n'y croient pas, d'autre part parce qu'ils ne l'espèrent pas. Ils considèrent l'éternité comme une sorte de temps qui non seulement ne finira jamais, mais qui en plus n'est pas attrayant, synonyme d'ennui… Et nous, frères et sœurs, **jusqu'où va notre désir du Ciel ?** Chaque jour, nous prions ainsi : « *Notre Père, qui es aux cieux, que ton Nom soit sanctifié, que ton Règne vienne, que ta volonté soit faite sur la terre comme au Ciel* ». Que signifient ces trois demandes, qui n'en forment qu'une seule en réalité ? D'abord que nous désirons le Ciel, où la volonté du Père est accomplie de manière parfaite, où Il règne et où son Nom est sanctifié. Mais aussi que nous désirons que le Ciel vienne sur la terre. L'Ascension est à la fois la fête de l'Espérance et la fête de la Charité. Notre Espérance de rejoindre au Ciel Celui qui nous a créés n'est pas passive. Comme les anges qui « réveillent » les Apôtres : « *Galiléens, pourquoi restez-vous là à regarder vers le Ciel ?* » (1ère lect.), le Seigneur nous invite à retrousser nos manches pour transformer le monde ici-bas. Et la meilleure manière de transformer ce monde, c'est de l'évangéliser en transformant avant tout les cœurs. C'est pourquoi, avant de remonter au Ciel, Jésus commande à ces mêmes Apôtres : « *Allez donc ! De toutes les nations faites des disciples*» (év.) **L'Ascension est** donc une fête à la fois de l'Espérance et de la Charité. **Espérance du Ciel, Charité pour aider nos frères à se diriger vers le Ciel.** Contemplons d'abord l'objet de notre Espérance, et voyons ensuite comment concrétiser notre Charité.

Pour commencer, **le Seigneur nous invite à désirer le Ciel.** Si la seconde Personne de la Trinité en est descendue, c'est pour y remonter ensuite et nous montrer ainsi le chemin. La tradition iconographique représente toujours le Christ ressuscité revêtu d'un vêtement d'une blancheur immaculée. Seule l'icône de la fête de l'Ascension le représente avec un vêtement brun. Cette couleur inhabituelle signifie que lorsqu'il monte « *vers son Père et notre Père, vers son Dieu et notre Dieu* » (Jn 20,17), Jésus, qui a pris chair de notre chair, monte avec toute l'humanité, tous les "Adam", qu'il est venu sauver. C'est pourquoi nous avons dit dans l'oraison d'entrée : « *Dieu qui élèves le Christ au-dessus de tout, ouvre-nous à la joie et à l'action de grâce, car l'Ascension de ton Fils est déjà notre victoire* ». Nous sommes dans la joie et l'action de grâce car l'entrée du Christ dans le Ciel signifie notre entrée également, en Espérance.

Ainsi le Christ nous a montré le chemin vers le Ciel et nous y attend. Mais le Ciel est-il si désirable ? Ceux qui n'ont pas reçu ou pas cultivé la vertu d'Espérance se disent : qu'allons-nous faire là-haut ? La parole de Franz Kafka et de Woody Allen, que j'ai citée au début de cette homélie, révèle une incompréhension de ce qu'est la vie éternelle. Auprès de

Dieu, l'ennui n'est pas possible. Deux personnes qui s'aiment ne s'ennuient jamais, et le temps ne leur pèse pas. Le saint curé d'Ars écrit dans son catéchisme : « *La prière fait passer le temps avec une grande rapidité, et si agréablement, qu'on ne s'aperçoit pas de sa durée. Tenez, quand je courais la Bresse, dans le temps que les pauvres curés étaient presque tous malades, je priais le bon Dieu le long du chemin. Je vous assure que le temps ne me durait pas...* » De même, un homme passionné de musique ou un cinéphile peuvent passer des heures à cultiver leur passion sans se rendre compte des heures qui passent. Au Ciel, nous serons dans une joie perpétuelle, et le spectacle sera permanent : le chœur des anges jouera le plus beau des concerts, nous contemplerons les plus belles images possibles – puisque nous verrons Dieu lui-même et tous les saints, c'est-à-dire ceux qui rayonnent de la gloire divine... qui sait même si nous ne goûterons pas le meilleur des nectars, à l'instar des dieux de l'olympe, puisque le Christ ressuscité a mangé et bu au milieu de ses disciples ? Car nous ne serons pas au Ciel seulement avec nos âmes - comme le croyaient notamment les Grecs, pour qui le corps était *« le tombeau de l'âme »* - mais avec nos corps de ressuscités, et donc avec tous nos sens... Mais surtout, nous serons avec toutes les personnes que nous aurons aimées sur la terre, et nous en aimerons beaucoup d'autres, nos frères et sœurs que nous ne connaissons pas encore ou seulement par le récit qu'on nous en a fait.

Le désir de vivre ainsi dans le Ciel, qui suscite en nous une immense Espérance, affermit notre Charité à un double niveau : d'une part, il nous donne d'aimer Dieu davantage et de supporter patiemment les épreuves d'ici-bas, sans en vouloir à Lui ou aux hommes, car nous savons qu'elles auront une fin et qu'elles peuvent nous purifier, comme l'or au creuset. D'autre part, il nous procure l'énergie de transformer notre monde ici-bas. Notre attente du Ciel, en effet, n'est pas passive. Contrairement à ce qu'affirmait Karl Marx, la religion n'est pas notre opium. Elle est plutôt notre café du matin, non un produit qui nous anesthésie, mais qui nous réveille. Comme l'ont écrit les pères du Concile Vatican II dans l'introduction de la constitution Gaudium et Spes : *« Les joies et les espoirs, les tristesses et les angoisses des hommes de ce temps, des pauvres surtout et de tous ceux qui souffrent, sont aussi les joies et les espoirs, les tristesses et les angoisses des disciples du Christ, et il n'est rien de vraiment humain qui ne trouve écho dans leur cœur »*.

Comment être solidaire du genre humain et de son histoire ? Comment soulager ceux qui souffrent, et conduire les égarés vers le bonheur ? Le Christ le dit à ses disciples, juste avant de remonter au Ciel : « *Allez donc ! De toutes les nations faites des disciples, baptisez-les au nom du Père, et du Fils, et du Saint-Esprit ; et apprenez-leur à garder tous les commandements que je vous ai donnés* ». Le plus grand service que nous puissions rendre aux hommes, c'est de les inviter à entrer dans la grande famille des chrétiens. Ceci signifie non seulement les baptiser, mais aussi leur apprendre à garder tous les commandements que le Christ nous a donnés. Ces commandements, comme l'écrit saint Jean, *« ne sont pas un fardeau, puisque tout être qui est né de Dieu est vainqueur du monde. »* (1 Jn 5, 3-4) Et Jésus lui-même a dit: *« Oui, mon joug est facile à porter, et mon fardeau, léger »* (Mt 11,30)

Mais de quels commandements, joug et fardeau s'agit-il ? Il suffit de lire les évangiles pour connaître tous les commandements du Christ : *« Aimez vos ennemis, et priez pour ceux qui vous persécutent »* (Mt 5, 44), *« je ne te dis pas de pardonner jusqu'à sept fois, mais jusqu'à soixante-dix fois sept fois. »* (Mt 18, 22), etc. Mais tous ces commandements sont résumés en un seul : *« Aimez-vous les uns les autres comme je vous ai aimés. »* (Jn 15, 12) En vivant dans l'amour, nous accomplissons tous les commandements. Mieux encore : en vivant dans l'amour, nous entrons dès ici-bas dans le Ciel. Le curé d'Ars, dans son catéchisme cité plus haut, écrit : *« le trésor d'un chrétien n'est pas sur la terre, il est dans le ciel. Eh bien ! notre pensée doit aller où est notre trésor. [...] Vous priez, vous aimez : voilà le bonheur de l'homme sur la terre ! [...] La prière est un avant-goût du ciel, un écoulement du paradis »*. Et la Petite Thérèse alla jusqu'à dire : *« Je ne vois pas bien ce que j'aurai de plus après la mort que je n'aie déjà en cette vie. Je verrai le bon Dieu, c'est vrai ! Mais pour être avec Lui, j'y suis déjà tout à fait sur la terre. »* (DE 15.5.7) La frontière entre le Ciel et la terre n'est donc pas si lointaine qu'elle ne le semble… Et cette frontière peut être franchie dans les deux sens, comme l'atteste la même Thérèse qui déclara aussi : « *je passerai mon Ciel à faire du bien sur la terre* »...

Ainsi, frères et sœurs, **la solennité de l'Ascension affermit notre Espérance et fortifie notre Charité**[27]. Cependant, reconnaissons qu'il n'est pas facile d'espérer et d'aimer en toutes circonstances... Comment y parvenir ? D'abord en nous unissant au Christ, qui nous a promis : « *Et moi, je suis avec vous tous les jours jusqu'à la fin du monde.* » Le Christ, notre Tête, est entré au Ciel, mais sans abandonner son Corps. Et Thérèse vient d'attester que les saints sont eux aussi auprès de nous... D'autre part, Jésus nous a dit : « *je vais envoyer sur vous ce que mon Père a promis. Quant à vous, demeurez dans la ville jusqu'à ce que soyez revêtus d'une force venue d'en haut.* » (Lc 24,49) Cette force est celle de l'Esprit Saint, que nous avons déjà reçue le jour de notre Confirmation, mais que nous sommes invités à prier avec une ferveur

---

[27] *Saint Paul l'écrit de manière très belle aux Éphésiens : « Que le Dieu de notre Seigneur Jésus Christ, le Père dans sa gloire, ouvre votre cœur à sa lumière, pour vous faire comprendre l'espérance que donne son appel, la gloire sans prix de l'héritage que vous partagez avec les fidèles, et la puissance infinie qu'il déploie pour nous, les croyants. C'est la force même, le pouvoir, la vigueur, qu'il a mis en œuvre dans le Christ quand il l'a ressuscité d'entre les morts et qu'il l'a fait asseoir à sa droite dans les cieux. » (2ème lect.) En suscitant en nous l'espérance d'une gloire sans prix et en affermissant notre charité par la puissance infinie que l'Esprit Saint veut déployer en nous, la solennité de l'Ascension nous donne courage pour gravir les marches vers le Ciel et, chemin faisant, pour transformer notre monde.*

particulière pendant les 10 jours qui viennent. **Pourquoi ne pas réciter chaque jour le Veni sancte Spiritus ou le Veni Creator ?** Avec sa force, nous serons les témoins du Christ jusqu'aux extrémités de la terre. Par notre Espérance et par notre Charité, nous susciterons dans les cœurs de nos frères les hommes le désir d'être baptisés et de vivre selon les commandements du Seigneur. AMEN.

7ème dimanche : Viens, Esprit Saint

« *Sans l'Esprit Saint, Dieu est loin, le Christ reste dans le passé, l'Evangile est une lettre morte, l'Eglise une simple organisation, l'autorité une domination, la mission une propagande, le culte une évocation et l'agir chrétien une morale d'esclave. Mais en lui, le cosmos est soulevé et gémit dans l'enfantement du Royaume, le Christ ressuscité est là, l'Evangile est puissance de vie, l'Eglise signifie la communion trinitaire, l'autorité est un service libérateur, la mission est une Pentecôte, la liturgie est mémorial et anticipation, l'agir humain est déifié* ». Frères et sœurs, ces paroles magnifiques du Métropolite Ignace de Lattaquié nous rappellent **la place centrale que l'Esprit Saint occupe dans le dessein de Dieu… Et dans nos vies, occupe-t-il vraiment cette place centrale ?** Le jour de notre Confirmation, il nous a été donné, mais le laissons-nous nous mouvoir réellement ? Savons-nous accueillir ses sept dons et en vivre ? En ce 7ème dimanche de Pâques, situé entre l'Ascension du Seigneur et la Pentecôte, l'Eglise nous invite à nous mettre en prière, à l'image des apôtres. Pendant 40 jours, le Christ les a non seulement affermis dans la joie de sa Résurrection, mais il leur a aussi annoncés qu'ils seraient bientôt appelés à témoigner partout de cet évènement, Bonne Nouvelle par excellence. Pour le moment, ils n'en sont pas encore capables, mais ils se tiennent tous réunis au Cénacle, avec quelques femmes, dont la Vierge Marie. « *D'un seul cœur, ils participaient fidèlement à la prière* », écrit saint Luc. Quelle est leur prière ? L'évangéliste ne le précise pas, mais nous pouvons être sûrs qu'ils demandent à Dieu de les aider à accueillir le Don que Jésus leur a promis, comme nous l'avons entendu jeudi : « *vous allez recevoir une force, celle du Saint-Esprit, qui viendra sur vous. Alors vous serez mes témoins à Jérusalem, dans toute la Judée et la Samarie, et jusqu'aux extrémités de la terre.* » (Ac 1,8)

Nous aussi, prions le Seigneur de nous aider à accueillir à nouveau son Esprit avec ses sept dons. Ces dons, le prophète Isaïe en a d'abord énuméré six dans sa description du Messie à venir, et la Tradition en a ajouté un septième. **Ils peuvent être analysés deux par deux, pour aboutir au septième d'entre eux, la sagesse, qui en constitue le sommet.** Nous verrons comment chacun se manifeste dans la grande prière de Jésus que saint Jean nous a laissée au chapitre 17 de son Evangile, qu'on appelle la « prière sacerdotale ».

Les deux premiers dons de l'Esprit sont **la Crainte et la Piété**. Ils nous permettent de nous situer de manière juste par rapport à Dieu lui-même. La **crainte** biblique n'a rien à voir avec la peur de Dieu. « N'ayez pas peur » est un des refrains les plus répandus dans l'Ecriture, et dont saint Jean-Paul II avait fait son leitmotiv. La crainte nous donne le sens de la grandeur et de la sainteté de Dieu, et en même temps de notre petitesse et de notre péché. Nous préservant de l'orgueil, elle engendre en nous une attitude de respect et d'adoration : au fond, elle est la crainte d'offenser un Dieu si grand et si bon. Jésus lui-même éprouvait de la crainte pour son Père. Dans la prière que nous venons d'entendre, il lui demande : « *Glorifie ton Fils, afin que le Fils te glorifie* ». Le mot gloire, *kavod* en hébreu, renvoie au poids d'un être : il ne concerne pas l'apparence, ce qui se voit seulement, mais il touche la réalité même de cet être. Le désir du Fils est que son Père soit reconnu pour ce qu'il est, non dans le rayonnement parfois superficiel qui est celui de la gloire humaine, mais dans son Etre profond.

L'Esprit Saint associe au don de crainte celui de **piété**. Alors que le premier met en place une juste distance entre Dieu et sa créature, le second les rapproche comme un père et son enfant. La piété n'est pas une attitude de dévotion purement extérieure, mais un sentiment de tendresse qui nous protège de l'égoïsme et nous invite à la confiance envers Dieu et envers nos frères. Le mot de « *Père* », qui revient sans cesse dans la bouche de Jésus, révèle son intimité avec Lui. Et il appelle ses apôtres ses « *amis* » ...

Les deux dons de l'Esprit suivants nous aident à accomplir la volonté de ce Dieu qui est notre Créateur et notre Père. **Le Conseil** nous montre le chemin, et **la Force** nous permet de le suivre quels que soient les difficultés. Au moment du dernier repas, Jésus dit à son Père : « *l'heure est venue* ». L'Esprit de Conseil lui a fait comprendre que le moment de donner sa vie était enfin arrivé, et Il va lui donner la Force de ne pas reculer face à la souffrance. « *Père, glorifie-moi* », cela signifie « *fais que je sois vainqueur du mal et de la souffrance, afin que ton*

Amour tout-puissant rayonne sur le monde ». Dans sa première lettre, saint Pierre veut réveiller ce don de force chez les chrétiens persécutés à cause de leur foi: *« si l'on vous insulte à cause du nom du Christ, heureux êtes-vous, puisque l'Esprit de gloire, l'Esprit de Dieu, repose sur vous. »* (2ème lect.)

Le Seigneur nous appelle à accomplir sa volonté pour que son Règne vienne, mais aussi à contempler son œuvre déjà accomplie. Pour cela, l'Esprit nous offre **la Connaissance et l'Intelligence**. La première concerne le monde créé, et la seconde les Ecritures. **La connaissance** ne nous donne pas un savoir livresque et abstrait, mais elle nous permet de voir l'invisible dans le visible. Elle nous permet de comprendre la vanité de ce monde visible, et d'espérer en même temps la venue du Règne de Dieu. **L'intelligence**, quant à elle, nous fait pénétrer le sens de l'Ecriture. C'est le don que Jésus a fait aux disciples d'Emmaüs : *« Alors ils se dirent l'un à l'autre : "Notre cœur n'était-il pas brûlant en nous, tandis qu'il nous parlait sur la route, et qu'il nous faisait comprendre les Écritures ?" »* (Lc 24,32)

C'est parce qu'il possède le don de connaissance que Jésus dit : *« ce n'est pas pour le monde que je prie, mais pour ceux que tu m'as donnés »*. Est-ce que Jésus manque d'amour pour ceux qui ne croient pas en lui ? Non, mais il sait qu'il ne pourra les toucher que par le témoignage de ses disciples. On peut dire de lui ce que Paul VI dira de l'Eglise, il est « expert en humanité ». Quant au don d'intelligence, c'est grâce à lui que Jésus a établi des synthèses prodigieuses de l'Ecriture, comme par exemple celle-ci : « *la vie éternelle, c'est de te connaître, toi, le seul Dieu, le vrai Dieu, et de connaître celui que tu as envoyé, Jésus Christ* ».

Finalement, l'Esprit Saint nous offre le plus grand de tous les dons : **la Sagesse**. Grâce à elle, qui nous unit à Dieu, nous pouvons goûter et juger de toutes choses avec son regard d'amour. Le mot « sapere », en latin, signifie d'ailleurs à la fois goûter et avoir du jugement. La sagesse est donc l'attribut par excellence de ceux qui gouvernent. Jésus rappelle qu'il est le Roi de l'univers lorsqu'il dit à son Père : « *comme tu lui as donné autorité sur tout être vivant, il donnera la vie éternelle à tous ceux que tu lui as donnés.* » C'est ensemble que les trois Personnes de la Trinité ont créé l'univers « *avec sagesse et par amour* » (prière euch. n° 4).

Ainsi, frères et sœurs, **l'Esprit Saint nous a offert des dons très précieux lors de notre Confirmation. Chacun d'entre eux est comme un instrument de notre bateau, qui nous aide à nous diriger vers la Terre Promise.** La crainte est l'ordre de mission qui nous indique notre destination. La piété est la radio qui nous permet de rester en communication constante avec le Seigneur. Le conseil est notre boussole qui nous indique la direction. La force est notre voile ou notre moteur, qui nous donne d'avancer malgré toutes les difficultés. La connaissance est notre expérience de capitaine, qui connaît l'océan et ses dangers, notamment les chants des sirènes. L'intelligence est notre carte, grâce à laquelle nous avons une vision globale de notre parcours. La sagesse, enfin, est notre gouvernail, qui nous permet de tenir le bon cap. **Cette semaine, cherchons à mieux utiliser tous ces instruments, et voguons joyeusement vers la Terre Promise !**

Pentecôte : Viens, Esprit Saint, en nos cœurs

« *Voici le fruit de l'Esprit : amour, joie, paix, patience, bonté, bienveillance, fidélité, douceur et maîtrise de soi.* » (Ga 5,22-23) Frères et sœurs, **ce fruit savoureux, le produisons-nous ? Le produisons-nous avec abondance, ou avec parcimonie ?** Ne produisons-nous pas parfois d'autres fruits tels que la culpabilité, la tristesse, la peur ? Au soir de la résurrection, les disciples se trouvent dans un tel état d'esprit. Culpabilité par rapport au passé, tristesse par rapport au présent, peur par rapport à l'avenir. D'abord, les disciples souffrent certainement d'un immense sentiment de culpabilité. Ils ont abandonné leur Maître au jardin de Gethsémani, et leur chef, Pierre, l'a même renié trois fois. En plus, ils sont tristes : maintenant que leur Guide a disparu, quel sens peuvent-ils donner à leur vie ? Enfin, ils ont peur : ils ont « *verrouillé les portes du lieu où ils étaient, car ils avaient peur des Juifs* ». Ils ont bien compris que leur vie était en danger, comme Jésus lui-même le leur avait d'ailleurs clairement annoncé avant sa Passion (cf Lc 21,12) Ils sont enfermés dans le Cénacle, mais aussi dans leurs cœurs. Se plaçant non au-dessus d'eux dans un nuage mais « *au milieu d'eux* », sa première parole est : « *La paix soit avec vous !* » Il ne leur fait aucun reproche. Et pour bien leur montrer qu'il n'est pas un fantôme ou un imposteur, « *il leur montre ses mains et son côté* ». La culpabilité et la peur font alors place à la joie. La mort de Jésus avait ruiné leurs espérances et aveuglé leurs esprits, sa résurrection les remet debout et les illumine. Mais la blessure est profonde, alors Jésus répète une seconde fois : « *La paix* *soit avec vous !* » Les disciples sont guéris de leur culpabilité par rapport au passé et de leur peur par rapport à l'avenir. Mais il faut aussi redonner du sens à leur vie présente: c'est pourquoi Jésus ajoute : « *de même que le Père m'a envoyé, moi aussi, je vous envoie* » et, pour qu'ils en aient la force, il répand sur eux le souffle de l'Esprit Saint. Il leur donne alors une mission : « *Tout homme à qui vous remettrez ses péchés, ils lui seront remis ; tout homme à qui vous maintiendrez ses péchés, ils lui seront maintenus* ». Le Seigneur est prêt à pardonner tous les péchés, mais il ne peut le faire que si l'homme est prêt à accueillir son pardon, et donc à se reconnaître pécheur. Jésus envoie ses disciples témoigner de la miséricorde de Dieu, dont ils sont les premiers bénéficiaires. Cet évènement, nous l'avons célébré il y a 6 semaines, le 2ème dimanche de Pâques. Aujourd'hui, nous célébrons le jour où Jésus leur a envoyé à nouveau l'Esprit Saint, grâce auquel ils ont été rendus plus forts pour annoncer la Bonne Nouvelle, au point de mettre en jeu leur sécurité et même leur vie, en s'adressant à tous ceux qui étaient à Jérusalem malgré l'interdiction des autorités. **Comment l'Esprit a-t-il agi en eux ?** Saint Luc nous met sur la voie en employant 2 images, qui non seulement rappellent le don de la Loi au Sinaï (sens de la Pentecôte juive, que nous fêtons aujourd'hui[28]), mais qui vont aussi nous éclairer à travers 3 de leurs caractéristiques: le vent d'abord, et le feu ensuite.

---

[28] *L'Esprit écrit désormais la loi de Dieu dans les cœurs et non plus sur des tables de pierre (cf Jr 31,33).*

« *Il vint du ciel un bruit pareil à celui d'un violent coup de vent.* » (1° lect.) Pour commencer, l'Esprit Saint peut être comparé au vent. Quelles sont ses caractéristiques ? Premièrement, **le vent est libre** : comme le dit Jésus à Nicodème, « *le vent souffle où il veut : tu entends le bruit qu'il fait, mais tu ne sais pas d'où il vient ni où il va. Il en est ainsi de tout homme qui est né du souffle de l'Esprit.* » (Jn 3,8) La Pentecôte est célébrée 50 jours après Pâques ; le nombre 50 rappelle les années jubilaires, où les esclaves étaient libérés… L'Esprit nous rend libres en nous permettant de devenir ce que nous voulons être au plus profond de nous-mêmes, en dessous des vagues parfois déchaînées de nos passions. Aussi la Pentecôte, d'abord fête des moissons, est la fête par excellence de la plénitude.

Deuxièmement, **le vent rafraîchit**, comme nous l'expérimentons parfois durant les jours les plus chauds de l'été. Comme Elie au Sinaï, nous goûtons alors la douceur et la paix de Celui qui vient à nous dans une brise légère. (1 R 19,12) Lorsque nous sommes enfiévrés par nos passions, nous pouvons prier ainsi : « *viens, consolateur souverain, hôte très doux de nos âmes, adoucissante fraîcheur. Dans le labeur le repos ; dans la fièvre, la fraîcheur ; dans les pleurs, le réconfort* » (séq.).

Troisièmement, **le vent communique sa force**. Il fait avancer les bateaux et tourner les moulins et les éoliennes. C'est grâce à cette force que les apôtres ont pu sortir du Cénacle où ils étaient reclus depuis 50 jours, et partir annoncer la Bonne Nouvelle jusqu'au bout du monde, et jusqu'au martyre. C'est grâce à cette force aussi que nous pouvons nous-mêmes demeurer fidèles aux commandements du Christ, comme il nous y invite aujourd'hui dans l'évangile.

« Ils virent apparaître comme une sorte de feu qui se partageait en langues et qui se posa sur chacun d'eux. » (1° lect.) L'Esprit peut aussi être comparé à un feu. Quels sont les trois effets du feu ? Premièrement, **le feu purifie** en détruisant, comme dans la vallée de la Géhenne, à Jérusalem, où l'on jetait toutes les ordures. De même, l'Esprit Saint nous purifie en détruisant en nous nos vices, si nous le voulons. N'oublions pas ce que nous avons dit et demandé dans la séquence : *« sans ta puissance divine, il n'est rien en aucun homme, rien qui ne soit perverti ; lave ce qui est souillé »* …

Deuxièmement, **le feu éclaire**. De même, Jésus a promis à ses disciples : *« il vous enseignera tout, et il vous fera souvenir de tout ce que je vous ai dit. »* (Jn 14,26) Cet enseignement n'est pas celui des savants, mais celui du *« père des pauvres »* (séq.), qui se fait comprendre par tous. Celui qui est touché par l'Esprit non seulement comprend Dieu, mais il est capable de parler de Lui, c'est pourquoi le feu de la Pentecôte se partage en langues, signe de la mission qui incombe aux disciples. Pourquoi leurs paroles sont-elles comprises par tous dans leurs langues maternelles ? Parce que celui qui annonce la Bonne Nouvelle dans l'Esprit parvient à toucher le cœur et l'intelligence de ceux à qui il s'adresse, sans qu'aucune barrière de langue ou de culture puisse l'en empêcher. Saint François connaissait-il l'arabe ? Non, et pourtant il a su communiquer avec le sultan d'Egypte et sinon le convertir, du moins s'en faire un ami...

Enfin, **le feu réchauffe**. De même, l'Esprit Saint réchauffe nos cœurs parfois glacés par la haine ou le mépris, pour les faire jouir de la chaleur de l'amour. Jésus a fait à ses disciples cette promesse extraordinaire: « *Si quelqu'un m'aime, il restera fidèle à ma parole ; mon Père l'aimera, nous viendrons chez lui, nous irons demeurer auprès de lui.* » (Jn 14,23) Dans le cœur de celui qui accomplit sa volonté, Dieu vient habiter !

Ainsi, frères et sœurs, Dieu a donné au Sinaï la Loi ancienne, le décalogue, gravé par son Doigt sur la pierre. Au Cénacle, Il donne la Loi nouvelle, gravée dans nos cœurs par l'Esprit Saint. Certes, **le vent et le feu ne suffisent pas à exprimer tout ce qu'il est**, comme les autres images concernant les autres Personnes de la Trinité, mais ils nous révèlent certaines de ses caractéristiques. **Nous pourrions les compléter par d'autres images : celle de l'eau** ou celle de la **colombe**, par exemple... Finalement, frères et sœurs, au-delà de toutes ces images, la question essentielle est de savoir **quelle place nous donnons à l'Esprit Saint dans nos vies**. Marchons-nous sous sa conduite, de façon à produire son fruit ? Ce fruit n'est pas seulement pour nous, il est pour tous ceux que nous rencontrons, et qui peuvent le savourer à travers nous. Il est le fruit de la Miséricorde de Dieu, qui veut libérer tous les hommes de la culpabilité, de la tristesse, de la peur... **Comme les premiers disciples, allons à la rencontre de notre prochain, offrons-lui des paroles du Christ, le « pain de la vie », mais aussi le fruit de l'Esprit.** En se nourrissant et en se délectant de ses mets, croyons que certains voudront rencontrer le Maître du repas, le Père qui veut inviter tous les hommes à célébrer avec lui un festin éternel dans son Royaume[29]. AMEN.

---

[29] *Alors que nous allons entrer dans le temps ordinaire, après 90 jours centrés sur le mystère pascal, prions les uns pour les autres afin que nous vivions tous ce temps comme celui de l'Esprit, « père des pauvres ».*

Fêtes et solennités

Immaculée Conception (8 décembre) : Fiat !

« *Voici la servante du Seigneur ; que tout m'advienne selon ta parole.* » Frères et sœurs, **comme Marie, sommes-nous prêts à toujours dire « oui », « fiat », à la volonté du Seigneur ?** Cette parole de la Vierge, que le latin synthétise merveilleusement en un simple mot *« fiat »*, est peut-être la plus belle et la plus importante qui soit jamais sortie de la bouche d'une créature. Grâce à elle, le Verbe s'est fait chair, Dieu a habité parmi nous. C'est pourquoi elle a donné lieu ensuite au plus bel hymne d'action de grâce de toute la Bible, le Magnificat, que Marie a chanté devant sa cousine Elisabeth. Elle exprime le plus haut degré de la liberté d'une créature, qui permet de dire « oui » à Dieu en toutes circonstances, même et surtout dans les plus difficiles. Le péché est ce qui entrave l'action de Dieu en nous ; la grâce est ce qui la rend possible. Or, Marie est *« comblée de grâce »*, comme l'archange Gabriel le lui dit. Préservée du péché originel dès sa conception, le péché n'a eu aucune place en Marie, et n'a donc jamais entravé l'action de Dieu. Devant un tel privilège, nous pourrions être tentés de jalouser Marie. Alors, n'oublions pas 3 choses. D'abord que Marie a été préservée du péché originel, mais pas de ses conséquences : elle a dû affronter le mal et la souffrance comme chacun d'entre nous. Ensuite, nous-mêmes pouvons être lavés du péché et devenir aussi purs qu'elle, à chaque fois que nous nous confessons en toute vérité. Enfin, le privilège qu'a reçu Marie, c'est pour elle, mais c'est aussi pour nous ! Elle est à la fois notre Mère, qui intercède inlassablement pour nous, et notre modèle, sur qui nous pouvons prendre exemple. Car n'oublions pas que **nous sommes appelés à la même sainteté et pureté qu'elle**, comme saint Paul le rappelle aux Ephésiens : « *En Jésus Christ, Dieu nous a choisis avant la création du monde, pour que nous soyons, dans l'amour, saints et irréprochables sous son regard* » (2° lect.)... Alors, comment y parvenir ? **D'une part, il nous faut résister au mal, en prenant leçon d'Adam et d'Eve. D'autre part, il nous faut faire confiance à Dieu de façon absolue, en prenant exemple sur Jésus et Marie, le nouvel Adam et la nouvelle Eve.**

Pour commencer, il nous faut résister au mal, en prenant leçon d'Adam et d'Eve (Gn 1-3). Revenons au jardin de la Genèse (1° lect.) Au commencement, tout ce que Dieu avait créé était « *très bon* ». L'homme vivait en harmonie avec Lui, avec son semblable, avec lui-même et avec la création. Mais la désobéissance d'Ève a rompu cette harmonie. Au lieu de demeurer fidèle à la parole du Seigneur - « *tu peux manger les fruits de tous les arbres du jardin ; mais quant à l'arbre de la connaissance du bien et du mal, tu n'en mangeras pas* » - Ève a préféré se fier au serpent qui l'incitait à manger du fruit de cet arbre. Alors, l'homme et la femme ont perdu confiance en Dieu : quand ils l'entendirent se promener dans le jardin, « *ils allèrent se cacher aux regards du Seigneur Dieu parmi les arbres du jardin.* » Ils ont perdu confiance l'un dans l'autre : alors que la création d'Eve avait suscité l'admiration et l'enthousiasme d'Adam (« *voilà l'os de mes os et la chair de ma chair !* »), il l'accuse maintenant d'être responsable de son acte, et Dieu dit à Ève : « *le désir te portera vers ton mari, et celui-ci dominera sur toi.* ». Ils ont perdu l'harmonie en eux-mêmes : leur intelligence s'est obscurcie, leur volonté s'est affaiblie, leurs désirs se sont déréglés, comme toute la suite de l'histoire le manifestera. Enfin, même l'harmonie avec la création est rompue : désormais, la femme enfantera « *dans la souffrance* », et c'est aussi « *dans la souffrance* », « *à la sueur de son front* », que l'homme tirera de la terre sa subsistance.

Dans ce tableau bien sombre, une lueur apparaît cependant : au serpent, qui est le responsable premier du mal, le Seigneur déclare : « *Je mettrai une hostilité entre la femme et toi, entre sa descendance et ta descendance : sa descendance te meurtrira la tête, et toi, tu lui meurtriras le talon.* » C'est ce qu'on appelle le protévangile, la première annonce de la Bonne Nouvelle de la victoire du bien sur le mal, de la vie sur la mort. Cette victoire sera remportée grâce à la descendance de la femme, qui écrasera la tête du serpent. Qui est cette descendance ? C'est bien sûr le Christ, mais c'est aussi la Vierge Marie, comme certains peintres l'ont représenté, notamment le Caravage avec la Vierge qui écrase sans effort apparent la tête du serpent.

En plus de résister au mal, il nous faut faire confiance à Dieu de façon absolue, en prenant exemple sur Jésus et Marie, le nouvel Adam et la nouvelle Eve[30]. Tous deux ont renoncé à

---

[30] « *De même que la faute commise par un seul a conduit tous les hommes à la condamnation, de même l'accomplissement de la*

leur propre volonté pour accomplir celle du Père. Au désert déjà, Jésus repousse le serpent : « *Arrière, Satan !* » (Mt 4,10) Il redit cette même parole en s'adressant à Pierre qui veut le dissuader de passer par la Croix : « *Passe derrière moi, Satan ! Tu es pour moi une occasion de chute : tes pensées ne sont pas celles de Dieu, mais celles des hommes."* » (Mt 16,23) A Gethsémani ensuite (un autre jardin), Jésus dit : « *Père, si tu le veux, éloigne de moi cette coupe ; cependant, que soit faite non pas ma volonté, mais la tienne.* » (Lc 22,42) Et au lieu d'accuser les autres, comme Adam a accusé Eve, il dit aussi : « *Père, pardonne-leur : ils ne savent pas ce qu'ils font.* » (Lc 23,34)

De la même façon, Marie a résisté au mal et fait confiance à Dieu, même dans la nuit de la foi. Elle a cru la parole de l'ange : « *rien n'est impossible à Dieu.* » (Lc 1,37) Lorsque Syméon lui prédit que *son âme* « *sera traversée d'un glaive* » (Lc 2,35), ou que Jésus lui déclare après qu'elle l'a cherché pendant 3 jours avec Joseph : « *comment se fait-il que vous m'ayez cherché ? Ne saviez-vous pas qu'il me faut être chez mon Père ?* » (Lc 2,49), jamais elle ne se révolte, mais elle « *gardait dans son cœur tous ces événements* » (Lc 2,51).

Frères et sœurs, **les plus grandes victoires sont les fruits de victoires nombreuses qui les ont précédées, et qui sont parfois passées inaperçues.** L'Armistice de 1918, que nous avons célébré le 11 novembre, a été le résultat de

---

justice par un seul a conduit tous les hommes à la justification qui donne la vie. » *(Rm 5, 18)*

nombreuses victoires, acquises sur les champs de bataille par les soldats, mais aussi dans les villes et les villages par les femmes qui se sont dépensées au service de leur patrie. De même, la grande victoire du bien sur le mal et de l'amour sur la haine, que nous célèbrerons le jour de Pâques, a été le fruit de nombreuses victoires en amont, notamment par celle de la foi sur le doute, que la Vierge Marie a remporté en disant son « fiat ». Et nous-mêmes, voulons-nous participer à la victoire du Christ ? Dans son épître aux Romains, Saint Paul médite sur la victoire remportée par le Christ. Et il ajoute : *« Là où le péché s'était multiplié, la grâce a surabondé. »* (Rm 5,20) Certes, le Christ est l'unique Sauveur, mais il a plu à Dieu de faire participer l'humanité à son œuvre de salut. Ce salut ne nous est pas extrinsèque, comme Luther l'affirmait, la grâce nous transforme. Alors, voulons-nous faire mourir en nous *« l'homme ancien »*, afin que *« l'homme nouveau »* puisse surgir, et que nous soyons *« dans l'amour, saints et irréprochables sous son regard »* (2° lect.) ? Certes, nous n'avons pas reçu le privilège de la Vierge Marie, et nous ressentons parfois lourdement le poids du péché. Mais n'oublions pas qu'elle nous aide par son intercession et par l'exemple qu'elle nous a laissé. Alors, si nous chutons souvent encore, ne nous décourageons pas. **Chacun de nos « oui » à Dieu, de nos « fiat » à sa volonté, nous rendra plus « remplis de grâce » et, comme en Marie, fera naître en nous la joie du Magnificat.** AMEN.

1ères communions : Celui qui mange ma chair et boit mon sang a la vie éternelle

Les enfants, **avez-vous faim ?** Je ne parle pas du délicieux déjeuner dont vous allez sans doute profiter après la messe, je vous demande si vous avez faim de Jésus. Il vient de nous dire : *« Celui qui mange ma chair et boit mon sang a la vie éternelle »*. La vie éternelle, ce n'est pas la vie qui ne finit jamais, c'est la vie divine, la vie surabondante que le Seigneur veut partager avec nous. En avez-vous faim ? Si c'est le cas, vous savez comment l'assouvir : en venant à la messe non pas seulement aujourd'hui ou de temps en temps, mais chaque dimanche… Si vous allez participer au repas de ce midi, ce n'est pas par obligation, j'espère, c'est par amour. Amour de votre maman ou papa qui aura préparé le déjeuner, y mettant sans doute beaucoup d'efforts et de sacrifices. Amour de vous-mêmes ensuite, car vous savez que la nourriture que vous avalerez vous donnera des forces pour faire ensuite ce que vous souhaiterez. Amour de votre famille ensuite, car vous n'allez pas manger chacun de votre côté, mais tous ensemble, dans une convivialité qui vous rendra plus unis les uns aux autres. Amour du monde enfin, car le bonheur vécu en famille est destiné à être partagé avec les autres, sans quoi la famille devient une sorte de secte ou de clan. Il en est de même de l'eucharistie. **Ce n'est pas par obligation que vous êtes invités à y participer, mais par amour : de Jésus, de vous-mêmes de l'Eglise, et du monde.**

Nous sommes appelés à participer à la messe **d'abord par amour de Jésus**. Lors de son dernier repas avec ses disciples, il leur a dit : « *J'ai désiré d'un grand désir manger cette Pâque avec vous avant de souffrir* » ! *(Lc 22,15)* Jésus désire ardemment notre présence auprès de lui à la messe. Il a ajouté ensuite : « *Ceci est mon corps, donné pour vous. Faites cela en mémoire de moi.* » (Lc 22,19) C'est un des seuls commandements qu'il nous a laissés, avec : « *aimez-vous les uns les autres comme je vous ai aimés* » (Jn 15,12).

Jésus évoque son corps qu'il donne dans le pain, mais qu'il va offrir réellement sur la croix. Participer à la messe est donc d'abord se souvenir du sacrifice de Jésus. « *Ce que je vis aujourd'hui dans la chair, je le vis dans la foi au Fils de Dieu qui m'a aimé et s'est livré lui-même pour moi.* » (Ga 2,20)

Si le Fils de Dieu s'est offert en sacrifice pour moi, comment pourrais-je ne pas m'offrir moi-même à lui ? Je peux m'offrir à lui durant la messe (c'est le sens de l'offertoire, où nous présentons le pain et le vin sur l'autel pour signifier le don total de nous-mêmes), mais aussi tout le reste de mon temps : « *Je vous exhorte donc, frères, par la tendresse de Dieu, à lui présenter votre corps – votre personne tout entière –, en sacrifice vivant, saint, capable de plaire à Dieu : c'est là, pour vous, la juste manière de lui rendre un culte.* » (Rm 12,1)

C'est ce dont témoignent les martyrs. Ainsi, saint Tarcisius a offert sa vie par amour de Jésus. Alors qu'il était parti pour donner l'eucharistie aux chrétiens emprisonnés, et que les gardes de la prison voulaient l'obliger à lâcher l'hostie consacrée qu'il tenait sur son cœur, au point de finir par le lapider, il a tenu bon jusqu'à la mort.

Deuxièmement, nous sommes appelés à participer à la messe **par amour de nous-mêmes**. Pour nous offrir nous-mêmes en sacrifice, nous avons besoin de force, et cette force nous est donnée dans l'eucharistie, que les anciens appelaient parfois *« le pain des forts »*. La Parole de Dieu, tout d'abord, nous fortifie, car *« l'homme ne vit pas seulement de pain, mais de tout ce qui vient de la bouche du Seigneur. »* (Dt 8,3) Et la communion au corps du Christ nous fortifie encore davantage, dans la Foi.

Pour manifester la force que donne l'eucharistie, souvenons-nous de Marthe Robin, qui a vécu plus de 50 ans sans manger, ni boire, ni dormir, mais uniquement avec le pain consacré qu'elle recevait chaque jour.

Troisièmement, nous sommes appelés à participer à la messe **par amour de l'Eglise**. Le Corps eucharistique de Jésus et son Corps ecclésial sont parfaitement liés, à tel point que le Ressuscité a demandé à Paul : *« pourquoi me persécutes-tu ? »* (Ac 9,4) Nous ne venons pas à Sainte Thérèse comme dans un supermarché où chacun peut se servir comme il le souhaite, mais comme dans une famille où nous sommes solidaires les uns des autres. Imaginez une famille où il n'y a pas de repas commun, mais où chacun vient se servir dans le frigo et au micro-ondes lorsqu'il en a envie. Venir à l'église à tout moment de la semaine et de la journée pour prier ou déposer un cierge, c'est très bien, mais ça ne remplace pas la messe dominicale où nous nous rassemblons tous. Nous y sommes unis par la prière, mais aussi par le geste de paix, et ensuite par les échanges que nous pouvons avoir sur le parvis, que ce soit avec ou sans un verre dans la main.

Lorsqu'on aime le Christ, on aime aussi son Corps. Sainte Jeanne d'Arc a dit à ses juges : « *le Christ et l'Eglise, c'est tout un* ». Et la petite Thérèse a écrit à propos de sa vocation : « *dans le cœur de l'Eglise, ma Mère, je serai l'Amour* ». Aimer le Christ mais pas l'Eglise, c'est comme dire à quelqu'un : je t'aime, mais seulement avec ton esprit, pas avec ton corps. C'est bien le danger qui guette certains sur les réseaux sociaux de la toile…

Quatrièmement, nous sommes appelés à participer à la messe **par amour du monde.** Cum-munere, étymologiquement, signifie avoir une responsabilité commune. Il se rattache au nom latin "munia" (les charges)[31]. La communion implique donc une responsabilité, une œuvre commune à faire. Ainsi, finalement, nous communions par amour de Jésus, par amour de nous-mêmes, par amour de l'Eglise, mais aussi par amour du monde, que nous voulons transformer pour que tous les hommes puissent vivre heureux et être sauvés. C'est le sens de l'envoi, à la fin de la messe : « *allez dans la paix du Christ* ». Allez témoigner de la

---

[31] *D'où la municipalité. Et la commune, c'est l'ensemble de ceux qui ont part aux "munia", aux charges. On trouve, selon la même origine, le mot "immunité", qui signifie une exemption de charges.*

Bonne nouvelle auprès de vos frères, et servez-les comme le Christ nous a servis !

A la suite de Mère Teresa, les missionnaires de la Charité placent au cœur de toutes leurs journées la messe et l'adoration du Saint Sacrement. Ainsi fortifiées, elles peuvent aller servir les pauvres dans des conditions qui pourraient sembler insupportables à d'autres.

Ainsi, les enfants, ayez une grande faim de Jésus dans l'eucharistie. Chaque dimanche, entendez bien son appel, et répondez-y non par contrainte, mais par amour : de Jésus lui-même, mais aussi de vous-mêmes, de l'Eglise et du monde. Et lorsque vous le pourrez, n'hésitez pas à prendre des temps d'adoration de Jésus présent dans le Saint Sacrement, soit dans le tabernacle, soit exposé à nos regards. C'est ainsi que vous aurez la vie éternelle, pas seulement après votre mort mais déjà sur la terre. AMEN.

Sainte Trinité : Au Nom du Père, et du Fils et du Saint Esprit

« Au Nom du Père, et du Fils et du Saint Esprit ». **Cette parole que nous disons si souvent, frères et sœurs, la prononçons-nous machinalement, ou comme une véritable prière ?** Le Nom est au singulier, et nous évoquons ensuite 3 Personnes. Un seul Dieu en Trois Personnes, c'est le mystère le plus profond de notre Foi. Certains estiment qu'il s'agit d'une vérité abstraite, impossible à comprendre et donc inutile. En réalité, le mystère de la Sainte Trinité est ce qu'il y a de plus concret dans tout l'univers, puisqu'il s'agit de Dieu lui-même. Et il n'est pas totalement incompréhensible : comme saint Augustin l'a écrit : *« Un mystère, ce n'est pas ce que l'on ne peut pas comprendre, mais ce que l'on n'a jamais fini de comprendre »*... En d'autres termes, il nous faut éviter deux écueils extrêmes, celui d'une intelligence paresseuse (on parle parfois en ce sens de la foi du charbonnier) et celui d'une intelligence orgueilleuse qui souhaiterait saisir et « faire le tour » de la « question » de Dieu : il ne s'agit pas ici d'en faire le tour, mais d'y entrer humblement, parce que Dieu lui-même nous y invite. Pour y entrer, la raison est utile, mais pas suffisante : il lui faut le secours de la Foi. La première peut nous donner des images, par exemple celle du soleil et celle de la source. Le soleil symbolise le Père, ses rayons lumineux le Fils et la chaleur qui en émane l'Esprit. Selon la 2nde image, le Père est la source, le Fils est le fleuve, et l'Esprit est l'eau vive du courant. Mais la Foi nous permet d'aller plus loin, à travers l'Ecriture, qui relate comment Dieu s'est révélé à

nous. La fête que nous célébrons aujourd'hui est la seule où nous célébrons Dieu pour lui-même, et non pas pour ce qu'Il a fait pour nous, comme à Noël et à Pâques. Aussi, **dans un premier temps, nous contemplerons « gratuitement » Dieu, tel qu'Il s'est révélé à nous. Et puisque nous avons été créés à son image et à sa ressemblance, nous verrons dans un second temps ce que cela signifie pour nous.**

« Dieu a fait l'homme à son image... et l'homme le lui a bien rendu » disait ironiquement Voltaire. Plutôt que de créer un Dieu issu de notre imagination, écoutons ce qu'Il nous a révélé de Lui-même. Pour commencer, **Il est unique**. Dans un monde polythéiste, dans lequel les dieux étaient parfois ennemis les uns des autres, le Seigneur s'est révélé à Abraham comme unique, redisant sans cesse à Israël : *« pas d'autre dieu que moi »*. Il n'y pas non plus un dieu du mal qui s'opposerait à un dieu du bien (cf le manichéisme), mais seulement des puissances du mal, qui ne sont que des créatures.

Deuxièmement, **Dieu est Amour**. C'est le sommet de la révélation, mais qu'est-ce que cela signifie ? Avant tout que Dieu n'est pas solitaire. Il est un être de relations et de communion. Chacune des Personnes divines se définit par rapport aux autres. Le Père n'a de sens que parce qu'il a un Fils, auquel Il donne tout. Le Fils n'a de sens que parce qu'il a un Père, de qui il reçoit tout. L'Esprit n'a de sens que parce qu'il unit le Père et le Fils. Jésus a dit par exemple : *« le Fils ne* *peut rien faire de lui-même, il fait seulement ce qu'il voit faire par le Père »* (Jn 5,19) ou quant à l'Esprit de vérité: *« ce qu'il dira ne viendra pas de lui-même : mais ce qu'il aura entendu, il le dira. »* (Jn 16,13)

Troisièmement, **Dieu est Miséricorde**. Si le mot « Amour » caractérise Dieu en lui-même, le mot « Miséricorde » caractérise la forme de son Amour envers nous. C'est ce que le Seigneur révèle à Moïse sur le Sinaï, après l'épisode du veau d'or où son peuple a trahi son serment de fidélité envers Lui : *« Dieu tendre et miséricordieux, lent à la colère, plein d'amour et de vérité. »* Le Seigneur est toujours prêt à nous pardonner, car Il veut que tous les hommes soient sauvés. C'est pourquoi saint Jean écrit : *« Dieu a tellement aimé le monde qu'il a donné son Fils unique, afin que quiconque croit en lui ne se perde pas, mais obtienne la vie éternelle »*.

En quoi ce mystère de la Sainte Trinité nous concerne-t-il ? **Puisque Dieu est unique, cela signifie d'abord que nous devons l'aimer de tout notre être, en acceptant de renoncer à toutes les idoles**, comme nous le rappelle le *shema Israël* : *« Écoute, Israël : le Seigneur notre Dieu est l'Unique. Tu aimeras le Seigneur ton Dieu de tout ton cœur, de toute ton âme et de toute ta force »* (Dt 6,4-5) et le 1er commandement : *« Tu n'auras pas d'autres dieux en face de moi. »* (Ex 20,3). Aujourd'hui, ce ne sont pas plus d'autres dieux à qui on bâtissait des temples, mais ce peut être l'argent, le pouvoir, le plaisir, la technologie, l'information, etc. De plus, **puisque** nous sommes créés à son image et à sa ressemblance, le fait que Dieu est unique signifie que nous devons parvenir à **l'unité en nous-mêmes.** Les conflits qui déchirent le monde naissent en nous-mêmes. Nous nous déchirons souvent nous-mêmes. *« Notre ennemi ne nous quitte jamais, parce que notre ennemi, c'est nous-mêmes »* dit un proverbe espagnol. Chaque matin après s'être réveillé, saint Philippe Néri priait ainsi : « *Seigneur, méfie-toi de Philippe* » ! La chasteté est une vertu qui nous permet de nous unifier. Les passions doivent être guidées par nos 3 facultés les plus hautes : la mémoire renvoie au Père, l'intelligence au Fils, la volonté à l'Esprit (saint Augustin).

Ensuite, le mystère de la Sainte Trinité nous rappelle que **nous sommes des êtres de communion.** Nous sommes appelés à donner et à recevoir. Par rapport à Dieu, nous sommes tous ses enfants, ses frères et sœurs, ses compagnons. Les uns vis-à-vis des autres, nous devons jouer parfois le rôle d'un père, en enfantant quelqu'un dans la Vérité, le rôle d'un fils, en nous laissant enfanter nous-mêmes, le rôle de l'Esprit, en permettant à d'autres de se rapprocher mutuellement. C'est pourquoi la famille est l'une des plus belles images de la Sainte Trinité.

Enfin, **nous ne pouvons demeurer en communion avec le Seigneur, et les uns avec les autres, que si nous faisons preuve de Miséricorde.** Si nous refusons de donner à celui qui est dans la misère, ou de pardonner à celui qui nous a fait du mal, nous brisons la communion et nous ne ressemblons plus à Dieu. Le fils aîné de la parabole, en refusant d'accueillir son frère, se coupe à la fois de lui et de son père.

Pour conclure, frères et sœurs, **prenons conscience de la grâce immense que nous avons de connaître ce Dieu qui s'est révélé comme Unique, Amour et Miséricorde**. Mais pour le connaître vraiment, il nous faut accepter de l'écouter et de mettre sa Parole en pratique, c'est-à-dire de l'aimer de tout notre être en renonçant à toutes nos idoles, en vivant en communion les uns avec les autres, et en faisant preuve de miséricorde envers ceux qui sont ont besoin de notre aide ou de notre pardon. Cette semaine, dans le sillage de la Pentecôte, pourquoi ne pas continuer à prier l'Esprit Saint chaque jour ? En lui devenant de plus en plus familiers, nous nous laisserons plus facilement conduire par lui, nous ressemblerons toujours plus au Fils de Dieu, et nous glorifierons davantage le Père. AMEN.

Saint Jean Baptiste (24 juin) : Telle est ma joie, elle est parfaite

Frères et sœurs, **êtes-vous dans la joie ?** Peut-être certains parmi vous pensent : comment être dans la joie alors que je suis malade, ou sans emploi, ou que je rencontre telle ou telle épreuve ? Le paradoxe de la joie est qu'elle peut être goûtée au sein même des épreuves. Pourquoi ? Parce qu'elle est le 2ème fruit de l'Esprit Saint, juste après la charité. Celui qui vit dans l'Esprit Saint vit donc dans la joie. Nous en avons un splendide témoignage avec saint Jean Baptiste. Certains se le représentent comme un homme triste, un « rabat-joie », tant sa vie et ses paroles leur semblent dures. En réalité, Jean est un être comblé de joie. Dès le sein de sa mère, il a *tressailli d'allégresse* lorsqu'est arrivée Marie, portant en elle le Seigneur Jésus (Lc 1,44). Puis, lorsque le même Jésus est venu à nouveau à lui auprès du Jourdain, une trentaine d'années plus tard, il a dit : « *l'ami de l'époux se tient là, il l'écoute, et la voix de l'époux le comble de joie. Telle est ma joie, elle est parfaite.* » (Jn 3,27-30) **D'où vient cette joie de Jean ? Il possède 3 secrets : sa sobriété, son humilité, et son amour de la vérité.**

Sa sobriété. Jean ne vit pas dans les palais (cf), il vit dans le désert, se nourrissant de sauterelles et de miel sauvage. Nous-mêmes vivons dans une société qui nous pousse à consommer toujours plus. Le pape François vient d'écrire une encyclique sur l'environnement, dans laquelle il nous invite à la modération.

Son humilité. Jean aurait pu profiter de son charisme, qui lui attirait des foules, pour se faire prendre pour le messie. Mais il affirme : « je ne suis pas le messie », je ne suis même pas digne de délier la courroie de ses sandales (…) Et encore : « Il faut qu'il grandisse et que moi, je diminue. » (Jn 3,27-30) Notre société nous pousse à nous affirmer, même aux dépens des autres. Jean trouve au contraire sa joie en se définissant par rapport à un autre, plus grand que lui. Il est d'ailleurs souvent représenté avec le doigt pointé sur le Christ qu'il annonce.

Son amour de la vérité. Jean ose dire au roi Hérode : « tu n'as pas le droit de vivre avec la femme de ton frère ». Il ose dire aux publicains : « ne prenez pas plus que ce qui vous est dû » et aux soldats : « ne commettez pas de violence », etc. Il aime la vérité plus que sa propre vie, comme son martyr le manifeste. Il a été déclaré comme martyr, car en témoignant de la Vérité, il a témoigné du Christ lui-même, qui a dit : « je suis la Vérité ».

Assomption (15 août) : Mon âme exalte le Seigneur

« *Mon âme exalte le Seigneur, exulte mon esprit en Dieu, mon Sauveur* » *!* Ces paroles que Marie a prononcées le jour de sa visite à sa cousine Elisabeth, frères et sœurs, nul doute qu'elle a dû les redire au moment où elle a retrouvé son Fils et Celui qui l'avait envoyé. Pour la Vierge, cet évènement représente le sommet de sa vie. Mais, pour nous, **en quoi l'Assomption est-il une bonne nouvelle ?** Il l'est pour une triple raison : il suscite en nous l'Espérance, nous affermit dans le combat de la Foi et nous fait grandir dans l'Amour.

En premier lieu, il suscite en nous l'Espérance. Un jour, nous pourrons rejoindre la Vierge auprès de son Fils dans le Ciel. Comme l'écrit saint Paul dans sa 1ère lettre aux corinthiens, « *le Christ est ressuscité d'entre les morts, pour être parmi les morts le premier ressuscité* ». Cela signifie non seulement que notre âme est éternelle, comme les Egyptiens le croyaient bien avant nous, mais aussi notre corps. Certes, contrairement à Jésus et Marie qui n'ont pas connu le péché, notre corps terrestre connaîtra la corruption, et nous devrons assumer la souffrance de nous en séparer. C'est d'ailleurs parce que ce moment, qui correspondra à notre rencontre avec Dieu et à notre jugement particulier, sera décisif, que nous prions la Vierge, dans le *Je vous salue Marie*, de prier pour nous maintenant *et à l'heure de notre mort*. Alors, si le Seigneur nous en juge dignes, *lorsque le Christ aura remis son pouvoir royal à Dieu le Père, après avoir détruit toutes les* *puissances du mal*, nous ressusciterons dans un corps glorifié, et nous pourrons jouir avec tous les sauvés du bonheur du Ciel.

Cette perspective ne peut nous laisser indifférents. Notre société souffre d'un terrible manque d'Espérance. Pour beaucoup, la mort est la fin de tout ; pour d'autres, qui croient en la réincarnation, elle marque le passage vers un nouvel état de conscience, mais la transformation n'est pas forcément positive, et le but premier de l'homme est de se libérer du cycle des renaissances. Beaucoup de chrétiens sont influencés par ce type de spiritualité, qui dénigre la valeur du corps. Ce dénigrement n'est pas nouveau, puisque les grecs comparaient le corps à une prison pour l'âme, jouant sur les mots *sôma* (corps) et *sêma* (tombeau). En ressuscitant et en accueillant auprès de lui la Vierge, le Christ révèle la dignité infinie du corps, temple de l'Esprit Saint. Il nous manifeste également que nous n'avons qu'une seule existence, et que chacun de nos actes revêt une valeur d'éternité.

En second lieu, **Marie nous soutient chaque jour dans le combat de la Foi.** La perspective de la résurrection a beau susciter en nous l'Espérance, elle ne supprime pas les difficultés du présent. Mais la Vierge ne se contente pas de nous attendre tranquillement dans le Ciel, elle nous accompagne sur le chemin qui y mène. Au pied de la Croix, elle a accepté comme fils le disciple que Jésus aimait. Ce disciple, c'est chacun d'entre nous, si nous le voulons bien. Marie est notre Mère qui nous enfante à la vie divine. Elle est la femme de l'Apocalypse que saint Jean va jusqu'à décrire comme « *torturée par les douleurs de l'enfantement* ». En plus de ces douleurs dues à nos péchés, qui nous font résister à notre enfantement à la vie divine, Marie doit aussi affronter le Dragon, celui que l'Ecriture appelle aussi le diable ou Satan. Grignion de Montfort écrit: « *L'antique serpent appréhende plus Marie, non seulement que tous les anges et les hommes, mais, en un sens, que Dieu même. Ce n'est pas que la puissance de Dieu ne soit infiniment plus grande que celle de la Sainte Vierge, puisque les perfections de Marie sont limitées, mais c'est surtout parce que Satan, étant orgueilleux, souffre infiniment plus d'être vaincu et puni par une petite et humble servante de Dieu, et son humilité l'humilie plus que le pouvoir divin* »[32].

Si la Vierge Marie peut ainsi dominer l'esprit du mal, c'est parce qu'elle est *pleine de grâce*, remplie de l'Esprit de Dieu. Dans les peintures qui la montrent foulant le serpent à ses pieds, elle ne semble pas lutter. En terrassant le dragon, Saint Michel est actif, brandit la lance ou l'épée. Notre-Dame, au contraire, se tient sur le serpent comme s'il n'était pas là. Elle lui ôte jusqu'au prestige du combat. Pour notre Foi, la

---

[32] *Fabrice Hadjadj commente ainsi ce passage : « Marie fait plus peur à Satan que Dieu, non seulement parce qu'elle est humble (ce qu'un ange peut être aussi), mais encore parce qu'elle est charnelle, ou, pour dire les deux à la fois, parce qu'elle accueille dans ses entrailles la plénitude du mystère divin. Que l'Esprit Saint triomphe de l'esprit mauvais, quoi de plus normal ? Qu'il en triomphe à travers un esprit bienheureux, comme l'archange Michel, c'est encore tolérable. Mais qu'il l'écrase à travers une petite femme de chair, voilà qui est le plus insupportable à l'esprit malfaisant ».*

domination de Marie sur le diable est un soutien précieux. En hébreu, le mot « *amen », je crois*, a la même racine que le mot « *rocher* ». Lorsque nous subissons l'épreuve, nous pouvons nous tourner vers Marie, dont la maison est solidement établie sur le rocher divin, et que les tempêtes ne peuvent abattre. Son visage paisible et son intercession peuvent nous aider à vaincre le mal. N'oublions pas non plus son exemple : elle-même a souffert durant sa vie terrestre. En particulier, lorsque Joseph et elle retrouvent le Jésus de 12 ans qui était resté au Temple, elle lui dit : « *Mon enfant, pourquoi nous as-tu fait cela ? Vois comme nous avons souffert en te cherchant, ton père et moi !* ». La foi de Marie était sans faute, mais non sans ténèbres. Pas plus que Joseph, elle ne comprit la réponse de son fils. Mais, souligne saint Luc, elle « *gardait dans son cœur tous ces événements* ». Alors, nous-mêmes, lorsque nous traversons les ténèbres de l'épreuve ou de l'incompréhension, tournons-nous vers Marie. Mettons en pratique le conseil de saint Bernard: « *Toi donc, qui que tu sois en ce monde, ballotté par les flots à travers bourrasques et ouragans plutôt que marchant sur la terre ferme, si tu ne veux être englouti par la tempête : ne quitte pas des yeux cet astre étincelant. Que se lèvent les vents des tentations, que surgissent les écueils de l'adversité : regarde l'étoile, invoque Marie...* »

En troisième lieu, ainsi confortés dans l'Espérance et affermis dans le combat de la Foi, **nous ne pouvons que grandir dans l'Amour.** La Vierge Marie, dans l'évangile, nous en donne à nouveau le meilleur exemple. Elle y met en pratique le premier commandement, qui consiste à aimer Dieu de toutes ses forces, et son prochain comme soi-même. Après avoir dit « *oui* » à l'ange Gabriel et avoir accepté ainsi l'appel de Dieu, elle laisse jaillir de son cœur le plus bel hymne de louanges et d'action de grâces. Mais son amour qui rayonne n'est pas destiné au Seigneur seulement ; par Lui, il s'ouvre également au prochain, et d'abord à sa cousine Elisabeth à qui elle va apporter son soutien pendant environ 3 mois. Toute sa vie, Marie a été attentive au bien de ceux qu'elle a côtoyés. A Cana, c'est elle qui prévient Jésus : « *ils n'ont plus de vin* ». C'est aussi parce qu'elle est pleine d'amour que Marie a accepté de prendre pour fils Jean au pied de la croix, et chacun d'entre nous au moment de notre baptême.

Frères et sœurs, avec la Vierge Marie, *exaltons le Seigneur et exultons en Dieu notre Sauveur*. Rendons-Lui grâce de nous avoir donné sa Mère. En la prenant pour modèle et en nous confiant à son intercession, nous serons fortifiés dans les épreuves de la vie et nous grandirons dans l'amour de Dieu et de notre prochain, dans l'Espérance de la rejoindre un jour dans le Ciel. AMEN.

Croix glorieuse (14 septembre) : Quand j'aurai été élevé de terre, j'attirerai à moi tous les hommes

Si vous êtes allés à Rome et si vous y avez visité les catacombes, frères et sœurs, vous avez pu y admirer les fresques magnifiques, qui représentent les martyrs des premiers siècles, mais aussi le Christ, souvent sous la forme d'un poisson ou d'un jeune berger. Mais vous n'avez pas pu le voir sur la Croix. Pourquoi ? Parce que les chrétiens des premiers siècles n'osent pas représenter le Roi de l'univers sur cet instrument de supplice. Ce n'est qu'au VIème siècle que l'on voit apparaître le Christ en Croix, comme un signe de salut. Progressivement, les croyants ont compris que le Christ est bien le Roi de l'univers, et que la Croix est son trône, sur laquelle resplendit sa gloire. **La Croix nous révèle 3 « facettes » de Dieu** : d'abord **son humilité**, ensuite **son amour**, enfin **sa générosité, si grande qu'Il nous appelle à Lui ressembler et à partager sa vie divine.** Nous méditerons sur chacune de ces facettes en les mettant en contraste avec les dieux grecs, que nos ancêtres avaient conçus à leur ressemblance, d'une manière analogue à celle des autres civilisations, même si ce fut avec des noms et avec des histoires différentes.

Premièrement, **la Croix révèle l'humilité de Dieu**. Chez les Grecs, les dieux sont sur le Mont Olympe, bien au-dessus des hommes, et ils sont jaloux de leurs prérogatives, à tel point qu'il y a eu un combat terrible entre eux et les titans, leurs ancêtres qui ne voulaient pas perdre leur pouvoir. Au contraire, nous a dit saint Paul, « *le Christ Jésus, lui qui est de condition divine n'a pas considéré comme une proie à saisir d'être l'égal de Dieu. Mais il s'est dépouillé, prenant la condition de serviteur, devenant semblable aux hommes, et, reconnu à son aspect comme un homme, il s'est abaissé, devenant obéissant jusqu'à la mort, à la mort sur une croix* ». (2ème lect.)

Le Fils de Dieu s'est abaissé d'abord en s'incarnant, i.e. en « descendant du ciel », puis en acceptant de mourir sur une croix, le sort réservé aux pires des criminels. « *C'est pourquoi* », ajoute saint Paul, « *Dieu l'a élevé au-dessus de tout ; il lui a conféré le Nom qui surpasse tous les noms, afin qu'au Nom de Jésus, aux cieux, sur terre et dans l'abîme, tout être vivant tombe à genoux, et que toute langue proclame : "Jésus Christ est le Seigneur", pour la gloire de Dieu le Père.* » On pouvait avoir peur de Zeus brandissant son sceptre en forme de l'éclair, mais comment craindre un Dieu qui s'est fait si petit qu'il a partagé la faiblesse des nourrissons, et celles des crucifiés ?

Deuxièmement, **la Croix révèle l'Amour de Dieu**. Chez les Grecs, les dieux aimaient certains hommes, et en haïssaient d'autres, d'où la guerre de Troie, qui fut d'autant plus terrible que certains dieux avaient pris parti pour les Hellènes, et d'autres pour les Troyens... Il fallait à tout prix éviter la colère des dieux, et c'est pourquoi on leur offrait des sacrifices, jusqu'à ses propres enfants, comme le roi Agamemnon qui immola sa fille Iphigénie. Le Fils de Dieu sur la Croix, lui, non seulement ne s'est pas mis en colère, ne s'est pas vengé, mais il nous a même pardonnés. Saint Jean écrit : « *Dieu a tant aimé le monde qu'il a donné son Fils unique : ainsi tout homme qui croit en lui ne périra pas, mais il obtiendra la vie éternelle. Car Dieu a envoyé son Fils dans le monde, non pas pour juger le monde, mais pour que, par lui, le monde soit sauvé.* » (év.)

La souffrance est la mesure de l'Amour. Si je dis à une personne, « je t'aime », alors que je refuse de faire des sacrifices et de souffrir pour elle, c'est soit que je mens, soit que je suis dans l'illusion. Le mot Passion, qui en français signifie à la fois la souffrance et un grand amour, le met bien en lumière.

Enfin, **la Croix révèle la générosité de Dieu, qui nous appelle à partager sa vie**. Jésus avait dit : « *et moi, quand j'aurai été élevé de terre, j'attirerai à moi tous les hommes.* » (Jn 12,32) Non seulement nous n'avons pas à craindre Dieu, non seulement Il nous aime, mais Il nous appelle à lui ressembler. Notre contemplation du Christ sur la Croix n'est donc pas passive : elle nous pousse à nous offrir à notre tour. Dans la mythologie grecque, Prométhée fut très sévèrement châtié pour avoir tenté de voler le feu des dieux. Le Christ, au contraire, a dit : « *Je suis venu apporter un feu sur la terre, et comme je voudrais qu'il soit déjà allumé !* » (Lc 12,49) Ce feu, c'est celui de l'amour divin, qui a été allumé avec l'arbre de la croix. Si nous nous laissons embraser par lui, il nous purifie, il nous fonde comme l'or au creuset, il nous divinise...

Le Seigneur ne nous sauve pas d'une façon magique, il nous sauve par la Foi, « *qui opère par la charité* » (Ga 5,6). C'est pourquoi Jésus a dit : « *De même que le serpent de bronze fut élevé par Moïse dans le désert, ainsi faut-il que le Fils de l'homme soit élevé, afin que tout homme qui croit obtienne par lui la vie éternelle.* » Il fait référence à un évènement qui survint dans le désert, pendant l'exode. Tous ceux qui avaient été mordus par les serpents venimeux, s'ils regardaient vers le serpent érigé par Moïse au sommet d'un mat, étaient guéris. Ce qui les sauvait, ce n'était pas le serpent lui-même (même s'il était vénéré comme un dieu guérisseur dans certaines civilisations, comme chez les Grecs encore une fois, avec pour nom Esculape), c'était la Foi en Yahweh et en son serviteur Moïse. Pour être sauvés de la morsure du péché et divinisés nous-mêmes, il ne suffit donc pas que Dieu se soit fait tout petit et nous ait aimés jusqu'à la mort, il faut aussi que nous nous engagions par notre Foi.

Ainsi, la Croix du Christ est bien glorieuse. Dans le monde, on acquière de la gloire lorsqu'on réalise des exploits : César et Napoléon s'en sont couverts par leurs victoires sur les champs de batailles, et Teddy Riner par ses victoires sur le tatami. La gloire de Jésus ne vient pas d'une victoire de ce type, mais d'une apparente défaite... Pourtant, le troisième jour après sa mise au tombeau, sa résurrection a été la plus belle des victoires, celle de l'amour sur la haine et de la vie sur la mort, et il règne maintenant dans le Ciel auprès de celui qui l'avait envoyé. Alors, frères et sœurs, **sachons contempler le crucifié, et reconnaissons à travers lui Celui qui s'est fait tout petit, Celui qui nous aime d'un amour sans limite, et Celui qui nous appelle à lui ressembler en acceptant nos propres croix**. Rappelons-nous l'évangile d'il y a deux dimanches : « *Si quelqu'un veut marcher derrière moi, qu'il renonce à lui-même, qu'il prenne sa croix et qu'il me suive.* » (Mt 16, 24) Jésus dit : « sa croix », et non « ma croix » ou « la croix », parce que ce que nous sommes tous éprouvés de façons différentes, en fonction de nos histoires et de nos caractères. Mais quelles que soient nos croix, elles nous font peur. De par notre nature blessée, nous avons peur de nous abaisser, pour ne pas être jugé et méprisé ; nous avons peur d'aimer, pour ne pas devoir souffrir ; nous avons peur d'accepter les croix, pour ne pas mourir. Mais le Christ a dit : « *qui s'abaissera sera élevé* » (Mt 23,12) ; « *Donnez, et vous recevrez* » (Lc 6,38) ; et enfin : « *Qui veut garder sa vie pour soi la perdra ; qui perdra sa vie à cause de moi la gardera.* » (Mt 10,39) Alors, **n'ayons pas peur de nous abaisser, de donner beaucoup d'amour et d'accepter les croix qui nous sont données. Pour nous aussi, elles peuvent être glorieuses.** Cette semaine, prenons le temps de contempler les crucifix et, si ce n'est pas déjà fait, installons-en dans chacune de nos maisons !

Sainte Thérèse (1ᵉʳ octobre) : Si vous ne changez pas pour devenir comme les enfants

Frères et sœurs, **voulons-nous entrer dans le Royaume des cieux ?** Si oui, le Christ vient de nous révéler le secret pour y entrer : « *Si vous ne changez pas pour devenir comme les enfants, vous n'entrerez pas dans le royaume des Cieux* ». Devenir comme les enfants, c'est le chemin que sainte Thérèse a emprunté, et qu'elle a appelé sa « petite voie ». Avant même d'entrer au carmel, elle désirait être appelée Thérèse de l'Enfant Jésus et elle fut profondément heureuse lorsque la supérieure, après son entrée, décida de lui donner ce nom. Qu'est-ce qui caractérise les enfants ? **D'abord l'abandon dans la confiance, ensuite la force de l'espérance, enfin la tendresse de l'amour.**

Pour commencer, **le petit enfant sait s'abandonner dans la confiance**. Il se sait totalement dépendant de ses parents. Sans la confiance, il ne pourrait pas grandir, parce qu'il ne pourrait pas s'ouvrir pour accueillir tout ce que le Seigneur veut lui donner. Prenons l'exemple du sommeil : il est impossible de dormir si l'on n'a pas confiance. Les chasseurs qui passent la nuit dans la savane ne dorment que d'un œil, pour ne pas se laisser surprendre. Le petit enfant, lui, s'abandonne entre les bras de ses parents, et peut dormir en toute circonstance.

Le croyant est appelé à cette même confiance envers Dieu. Certes, celle-ci ne signifie pas naïveté. Jésus a dit à ses disciples : « *Voici que je vous envoie comme des brebis au milieu des loups. Soyez donc rusés comme les serpents, et candides comme les colombes.* » On apprend petit à petit aux enfants à se garder du mal, notamment à travers les contes. Il s'agit donc d'associer la vigilance et la confiance : vigilance envers celui « *qui peut faire périr dans la géhenne l'âme aussi bien que le corps* », confiance envers Celui pour lequel *nous valons bien plus que tous les moineaux du ciel, ces moineaux dont pas un seul ne tombe à terre sans que le Père le veuille* (Mt 10,16.28.29-31).

C'est fort de cette confiance que Thérèse a renoncé à tous ses biens, quittant la maison confortable des Buissonnets pour une cellule minuscule où elle disposait du strict minimum. Mais plus que la pauvreté matérielle, il lui a fallu supporter la pauvreté spirituelle, lorsque le Seigneur la priva de la jouissance de sa présence pendant les 18 derniers mois de sa vie. Elle écrit à propos de sa foi: « *ce n'est plus un voile pour moi, c'est un mur qui s'élève jusqu'aux cieux et couvre le firmament étoilé... Lorsque je chante le bonheur du ciel, l'éternelle possession de Dieu, je n'en ressens aucune joie, car je chante simplement ce que je veux croire [...] tout en n'ayant pas la jouissance de la Foi, je tâche au moins d'en faire les œuvres. Je crois avoir fait plus d'actes de foi depuis un an que pendant toute ma vie* » (MssC 6v°-7r°).

Deuxièmement, **le petit enfant vit dans l'espérance**. C'est elle qui lui donne la force de supporter les épreuves qu'il rencontre. C'est parce que le petit garçon veut devenir pompier ou policier comme son papa, et la petit fille maîtresse comme sa maman, qu'ils vont apprendre petit à petit à dominer leurs douleurs et à ne plus pleurer.

Le croyant est appelé également à l'Espérance de ce qui nous attend au Ciel, qui est justement le Royaume des cieux évoqué par Jésus. Cette Espérance est un moteur tellement important que, selon saint Thomas d'Aquin, « *le désespoir est le plus grave de tous les péchés* » (IIa IIae q.20 a.3). A Césarée de Philippes, Pierre avait été capable de professer une foi déjà bien éclairée à Jésus, « *tu es le Christ* » (Mt 16,16), mais son Espérance n'était pas encore assez forte pour supporter la perspective de la Passion à venir, que Jésus avait annoncée ensuite pour la 1ère fois.

Thérèse était habitée d'une immense Espérance, tellement que toute petite encore, elle avait dit à sa maman : « *je voudrais que tu meures pour aller tout de suite au ciel* ». Comme saint Paul, elle voulait entrer dans la gloire de Dieu. Mais comme lui aussi, elle savait que nous sommes « *héritiers de Dieu, héritiers avec le Christ, si du moins nous souffrons avec lui pour être avec lui dans la gloire* » (2° lect.) Elle a été associée à la Passion du Christ, à la fois physiquement (sa tuberculose l'a fit terriblement souffrir) et spirituellement, en particulier lorsque son papa perdit peu à peu la raison. N'oublions pas que son nom complet est « Thérèse de l'Enfant Jésus et de la Sainte Face ». Elle dit à mère Agnès, peu avant de mourir : « *Je me fais une si haute idée du Ciel, que, parfois, je me demande comment, à ma mort, le bon Dieu fera pour me surprendre. Mon espérance est si grande, elle m'est un tel sujet de joie, non par le sentiment, mais par la foi, qu'il me faudra quelque chose au-dessus de toutes pensées, pour me satisfaire pleinement. [...] Mais rien que de voir le bon Dieu heureux, cela suffira pleinement à mon bonheur ».*

Enfin, **le petit enfant aime les autres avec beaucoup de tendresse**, d'abord ses parents qui lui prodiguent tant de câlins, puis les amis qu'il va rencontrer ensuite. De même, le croyant est appelé à aimer, c'est même le 1er commandement : « *Tu aimeras le Seigneur ton Dieu de tout ton cœur, de toute ton âme et de tout ton esprit... Tu aimeras ton prochain comme toi-même»* (Mt 22,37.39) Et le prochain, comme Jésus l'a enseigné, c'est celui qui est blessé au bord de la route, et dont je me fais proche. Aimer de cette façon, ce n'est possible que grâce à l'Esprit Saint, qui nous donne sa force.

C'est grâce à cet Esprit que Thérèse aima les autres. Elle aima non seulement ses parents et ses sœurs, mais aussi les personnes avec lesquelles elle ne ressentait aucune affinité. Un an avant de mourir, elle découvrit que sa véritable vocation, c'était l'amour : « *Je compris que si l'Eglise avait un corps, composé de différents membres, le plus nécessaire, le plus noble de tous ne lui manquait pas, je compris que l'Église avait un Cœur, et que ce Cœur était BRULANT d'AMOUR [...] Je me suis écriée : O Jésus, mon Amour... ma vocation, enfin je l'ai trouvée, MA VOCATION, C'EST L'AMOUR !... dans le Cœur de l'Eglise, ma Mère, je serai l'AMOUR... »* Thérèse sut aimer en actes et en vérité. Ce fut le cas notamment d'une carmélite, qu'elle parvint si bien à aimer malgré le mouvement spontané qui l'éloignait d'elle, que cette religieuse lui demanda un jour pourquoi elle était si bonne avec elle. Ou encore d'une autre carmélite âgée, qu'elle servait avec délicatesse malgré les continuelles remontrances qu'elle en recevait.

Ainsi, frères et sœurs, **notre sainte patronne est devenue comme une enfant. Paradoxalement, elle y est parvenue en sortant de l'enfance**, la nuit de Noël 1886, lorsqu'elle vainquit son hyper sensibilité qui la poussait à pleurer sans cesse, pour se montrer heureuse en toute circonstance. L'esprit d'enfance n'est pas synonyme de puérilité, il demande au contraire une grande force intérieure afin de pouvoir s'abandonner dans la confiance et la vigilance, espérer dans les épreuves, et aimer Dieu et notre prochain. Demandons à saints Louis et Zélie de nous aider à suivre la petite voie que leur fille nous a indiquée, celle qui nous mènera jusqu'au Royaume des Cieux. AMEN.

Toussaint (1ᵉʳ novembre) : Qui nous fera voir le bonheur ?

« **Qui nous fera voir le bonheur** » ? Cette question relayée par le psaume 4, frères et sœurs, nous nous la posons tous. Chacun d'entre nous recherche le bonheur, comme tous les êtres humains. Mais nous savons par expérience que ce but n'est pas facile à atteindre. Parfois, nous avons peut-être même éprouvé un sentiment de malheur tel que nous nous sommes demandés si le bonheur était possible. Saint Thomas d'Aquin estime que le désespoir est le plus grave de tous les péchés, parce qu'il fait de nous des morts-vivants, il nous empêche d'avancer. Avançons donc, d'accord , mais dans quelle direction ? Notre société nous répond : le bonheur consiste à posséder beaucoup d'argent pour pouvoir consommer et du pouvoir pour ne dépendre de personne, et à prendre autant de plaisir que possible afin de ne pas éprouver la souffrance et la solitude. Ces réponses-là sont attrayantes, comme les voix des sirènes qu'entendit Ulysse pendant son voyage vers Ithaque, mais elles sont illusoires, elles ne conduisent pas au véritable bonheur. La preuve, c'est qu'il y a plus de personnes déprimées dans nos sociétés occidentales que dans les pays les plus pauvres, où les gens se contentent de peu. Écoutons donc une autre réponse, celle du Christ qui nous dit aujourd'hui : « *heureux* » plutôt les pauvres de cœur, les doux, les affligés, les affamés et assoiffés de justice, les miséricordieux, les cœurs purs, les artisans de paix, et même les persécutés pour la justice ou pour lui. Cet appel du Christ peut d'une part nous surprendre voire nous rebuter, tant les comportements qu'il dépeint nous semblent loin du bonheur tel que nous le concevons spontanément. D'autre part, il peut nous sembler quasi inaccessible, si nous prenons conscience de l'héroïsme qu'il demande. Ces deux types de réactions sont normales, c'est pourquoi nous allons essayer de lever les barrières qui leurs correspondent dans nos cœurs. Pour nous y aider, nous ferons appel non seulement au Christ, qui a vécu parfaitement chacune de ces béatitudes, à tel point qu'elles constituent le meilleur portrait que l'on puisse dresser de lui, mais aussi des saints, que nous fêtons aujourd'hui. Saint Jean nous dit dans l'Apocalypse – qui signifie « révélation » - qu'ils sont 144.000 (12X12X1000), un chiffre symbolique d'une multitude innombrable. Les saints ne sont pas seulement ceux inscrits au calendrier, sur lesquels les hagiographes ont écrit, mais aussi les personnes de nos familles, de nos paroisses... qui jouissent déjà de la vision béatifique, du bonheur de vivre dans la gloire de Dieu. **Qu'est-ce qu'un saint ?** Ce n'est pas quelqu'un qui a forcément réalisé des actions extraordinaires, comme les héros : c'est quelqu'un qui s'est efforcé de tout réaliser, même les actions les plus ordinaires, avec un amour extraordinaire. Il met en pratique le premier de tous les commandements : « *Tu aimeras le Seigneur ton Dieu de tout ton cœur, de toute ton âme et de toute ta force* » (Dt 6, 5) et le second qui lui est semblable : « *Tu aimeras ton prochain comme toi-même* » (Lv 19,18). D'où tire-t-il sa force pour aimer ainsi ? Du Seigneur Lui-même. Il a pris conscience de cette vérité exprimée par saint Jean : « *Bien-aimés, voyez comme il est grand l'amour dont le Père* nous a comblés : il a voulu que nous soyons appelés enfants de Dieu – et nous le sommes » (2ème lect.) **Le saint est donc avant tout celui qui se sait tellement aimé de Dieu, qu'il est capable de l'aimer en retour, d'aimer son prochain, et de s'aimer soi-même.**

Avant tout, le saint aime le Seigneur. « *Dieu premier servi* », disait Jeanne d'Arc. Son âme est comme la bien-aimée du Cantique des Cantiques, sans cesse à la recherche de son bien-aimé. Son désir a été résumé par sainte Thérèse d'Avila : « *je veux voir Dieu* ». Ce désir le transforme : « *Nous le savons : lorsque le Fils de Dieu paraîtra, nous serons semblables à lui parce que nous le verrons tel qu'il est. Et tout homme qui fonde sur lui une telle espérance se rend pur comme lui-même est pur.* » (2ème lect.)

Le saint aime passionnément, non seulement Dieu mais aussi son prochain, dans lequel il voit Dieu lui-même (cf Mt 25,40). Le prochain, c'est particulièrement le pauvre. Pauvre matériellement, comme ceux à qui saint Vincent de Paul consacra sa vie. Mais aussi pauvre en santé, comme en témoigne Camille de Lellis qui s'agenouillait devant les malades en se confessant à eux. Pauvre en amour de Dieu, comme le ressentait François d'Assise qui gémissait dans les villes : « *l'Amour n'est pas aimé, l'Amour n'est pas aimé* » ! Pauvre en amour de l'autre, et cet autre peut-être moi-même, lorsque je suis mal aimé ou haï. Sainte Catherine de Sienne l'avait bien compris, elle à qui le Seigneur déclara un jour : « *Non seulement la vertu s'affermit en ceux qui rendent le bien pour le mal, mais, je te le dis, souventes fois l'épreuve* *fait d'eux des charbons ardents, tout brûlants du feu de la charité dont la flamme consume la haine et les ressentiments jusque dans le cœur et l'esprit du méchant irrité, transformant ainsi l'inimitié en bienveillance »* (Dialogue 8).

Enfin, le saint s'aime aussi lui-même, car il a conscience de son poids d'amour. Ainsi, la Vierge Marie s'écrie devant Elizabeth : *« Le Seigneur s'est penché sur son humble servante ; désormais tous les âges me diront bienheureuse. Le Puissant fit pour moi des merveilles ; Saint est son nom ! »* (Lc 1,48-49) Et la petite Thérèse s'écrie avant de mourir : *« Ah! je le sais bien, tout le monde m'aimera... »* (carnet jaune 801,2).

Ainsi, frères et sœurs, **les saints ont mené des vies pas forcément héroïques extérieurement, mais en vivant l'ordinaire avec un amour extraordinaire.** Leur héroïsme est avant tout intérieur : même dans les situations les plus difficiles, ils ont préféré l'amour à la haine, le pardon à la vengeance, l'humilité à la vaine gloire. C'est pourquoi, dans le procès de ceux que l'Église a voulu nous donner en exemple, la première étape a consisté dans la reconnaissance de l'héroïcité de leurs vertus... Comme l'écrit saint Jean, tous *« viennent de la grande épreuve ; ils ont lavé leurs vêtements, ils les ont purifiés dans le sang de l'Agneau. »* (1ère lect.) En agissant ainsi, ils ont goûté le vrai bonheur. Le Christ lui-même est l'homme bienheureux par excellence, même sur la croix, surtout sur la croix, où il manifeste l'infini de son

Amour. C'est pourquoi certains crucifix, comme celui de Javier en Espagne, le représentent avec un profond sourire... Jésus n'avait-il pas déclaré : « *Je dois recevoir un baptême, et comme il m'en coûte d'attendre qu'il soit accompli* » (Lc 12, 50) ? Mais les saints témoignent eux aussi de leur bonheur. Ainsi, Dominique était toujours joyeux avec ses frères, et François d'Assise paraissait parfois ivre de joie. Son amie Claire, avant de mourir, s'écria : « *Bénis sois-Tu, Seigneur, de m'avoir créée* ». De même, la petite Thérèse écrit, après avoir raconté sa conversion de la nuit de Noël 1886 : « *Je sentis la charité entrer dans mon cœur, le besoin de m'oublier pour faire plaisir et depuis lors je fus heureuse!...* » (MsA 45). Puisque nous aussi voulons être heureux, frères et sœurs, laissons-nous aider par les saints, qui ne demandent que cela. Comment ? D'abord, ils sont pour nous des frères et sœurs que nous pouvons prier d'intercéder pour nous. Thérèse de Lisieux, par exemple, n'a-t-elle pas promis qu'elle passerait son ciel à faire du bien sur la terre ? Ensuite, ils sont pour nous des modèles. Non des modèles statiques qu'il nous faudrait imiter bêtement, car chacun a mené une vie originale, et chacun d'entre nous doit également trouver son chemin vers le ciel, qui ne peut être qu'unique... **Durant les mois qui viennent, ne nous contentons pas de lire la Bible, même si cela est bon et nécessaire, mais méditons aussi sur des vies de saints**, nos frères et sœurs et nos véritables héros. AMEN.

Fidèles défunts (2 novembre) : Celui qui écoute ma parole est déjà passé de la mort à la vie

C'est parce qu'elle a voulu à tout prix enterrer son frère Polynice, malgré l'interdiction du roi Créon, qu'Antigone a été condamnée à mort. Le soin donné aux morts, frères et sœurs, est considéré par les paléontologues comme un des signes de l'humanité. Dans toutes les civilisations, on rend un culte aux morts. Alors, qu'est-ce qui nous différencie, nous chrétiens ? **Comment prions-nous pour nos défunts ? D'abord en rendant grâce à Dieu pour eux ; d'autre part en intercédant pour eux; enfin en nous convertissant.**

Une première tonalité de la prière pour les défunts est l'action de grâce : pour ce qu'ils ont été, et pour ce qu'ils sont maintenant. Il est bon d'abord de se souvenir de leur vie passée, non pour cultiver la mélancolie, mais pour les remercier – et remercier le Seigneur en même temps – de ce qu'ils ont été, de ce qu'ils ont fait de bon, de beau, de vrai. Il ne s'agit pas de les canoniser, mais de reconnaître ce qui dans leur vie a revêtu une dimension d'éternité : leur amour pour les personnes - leur conjoint, leurs enfants, leurs proches... - quelques-unes de leurs œuvres, de leurs paroles... Nos souvenirs peuvent nous y aider, mais ils sont parfois trop lointains ou inexistants, car nous ne les avons pas toujours connus nous-mêmes. C'est là que les grands parents jouent un rôle crucial, car ils peuvent transmettre un savoir que personne d'autre ne possède. Autrefois, c'est autour de la cheminée ou d'un arbre du jardin que cette transmission se réalisait. Aujourd'hui où les générations vivent bien souvent séparées, la transmission est plus difficile, mais les parents peuvent eux aussi transmettre leurs connaissances. La connaissance de nos défunts peut faire naître chez nous de nouvelles aspirations, comme chez le capitaine Haddock qui se mit à l'escrime dans son appartement après avoir lu la vie de son ancêtre, le chevalier de Hadoque.

Nous rendons grâce à Dieu pour ce que nos défunts ont vécu, mais aussi pour ce qu'ils vivent maintenant : ils sont sur « l'autre rivage », enfin à l'abri des tempêtes. La vie sur la terre nous offre de grandes joies, mais aussi beaucoup d'épreuves, car elle est un pèlerinage qui nous conduit jusqu'à Celui qui nous a créés. Notre but est donc au Ciel, où nous pourrons contempler le Beau, connaître toute la Vérité, ne plus accomplir que le Bien, et jouir de la Vie divine. Comment ne pas nous réjouir que ceux que nous aimons y soient parvenus ? Comment aussi ne pas espérer le jour où nous pourrons les y rejoindre auprès du Seigneur ?

Notre action de grâce, cependant, est accompagnée d'intercessions, car nous ne savons pas si leur transformation s'est déjà totalement réalisée ou non. Hier, nous avons célébré tous les saints du ciel, connus et inconnus, tellement nombreux que saint Jean nous a parlé d'une *« foule innombrable, que nul ne peut compter »* (Ap 7,9). Le livre de la Sagesse nous dit d'eux : *« ce qu'ils ont eu à souffrir était* *peu de chose auprès du bonheur dont ils seront comblés. Comme l'or au creuset, Dieu les a mis à l'épreuve, et les a reconnus dignes de lui »* (1ère lect.)Ils ont été purifiés de toutes les scories du péché. Nous espérons très fort que c'est le cas de nos défunts, mais Dieu seul le sait. Au moment de leur mort, ils ont été jugés (l'Église parle du « jugement particulier »). La question n'est pas de savoir s'ils avaient fait le bien ou le mal, car la réponse est clairement « les deux », comme pour chacun d'entre nous, la question est de savoir s'ils s'étaient pleinement convertis. Si ce n'était pas le cas, ne désespérons pas : dans sa miséricorde infinie, le Seigneur offre à tous de pouvoir revêtir le vêtement de noces, celui que la parabole d'il y a quelques dimanches évoquait. A moins de décider de se couper radicalement de Dieu (c'est ce qu'on appelle l'enfer, qui évoque l'enfermement de l'homme sans Dieu), le purgatoire constitue une «seconde chance » pour les défunts qui n'étaient pas parfaitement purifiés au moment de leur mort. Mais si le purgatoire est source d'une joie immense, celle d'être purifié petit à petit par le feu de l'amour de Dieu, et de le voir de mieux en mieux, il est aussi source d'une immense souffrance, celle de ne pas pouvoir le voir encore parfaitement à cause du péché qui a rendu l'âme imparfaite, comme la rouille qui recouvre un objet l'empêche de recevoir pleinement les rayons du soleil. C'est pourquoi les âmes du purgatoire ont besoin de nos prières. Et si les défunts pour lesquels nous prions sont au Paradis, nos prières serviront mystérieusement à d'autres, qui en ont besoin.

Certains défunts ont encore à se laisser purifier, mais nous aussi ! Saint Paul écrit aux Romains : *« Nous le savons : l'homme ancien qui est en nous a été fixé à la croix avec lui pour que cet être de péché soit réduit à l'impuissance, et qu'ainsi nous ne soyons plus esclaves du péché. »* (2ème lect.) Voilà le don de Dieu... mais sommes-nous bien sûrs d'en vivre pleinement ? *L'homme ancien* est-il bien mort en nous ? Un jour, à notre tour, nous mourrons, et au moment de rejoindre Dieu et ceux qui nous ont précédés, nous serons jugés : *« l'heure vient où tous ceux qui sont dans les tombeaux vont entendre sa voix, et ils sortiront : ceux qui ont fait le bien, ressuscitant pour entrer dans la vie ; ceux qui ont fait le mal, ressuscitant pour être jugés. »* (év.) Chaque année, le mois de novembre, après avoir débuté par la Toussaint et la prière pour les défunts, et avant la célébration du Christ Roi pour conclure l'année liturgique, nous replace devant la perspective des fins dernières, qui incluent notre mort et notre jugement. Cette perspective ne doit pas nous faire peur, mais nous inciter à la conversion. Certes, nous pouvons compter sur le purgatoire, mais autant réussir notre examen sans devoir passer par l'oral de rattrapage ! Nous serons plus vite en vacances ! Prenons un exemple : pour celui qui n'a jamais donné, le moindre don est un véritable Himalaya à gravir. Mais pour celui qui a déjà tout donné dans son cœur, c'est à la fois facile et source de joie... Comme disait la petite Thérèse, *« aimer, c'est tout donner et se donner soi-même »* et aussi : *« celui qui n'a pas tout donné n'a rien donné »*. Alors, convertissons-nous, pour ne pas craindre le jugement. Jésus nous a dit, de manière solennelle : *« Amen, amen, je* *vous le dis : celui qui écoute ma parole et croit au Père qui m'a envoyé, celui-là obtient la vie éternelle et il échappe au Jugement, car il est déjà passé de la mort à la vie. »* (év.) Alors, écoutons sa Parole !

Ainsi, frères et sœurs, **nous sommes invités à prier pour les défunts dans un esprit d'action de grâce à la fois pour ce qu'ils ont été, et pour ce qu'ils sont maintenant; d'intercession pour les aider à se débarrasser totalement de l'homme ancien qui était en eux ; et de conversion, pour nous en débarrasser nous-mêmes dès ici-bas.** Alors, n'hésitons pas à demander aux défunts leur aide, car eux aussi peuvent prier pour nous ! Et écoutons celui par qui nous pouvons passer de la mort à la vie, parce que lui seul peut nous montrer le chemin !

Dédicace du Latran (9 novembre) : Nous sommes le Temple de Dieu [33]

Frères et sœurs, **avons-nous conscience d'être des temples ?** Pour répondre à cette question, il nous faut d'abord comprendre à quoi sert un temple. Partons de l'évangile, où Jésus chasse les marchands et les changeurs du Temple de Jérusalem. Cet évènement a tant marqué ses contemporains qu'il est un des seuls à avoir été relaté par les quatre évangiles. Jésus ne reproche pas aux marchands d'être dans le Temple : ils en avaient le droit, et leur présence était même nécessaire pour que les fidèles puissent changer leur monnaie (celle de l'empereur était impropre aux actes de culte) et acheter des animaux pour les sacrifices. Ce qu'il leur reproche, c'est leur cupidité, qui leur a fait perdre de vue la raison de leur présence : au lieu de servir Dieu, ils cherchent à s'enrichir. Ils ont fait de la maison de Dieu une *« maison de trafic »*. Or, à quoi devrait servir le Temple ? Premièrement, à adorer Dieu ; deuxièmement, à Lui offrir des sacrifices ; troisièmement, à transformer la vie des fidèles. Voyons

---

[33] *La basilique du Latran est la cathédrale du Pape. Construite vers 320 par l'empereur Constantin, elle est la première en date et en dignité de toutes les églises d'Occident. La fête de sa dédicace nous rappelle que le ministère du Pape, successeur de Pierre, est de constituer pour le peuple de Dieu le principe et le fondement visible de son unité. Elle nous porte à rendre grâce pour le Pape et pour son ministère d'unité, pour toutes nos églises, qui ont été construites au long des siècles par nos pères dans la foi, et pour nous-mêmes, qui sommes « le temple de Dieu » (2e lect.) par notre baptême (introduction de la célébration).*

comment nous pouvons être des temples en ce triple sens, qui correspond à notre relation à Dieu qui est Père, Fils et Esprit.

Premièrement, **un temple sert à adorer Dieu**. Pour les Juifs, le Temple de Jérusalem est le lieu de la Présence divine, là où se manifeste sa Gloire, la shekinah. Après sa construction, lorsque Salomon le consacra, le Seigneur vint y demeurer sous l'apparence de la nuée (1R 8,11). Et son projet, c'était que le Temple soit appelé « *Maison de prière pour tous les peuples* » (Is 56,7). Il en sortit cependant quelques siècles plus tard, au moment où le péché d'Israël avait atteint son comble (Ez 10). Le Seigneur ne peut pas cohabiter avec le péché. Après le retour d'exil, le Temple a été reconstruit (vers 520 av. JC), puis agrandi et embelli sous le roi Hérode, ce qui fait que Jésus se trouve dans la cour d'un temple magnifique. Mais cette beauté extérieure ne peut cacher à ses yeux la laideur des cœurs esclaves du péché. C'est ce qui explique la force de la réaction de Jésus devant les marchands et les changeurs.

Nous-mêmes n'avons plus à adorer Dieu dans un temple de pierres. Même si nous continuons de le faire dans les églises, nous savons qu'au fond, « *Dieu est esprit, et ceux qui l'adorent, c'est en esprit et vérité qu'ils doivent l'adorer.* » (Jn 4,24) Mais cela n'est possible que si nos cœurs ne sont pas eux aussi des maisons de trafic ! Lorsque nous prions, et plus largement dans toutes nos activités, est-ce bien Dieu qui est au cœur de nos désirs, de nos pensées ? N'oublions pas la 7ème béatitude, que nous avons réentendue il y a 8 jours : « *Heureux les cœurs purs : ils verront Dieu !* » (Mt 5,8)

Deuxièmement, **le Temple sert à offrir des sacrifices**. A chaque grande fête, les Juifs devaient se rendre à Jérusalem pour offrir à Dieu un agneau, ou deux petites colombes, selon leurs richesses. Pourquoi des sacrifices ? Pour exprimer et accroître l'amour pour Dieu : lorsqu'on aime quelqu'un, on souhaite le lui prouver autrement que par de simples mots, « *par des actes et en vérité* » (1 Jn 3,18) C'est pourquoi les hommes offraient à Dieu ce qui leur était le plus précieux, des animaux et même des hommes dans certaines civilisations et en Israël à certaines époques. Mais le Seigneur a révélé que ce genre de sacrifice ne lui plaisait pas : « *c'est l'amour qui me plaît et non les sacrifices, la connaissance de Dieu plutôt que les holocaustes.* » (Os 6,6) Et encore : « *Vais-je manger la chair des taureaux et boire le sang des béliers ? Offre à Dieu le sacrifice d'action de grâce, accomplis tes vœux envers le Très-Haut.* » (Ps 50,12-14) Et le prophète Zacharie avait annoncé : « *Il n'y aura plus de marchand dans la maison de Dieu Sabaot, en ce jour-là* » (Za 14,21)

Ce jour-là est arrivé avec le Christ. Avec lui, il n'y a plus d'animaux à offrir, car c'est lui-même qui va s'offrir librement pour notre salut. Il est à la fois la victime, mais aussi celui qui l'agrée (c'est-à-dire Dieu) et le Temple lui-même : « *Détruisez ce Temple, et en trois jours je le relèverai.* » Le pronom personnel « *je* » manifeste la divinité de Jésus, capable de vaincre la mort. Les évangélistes soulignent que cet évènement a été un des déclencheurs de la mort de Jésus : au moment de son procès, c'est ce que les faux témoins ont utilisé comme argument contre lui (cf Mt 26,61). Ce sacrifice de Jésus, nous le rappelons dans chaque eucharistie : « *Regarde, Seigneur, le sacrifice de ton Église, et daigne y reconnaître celui de ton Fils qui nous a rétablis dans ton Alliance* » (PE n°3).

Et nous-mêmes, parce que nous sommes les membres de son corps, des pierres vivantes de son Église, nous sommes devenus temples avec lui. Et comme lui, nous sommes appelés à offrir nos vies en sacrifice : « *Je vous exhorte, mes frères, par la tendresse de Dieu, à lui offrir votre personne et votre vie en sacrifice saint, capable de plaire à Dieu : c'est là pour vous l'adoration véritable.* » (Rm 12, 1-2)

Troisièmement, **le Temple est destiné à transformer la vie des fidèles**. Adorer Dieu ne peut pas être sans effet. C'est dans le Temple, après avoir adoré le Seigneur au milieu des chérubins, qu'Isaïe a reçu sa vocation de témoin missionnaire (Is 6). Le Temple est ainsi destiné à être fécond, comme en témoigne le prophète Ezéchiel avec des images magnifiques : il en jaillit un torrent qui *assainit tout ce qu'il pénètre, même la mer Morte, et la vie apparaît en tout lieu où il arrive. Au bord du torrent, sur les deux rives, toutes sortes d'arbres fruitiers poussent. Leurs fruits sont une nourriture, et leurs* *feuilles un remède.* Et cette eau coule *à l'orient* de Jérusalem, c'est-à-dire dans le désert. Dans un temple « normal », où l'on offre des sacrifices, il sort plutôt de la fumée… Alors, qu'est-ce que cette eau ? Le prophète l'a dit un peu avant : *« Je verserai sur vous une eau pure, et vous serez purifiés. De toutes vos souillures, de toutes vos idoles je vous purifierai. »* Et il a ajouté : *« Je mettrai en vous mon esprit : alors vous suivrez mes lois, vous observerez mes commandements et vous y serez fidèles. »* (Ez 36, 25.27) L'eau qui donne la vie, c'est une des plus belles images de l'Esprit Saint, que nous avons reçu d'abord avec notre baptême puis avec notre confirmation, comme saint Paul vient de nous le rappeler : *« N'oubliez pas que vous êtes le temple de Dieu, et que l'Esprit de Dieu habite en vous »* (2ème lect.). Cet Esprit jaillit-il toujours en nous et autour de nous ? Jésus nous l'a promis : *« celui qui croit en moi, comme dit l'Écriture, des fleuves d'eau vive jailliront de son cœur. »* (Jn 7,38)

Quels sont les fruits produits par l'Esprit ? Saint Paul l'écrit aux Galates : *« amour, joie, paix, patience, bonté, bienveillance, foi, humilité et maîtrise de soi. »* (Ga 5,22-23) Que pouvons-nous offrir de plus savoureux à ceux qui nous entourent ?

Alors, frères et sœurs, **sommes-nous de véritables temples pour le Seigneur, ou sommes-nous des maisons de trafic ?** L'adorons-nous en esprit et en vérité, partout où nous sommes ? Lui offrons-nous nos vies en sacrifice ? Produisons-nous les fruits de l'Esprit énumérés par saint Paul ? Ne soyons pas comme Ugolin et son oncle Le Papet, qui avaient bouché la source de la ferme des Romarins par cupidité, pour empêcher Jean de Florette de produire ses fruits et ses légumes. Ressemblons plutôt à la petite Thérèse, qui s'est offerte en sacrifice à l'amour miséricordieux, et qui produit tant de roses qu'elle ne cesse de nous envoyer ! Cette semaine, **quel sacrifice vais-je offrir au Seigneur ? Pourquoi ne pas prendre un temps pour aller le visiter dans un de ses temples de pierre que sont nos églises ?** Nul doute que l'eau vive de l'Esprit jaillira alors de nos cœurs, pour le bien de nos frères !

Christ-Roi : Ma royauté ne vient pas de ce monde[34]

Frères et sœurs, que faisons-nous de notre pouvoir ? Chacun d'entre nous a du pouvoir : sur soi-même, sur la création, sur les autres… dans sa famille, dans son entreprise, dans la société … Même les enfants ont du pouvoir sur leurs petits frères et sœurs. En tant que chrétiens, nous avons reçu un pouvoir supplémentaires, puisque nous sommes devenus rois le jour de notre baptême. La royauté, par essence, signifie la possession d'un pouvoir sur les autres. Usons-nous de ce pouvoir pour le bien des autres, ou pour notre propre intérêt ? **Aujourd'hui, nous célébrons le Christ, roi de l'univers.** Si le Christ règne sur le monde, pourquoi laisse-t-il le mal le ravager ? Est-ce par faiblesse ou par manque d'amour qu'il laisse Satan, celui qu'il appelle dans l'évangile *le prince de ce monde*, maltraiter ses frères les hommes ? **Dans une première partie, nous verrons ce que la royauté du Christ est réellement,** ce qui nous permettra d'entrevoir pourquoi le mal perdure sur la terre. **Puis, dans un second temps, nous verrons comment nous pouvons agir avec le Christ pour collaborer à l'avènement de son Règne.**

---

[34] *Au commencement de l'année liturgique, nous étions invités à abaisser notre regard vers un Enfant déposé dans une mangeoire ; au terme du cycle, nous levons les yeux vers celui qui vient avec puissance, le Roi de gloire, le Seigneur des Seigneur, le Juge des vivants et des morts (au début de la célébration).*

Pour commencer, **voyons ce qu'est la Royauté du Christ**. L'Ange Gabriel avait annoncé à Marie : « *Il sera grand, il sera appelé Fils du Très-Haut ; le Seigneur Dieu lui donnera le trône de David son père ; il règnera pour toujours sur la maison de Jacob, et son règne n'aura pas de fin* » (Lc 1,32-33). Et Jésus lui-même, au tout début de sa mission, proclame : « *Le Royaume de Dieu est tout proche* » (Mt 4,17) Alors, le peuple, en l'écoutant annoncer la Bonne Nouvelle et en le voyant effectuer des miracles, décide après le plus éclatant de tous – la multiplication des pains - de hâter l'avènement de ce Royaume en faisant de Jésus son roi. Mais lui s'enfuit dans la montagne... Déjà dans le désert, lorsque Satan lui avait montré « *tous les royaumes de la terre avec leur gloire* » en lui disant : « *Tout cela, je te le donnerai, si tu te prosternes pour m'adorer* » (Mt 4,9), Jésus avait refusé la royauté. Sur la Croix, de même, Jésus est en butte à des tentations analogues à celles du désert : « *Si tu es le roi des Juifs, sauve-toi toi-même !* » ou encore : « *N'es-tu pas le Messie ? Sauve-toi toi-même, et nous avec !* » Par la bouche des soldats et des malfaiteurs, Satan tente Jésus comme au désert. Une fois de plus, cependant, il résiste. Oui, vraiment, sa royauté « *n'est pas de ce monde* » (Jn 18,36). Ainsi, c'est paradoxalement sur la croix que la royauté du Christ devient la plus éclatante. Les artistes du Moyen-âge l'avaient bien compris, eux qui aimaient représenter le Christ en croix avec une couronne royale sur la tête.

Pourquoi Jésus refuse-t-il de régner sur la terre ? Jésus donne deux raisons. D'abord, il dit à ses disciples : « *Vous le savez :*

les chefs des nations païennes commandent en maîtres, et les grands font sentir leur pouvoir. Parmi vous, il ne doit pas en être ainsi : celui qui veut devenir grand sera votre serviteur ; et celui qui veut être le premier sera votre esclave. Ainsi le Fils de l'homme n'est pas venu pour être servi, mais pour servir et donner sa vie en rançon pour la multitude »* (Mt 20, 25-28). Plus tard, lors de son procès, il explicite le sens de son service sur la terre. A Pilate qui lui demande : *« Alors, tu es roi ? »* Jésus répond : *« C'est toi qui dis que je suis roi. Je suis né, je suis venu dans le monde pour ceci : rendre témoignage à la vérité. »* (Jn 18,37) Quelle vérité ? Que **Dieu nous aime infiniment.** Le mot « témoignage », martyrios en grec, est très fort. Jésus a rendu témoignage à cette vérité en donnant sa vie. C'est donc par la force de la vérité et de l'amour que Jésus veut régner dans nos cœurs. S*a royauté « ne vient pas de ce monde »* (Jn 18,36) Elle ne lui vient pas d'un papa qui serait sur le trône, ou d'une foule qui voudrait le proclamer roi comme après la multiplication des pains, elle lui vient de son Père, à qui il remettra son pouvoir royal *« après avoir détruit toutes les puissances du mal »* (2° lect.). D'ici là, le Christ veut régner dans nos cœurs, car c'est là d'abord qu'il veut vaincre les puissances du mal.

Et nous, **voulons-nous collaborer à l'avènement du Règne de Dieu ?** D'ici le retour du Christ, **son règne va-t-il s'étendre, devenir de plus en plus puissant, ou va-t-il diminuer comme une peau de chagrin ?** La réponse dépend de nous. Le Christ nous le révèle dans la parabole que nous venons d'entendre. Faisant suite à celle de dimanche dernier qui concernait surtout les croyants, elle s'applique à tous les hommes, car tous ont une conscience. Sur quoi serons-nous jugés ? A la fois sur ce que nous aurons fait, et sur ce que nous n'aurons pas fait. Ainsi, il ne suffit pas d'éviter le mal, il faut aussi accomplir le bien : *« Amen, je vous le dis : chaque fois que vous ne l'avez pas fait à l'un de ces petits, à moi non plus vous ne l'avez pas fait. »* Cette parole doit nous faire réfléchir. Au début de chaque célébration eucharistique, nous disons : *« Je confesse à Dieu tout-puissant, je reconnais devant mes frères que j'ai péché : en pensées, en paroles, par actions et par omissions ».* Ce dernier mot est redoutable, car le bien est ouvert à l'infini. Souvenons-nous du mauvais riche : il n'est pas condamné pour avoir fait le mal, mais pour n'avoir pas soutenu le pauvre Lazare qui gisait à sa porte (Lc 16). Souvenons-nous aussi du 3ème serviteur de dimanche dernier : lui aussi est condamné, non pour avoir fait le mal, mais pour n'avoir pas fait fructifier ses talents (Mt 25).

Envers qui devons-nous exercer le bien ? Dans la Genèse, le Seigneur dit à Caïn : *« Où est ton frère Abel ? »* et Caïn répond : *« Je ne sais pas. Est-ce que je suis, moi, le gardien de mon frère ? »* (Gn 4,9) Oui, nous sommes gardiens les uns des autres, nous devons être bergers les uns des autres, comme le prophète Ezéchiel le proclame à propos de Dieu lui-même : *« La brebis perdue, je la chercherai ; l'égarée, je la ramènerai. Celle qui est blessée, je la panserai. Celle qui est malade, je lui rendrai des forces. Celle qui est grasse et vigoureuse, je la garderai, je la ferai paître selon le droit »* (1° lect.) Le Roi de l'univers nous appelle à le servir dans notre prochain, celui que nous rencontrons et qui a faim ou soif, qui est étranger ou nu, malade ou en prison... La parabole du bon samaritain nous avait déjà enseigné qui était notre prochain, mais il y a ici un élément nouveau : le Christ est présent en lui. Certains parlent du « *sacrement du frère* » : tout comme le Fils de Dieu est réellement présent dans l'Eucharistie, il l'est également dans chacun de ses frères, en particulier celui qui souffre[35].

Le prochain, c'est aussi nous-mêmes, car nous sommes appelés à exercer notre royauté d'abord sur nous-mêmes ! La maîtrise de soi, un des fruits de l'Esprit Saint (Ga 5,21), est l'un des aspects de notre royauté...

Finalement, frères et sœurs, le royaume de Dieu est présent parmi nous, mais en germe. Il faut en effet distinguer **deux étapes dans la royauté du Christ.** La première a commencé il y a 2000 ans, lorsque le Fils de Dieu s'est incarné et a donné sa vie pour nous. La seconde commencera au jour de son

---

[35] *C'est ainsi que celui qui emprisonnait ses disciples et les mettait en prison entendit cette parole, sur le chemin de Damas : « Saul, Saul, pourquoi me persécuter ? » (Ac 9,4) Saint Jean Chrysostome prit cette parole tellement au sérieux qu'il fustigea les chrétiens de Constantinople qui dépensaient beaucoup pour embellir les églises mais peu pour aider les pauvres : « voulez-vous honorer le Corps du Christ ? Ne le dédaignez pas lorsque vous le voyez couvert de haillons... Car le temple de ce frère est plus précieux que le temple de Dieu ». Et saint Martin, après avoir donné la moitié de son manteau à un pauvre d'Amiens, vit le Christ lui apparaître la nuit suivante et le remercier pour son geste.*

retour, lorsqu'il reviendra dans la gloire. La première étape était dans l'humilité, la seconde sera dans la gloire. Sa divinité était voilée, elle sera manifeste. Il était venu pour nous sauver, il reviendra pour nous juger. Son règne a donc déjà commencé, *il est au milieu de nous* (cf Lc 17,21), mais nous pouvons ne pas le voir. Lors de son retour, en revanche, qui ressemblera *à la tombée de l'éclair qui illumine l'horizon d'un bout à l'autre* (cf Lc 17,24), son règne sera établi définitivement, sans plus aucun mal ni aucune souffrance. D'ici là, chaque nous, **voulons-nous vraiment ce que nous demandons à chaque fois que nous récitons le Notre Père : « *que ton règne vienne* »** ? Usons-nous du pouvoir que nous avons pour servir notre prochain[36] ? Le Seigneur souhaite accueillir tous les hommes dans son Royaume, qui a été préparé pour nous *depuis la création du monde. Le feu éternel* n'a été préparé que *pour le démon et ses anges*, mais le Seigneur nous laisse libres d'y aller. L'enfer évoque l'enfermement de ceux qui refusent de sortir d'eux-mêmes, et qui sont prisonniers de leur égoïsme[37]... Cette semaine,

---

[36] N'oublions jamais qu' « au soir de notre vie, nous serons jugés sur l'amour » (S. Jean de la croix).
[37] Cf *L'enfer et le paradis* (Conte chinois)
Un vieux sage chinois reçut un jour la faveur de visiter le ciel et l'enfer. En enfer, il vit des hommes et des femmes blêmes, décharnés, assis autour d'un plat de riz énorme et appétissant. Ils mourraient tous de faim car ils n'avaient pour manger que des baguettes démesurées, longues comme des rames de sampang. Effrayé, le sage s'enfuit au paradis. Là, il vit des hommes et des femmes assis autour d'un plat de riz tout semblable au premier.

saisissons les occasions qui nous sont données pour exercer servir notre prochain, et préparons ainsi l'avènement définitif du Règne du Christ !

Mais ils étaient heureux, épanouis et resplendissants de santé. Pourtant, ils avaient également des baguettes longues comme des rames de sampang mais chacun, avec ses baguettes immenses, donnait à manger à son vis-à-vis.

Saint Pierre et Saint Paul (29 juin) : les colonnes de l'Eglise

Frères et sœurs, si vous êtes allés à Rome, vous avez pu constater que dans toutes les grandes basiliques, saint Pierre et saint Paul ne sont pas loin l'un de l'autre. C'est le cas notamment sur la place Saint Pierre, où ils nous accueillent de part et d'autre. **Pourquoi associer ces deux Apôtres, pourtant si différents l'un de l'autre ?** Simon était un pécheur de Galilée, sans instruction. Saul était un Pharisien de la diaspora (de Tarse en Silicie), formé par l'un des rabbins les plus renommés de l'époque, Gamaliel. Celui qui les a unis, c'est le Christ, qui a donné à Simon le nom de Pierre, et qui a inspiré à Saul de devenir Paul. Aux deux, il a donné mission d'évangéliser ; le premier irait vers les Juifs, le second vers les païens (cf Ga 2,9). Voici pourquoi Pierre et Paul sont considérés comme les deux colonnes de l'Eglise. Cherchons à comprendre les missions spécifiques reçues par chacun : **Pierre, d'abord, est le garant de l'unité du troupeau et de sa foi; Paul, ensuite, est le prototype du missionnaire et du théologien.** En conclusion, nous verrons ce qui les unit : leur amour pour le Christ et pour l'Eglise.

Pour commencer, **tournons nos regards vers Pierre, qui personnifie l'Eglise comme institution**. C'est à lui que Jésus a dit, à Césarée de Philippes, dans une région montagneuse caractérisée par ses immenses rochers : « *Tu es Pierre, et sur cette pierre je bâtirai mon Église ; et la puissance de la Mort* *ne l'emportera pas sur elle.* » (év.). Pourquoi Jésus a-t-il choisi Simon pour cette mission ? Parce qu'il a fait preuve d'une foi audacieuse, prenant le devant par rapport aux autres disciples. Lorsque Jésus leur demande : « *Le Fils de l'homme, qui est-il, d'après ce que disent les hommes ?* », c'est lui qui est capable de déclarer, inspiré par le Père : « *Tu es le Messie, le Fils du Dieu vivant !* » Il a reconnu en Jésus non seulement son humanité, mais aussi sa divinité (que le titre de « *Fils de l'homme* », ambigu en Dn 7, permet d'accorder). Cela signifie-t-il que la foi de Pierre était parfaite ? Loin de là ! D'abord, elle fut parfois entachée de doute, comme sur le lac de Galilée où il commença à s'enfoncer après avoir commencé de marcher sur l'eau (Mt 14,31). Ensuite, la foi de Pierre manqua au début de charité, de cet amour qui est prêt à souffrir pour l'autre. Juste après sa magnifique profession de foi, il ose *faire de vifs reproches* à Jésus qui vient d'annoncer pour la première fois sa Passion et sa mort, « *Dieu t'en garde, Seigneur ! cela ne t'arrivera pas* » (Mt 16, 22). Pierre va alors entendre cette parole qui peut nous sembler d'une violence inouïe : « *Passe derrière moi, Satan, tu es un obstacle sur ma route ; tes pensées ne sont pas celles de Dieu, mais celles des hommes.* » (Mt 16, 23) Au moment de la Passion, le triple reniement de Pierre manifestera en actes cette faiblesse de la foi de Pierre qu'il avait révélée par ses paroles...

La foi de Pierre n'était donc pas parfaite, loin de là, et c'est pourtant à lui que Jésus a confié une double mission. D'abord, celle de garantir l'unité du troupeau, dans la Vérité et la Charité : « *Je te donnerai les clefs du Royaume des cieux : tout ce que tu auras lié sur la terre sera lié dans les cieux, et tout ce que tu auras délié sur la terre sera délié dans les cieux.* » Dans le langage des rabbins de l'époque, «lier et délier» désignait couramment le droit d'interdire et de permettre, le pouvoir législatif. Ce pouvoir est d'abord conféré à Pierre, mais deux chapitres plus loin (Mt 18), Jésus le donne aussi aux autres apôtres. Aussi, c'est le rôle avant tout du pape, mais aussi des évêques, de sauvegarder l'unité du troupeau en excluant les loups qui cherchent à y pénétrer, et en donnant des balises sur le chemin qui nous mène vers la Vérité et la Charité, ce qu'on appelle les « dogmes » en matière de foi et les « canons » en matière de mœurs.

Ensuite, le rôle de Pierre est de confirmer la foi des disciples. Au moment de la dernière Cène, Jésus lui a dit : « *j'ai prié pour toi, afin que ta foi ne sombre pas. Toi donc, quand tu seras revenu, affermis tes frères.* » (Lc 22, 32) Affermis leur courage par tes paroles, par ton exemple…

Tournons-nous maintenant vers Paul, qui personnifie l'Eglise comme un corps dynamique, ouvert sur le monde. Saul méritait-il une telle grâce ? Là encore, il nous faut reconnaître l'extraordinaire miséricorde de Dieu : si Pierre manquait de foi et de charité pour Jésus, Saul était animé d'une rage meurtrière contre des innocents. Toute sa vie, il s'en souviendra, et se nommera souvent « *l'avorton* ».

Pourtant, Paul a reçu une double mission. D'abord, celle d'annoncer à tous la Bonne Nouvelle : « *annoncer l'Évangile, ce n'est pas là mon motif d'orgueil, c'est une nécessité qui s'impose à moi ; malheur à moi si je n'annonçais pas l'Évangile.* » (1 Co 9, 16). Si Paul avait le désir de s'adresser d'abord à ses frères juifs, ce sont finalement les païens qui ont le mieux accueilli sa parole : « *Il m'a rempli de force pour que je puisse annoncer jusqu'au bout l'Évangile et le faire entendre à toutes les nations païennes.* » (2ème lect.)

Paul n'est pas seulement un missionnaire, il est aussi un théologien. En plus d'annoncer la Bonne Nouvelle, il a reçu aussi la grâce de pouvoir en comprendre toute la profondeur et de la mettre en lumière. Aux Ephésiens, il écrit : « *par révélation, Dieu m'a fait connaître le mystère du Christ.* » (Ep 3,3) Paul nous ainsi laissé 14 lettres (même si certaines ne sont sans doute pas de lui mais de ses disciples) grâce auxquelles nous pouvons mieux comprendre le mystère du dessein de Dieu.

Rendons grâce au Seigneur, frères et sœurs, d'avoir fait reposer notre Église sur les deux colonnes que sont Pierre et Paul. Certes, ils sont très différents l'un de l'autre. Le premier symbolise son côté institutionnel, grâce auquel le peuple de Dieu est maintenu dans l'unité et confirmé dans sa foi. Le second incarne son dynamisme, grâce auquel elle est missionnaire (pour aller vers les périphéries) et théologienne (pour approfondir son mystère). Ces deux aspects sont inséparables et complémentaires, comme les racines et les fruits d'un arbre. Certes, des tensions peuvent exister parfois, entre ceux qui cherchent à maintenir la stabilité de l'édifice, et ceux qui cherchent à aller de l'avant. Ces tensions ont existé depuis le début : souvenons-nous que Paul s'est permis de s'opposer ouvertement à Pierre à Antioche, lorsque celui-ci refusa de prendre ses repas avec des païens pour ne pas froisser les chrétiens d'origine juive (Ga 2,11). Mais **l'essentiel, au-delà de nos divergences d'opinion, est de maintenir notre communion par notre amour pour le Christ et pour l'Eglise**. Si Pierre est demeuré le pasteur du troupeau, après son triple reniement, c'est parce qu'il a répondu trois fois à Jésus qui lui demandait : « m'aimes-tu ? » : « tu sais bien que je t'aime ». Il l'a prouvé ensuite en refusant de se soumettre aux menaces des autorités juives, ce qui lui a valu notamment l'emprisonnement dont la 1ère lecture nous a rappelés la libération miraculeuse, évènement qui rappelle sous de multiples aspects (Pâques, Hérode, les gardes, l'ange, l'incrédulité des disciples, le départ vers une destination inconnue) la résurrection de Jésus, libéré de la prison du tombeau : Pierre est devenu un autre Christ. Et il a témoigné de son amour pour l'Eglise en retournant vers Rome, alors qu'il fuyait les persécutions, pour être avec ses frères chrétiens *(« quo vadis ? »).* Et si Paul a porté tant de fruit après avoir d'abord persécuté les chrétiens, c'est parce que pour lui « *vivre, c'est le Christ* » (Ph 1,21) et aussi parce que sa « *préoccupation quotidienne* » c'était « *le souci de toutes les Églises.* » (2 Co 11,28). Et malgré ses désaccords occasionnels avec Pierre, il a toujours vécu dans l'obéissance, allant plusieurs fois à Jérusalem rechercher son approbation (cf Ga 2,2). Finalement, tous deux ont témoigné de leur amour pour le Christ et pour l'Eglise par leur martyre à Rome, l'un sur la croix, l'autre décapité… **Aimons l'Eglise, prions pour le Pape, ainsi que pour les missionnaires et les théologiens, et témoignons toujours de notre Foi, malgré nos faiblesses, nos doutes et nos manques d'amour !**

Temps ordinaire

4ᵉᵐᵉ dimanche : Qui nous fera voir le bonheur ?

« **Qui nous fera voir le bonheur** » (Ps 4) ? Cette question, frères et sœurs, nous nous la posons tous. Chacun d'entre nous recherche le bonheur, comme tous les êtres humains. Mais nous savons par expérience que ce but n'est pas facile à atteindre. Parfois, nous avons peut-être même éprouvé un sentiment de malheur tel que nous nous sommes demandés si le bonheur était possible. Saint Thomas d'Aquin estime que le désespoir est le plus grave de tous les péchés, parce qu'il fait de nous des morts-vivants, il nous empêche d'avancer. Avançons donc, d'accord, mais dans quelle direction ? Notre société nous répond : le bonheur consiste à posséder beaucoup d'argent pour pouvoir consommer et du pouvoir pour ne dépendre de personne, et à prendre autant de plaisir que possible afin de ne pas éprouver la souffrance et la solitude. Ces réponses-là sont attrayantes, comme les voix des sirènes qu'entendit Ulysse pendant son voyage vers Ithaque, mais elles sont illusoires, elles ne conduisent pas au véritable bonheur. La preuve, c'est qu'il y a plus de personnes déprimées dans nos sociétés occidentales que dans les pays les plus pauvres, où les gens se contentent de peu. Écoutons donc une autre réponse, celle du Christ qui nous dit aujourd'hui : **« *heureux* »** plutôt les pauvres de cœur, les doux, les affligés, les affamés et assoiffés de justice, les miséricordieux, les cœurs purs, les artisans de paix, et même les persécutés pour la justice ou pour lui. Cet appel du Christ peut d'une part nous surprendre voire nous rebuter, tant les comportements qu'il dépeint nous semblent loin du bonheur tel que nous le concevons spontanément. D'autre part, il peut nous sembler quasi inaccessible, si nous prenons conscience de l'héroïsme qu'il demande. Ces deux types de réactions sont normaux, c'est pourquoi **nous allons essayer de comprendre les 9 béatitudes, en illustrant chacune d'entre elles par un exemple tiré de la vie d'un saint**.

Les pauvres de cœur résistent à la tentation de s'enrichir pour se protéger des aléas de la vie. Ils ont des richesses, à la fois matérielles et spirituelles, comme nous tous, mais ils ne s'y fient pas. Ils reconnaissent leur pauvreté de créatures et attendent tout de Dieu. Comme Job, ils disent : « *nu je suis sorti du ventre de ma mère, nu j'y retournerai.* » (Jb 1,21) Et ils se rappellent la parole de Jésus : « *en dehors de moi, vous ne pouvez rien faire.* » (Jn 15,5) Dans son acte de consécration à l'amour miséricordieux, la petite Thérèse écrivait : « *Au soir de cette vie, je paraîtrai devant vous les mains vides, car je ne vous demande pas, Seigneur, de compter mes œuvres. Toutes nos justices ont des taches à vos yeux. Je veux donc me revêtir de votre propre Justice* ».

Les doux, ce sont ceux qui sont assez forts pour ne pas répondre à la violence par la violence. Sainte Jeanne d'Arc, lors de son procès, n'a jamais été agressive envers ses juges qui cherchaient à la piéger. Lorsque l'un d'entre eux lui demanda : « *vous sentez-vous en grâce de Dieu ?* », elle répondit tout simplement : « *Si je n'y suis, Dieu m'y mette... Si j'y suis, Dieu m'y garde.* »

Ceux qui pleurent, ce sont ceux qui résistent à la tentation de l'indifférence, comme d'une cuirasse pour se protéger du mal. Ils se laissent toucher par le mal et la souffrance qui accablent leurs frères. Jésus a pleuré devant son ami Lazare qui était mort. Saint Dominique passait une partie de ses nuits en pleurant et priant : « *Seigneur que vont devenir les pêcheurs ? Seigneur aie pitié des pêcheurs !* » Ils pleurent aussi sur leurs propres péchés, comme le publicain de l'évangile : « *Mon Dieu, montre-toi favorable au pécheur que je suis !* » (Lc 18,13) On appelle cela le don des larmes.

Ceux qui ont faim et soif de la justice résistent à la tentation de la passivité, qui fait qu'on finit par tout accepter. Ils veulent de tout cœur que chacun reçoive ce à quoi il a droit. Mère Teresa disait : « *Le plus grand destructeur de la paix aujourd'hui est le crime commis contre les enfants à naître.* »

Les miséricordieux résistent à la tentation de juger et de mépriser l'autre. Ils savent non seulement se laisser émouvoir, mais aussi tendre une main secourable à ceux qui sont dans la misère, qu'elle soit matérielle, en leur offrant du pain, ou spirituelle, en leur offrant le pardon. Au moment de mourir, saint Etienne s'est *écrié d'une voix forte* : « *Seigneur, ne leur compte pas ce péché.* » (Ac 7,60), reprenant les mêmes paroles que Jésus sur la croix.

Les cœurs purs résistent à la tentation de l'égoïsme. Ils cherchent toujours à faire la volonté de Dieu et voient dans le prochain un frère ou une sœur, sans que le péché obscurcisse leur conscience. La reine Blanche, mère de saint Louis, avait coutume de lui dire : « *Mon fils, je vous aime tendrement, et plus qu'aucune créature au monde ; et cependant j'aimerais mieux mille fois vous voir mort que de vous voir commettre un seul péché mortel* ». Et c'est ce qu'il chercha à éviter toute sa vie.

Les artisans de paix, ce sont ceux qui aident les personnes en conflit à se réconcilier. En plein milieu d'une croisade, François d'Assise alla rencontrer le sultan. Même si la guerre continua, sa démarche a tellement marqué les musulmans de son époque que certains s'en souviennent encore aujourd'hui.

Ceux qui sont persécutés pour la justice vont encore plus loin que ceux qui en ont faim et soif, puisqu'ils acceptent de souffrir pour elle. Gandhi n'était pas chrétien, mais il a lutté pour ceux dont les droits les plus élémentaires n'étaient pas respectés, d'abord en Afrique du sud, puis en Inde.

Ceux qui sont persécutés pour le Christ prouvent qu'ils l'aiment vraiment, « *en actes et en vérité* » (1Jn 3,18). Il leur promet la plus grande récompense : n'oublions pas qu' « *il n'y a pas de plus grand amour que de donner sa vie pour ceux qu'on aime* » (Jn 15,13) ! Blanche de la Force, dans le dialogue des Carmélites de Bernanos, était épouvantée par la perspective de la mort, mais elle a finalement accepté de mourir sur l'échafaud avec ses compagnes pour témoigner de sa foi dans le Christ.

Ainsi, frères et sœurs, ce sont le Christ et les saints qui nous montrent le chemin du bonheur. Certes, ce chemin est parfois ardu, mais il nous rend heureux comme on est heureux de gravir un chemin de montagne qui nous mène vers les plus belles cimes, ou de suivre les sentiers de Saint Jacques de Compostelle parce qu'on sera fier de soi une fois arrivé au but. Sur ce chemin, nous rencontrons le mal sous beaucoup de formes, mais ce mal ne peut nous détruire si nous tenons la main du Christ, qui l'a déjà vaincu. Pour nous aider à goûter dès ici-bas le bonheur du ciel, **laissons ceux qui sont déjà parvenus au bout de leur chemin nous aider à la fois par leurs intercessions, et par leurs exemples**. Ne les prenons pour des modèles statiques qu'il nous faudrait imiter bêtement, car chacun a mené une vie originale, et chacun d'entre nous doit également trouver son chemin vers le ciel, qui ne peut être qu'unique. Mais imitons leur désir du Ciel. Et lorsque nous n'y parvenons pas, ne nous décourageons pas ! Sainte Thérèse d'Avila disait : « *la sainteté, ce n'est pas de ne jamais chuter, c'est de toujours savoir se relever* ». **Durant les mois qui viennent, ne nous contentons pas de lire la Bible, même si cela est bon et nécessaire, mais méditons aussi sur des vies de saints**, nos frères et sœurs qui veulent nous accueillir un jour auprès du Seigneur pour partager avec eux son bonheur. AMEN.

5ᵉᵐᵉ dimanche : Vous êtes le sel de la terre et la lumière du monde

« **Quel est le sens de ma vie ?** » Tous, frères et sœurs, il nous est arrivé de nous poser cette question. Le Christ nous invite aujourd'hui à répondre : nous sommes *« le sel de la terre et la lumière du monde »*. Notons d'emblée que nous sommes passés du « je » au « nous », car notre vie ne peut trouver son sens si nous sommes centrés sur nous-mêmes. C'est tous ensemble, les chrétiens, que nous sommes appelés à remplir une mission, et cette mission est pour le monde. Ce n'est pas un hasard si ce texte suit immédiatement les béatitudes que nous avons entendues dimanche dernier : si nous acceptons cette mission, nous en sommes heureux ; sinon, nous risquons fort d'être malheureux, comme beaucoup dans notre société. Tant de personnes sont déprimées, dépressives[38]. De fait, la vie est parfois insipide, ou lourde à porter. Une partie du monde est corrompue, gangrenée par le mal. Et il est parfois difficile de comprendre le sens des évènements, et de savoir se diriger. Pourtant, il y a **une bonne nouvelle : le Fils de Dieu s'est fait homme pour nous apporter le salut**. Grâce à lui, le monde peut être beau. Grâce à lui, la vie peut être merveilleuse. Grâce à lui, nous pouvons

---

[38] *En France, 200.000 personnes tentent de se suicider chaque année, et environ 10.000 y parviennent (25 par jour, plus que le nombre de décès sur la route). En Belgique et aux Pays-Bas, depuis que l'euthanasie a été légalisée, des dizaines de milliers de personnes ont demandé le suicide assisté, ne supportant plus de vivre.*

nous diriger vers le bonheur. Et c'est à nous, ses disciples, d'en témoigner auprès de nos frères les hommes. Nous sommes « *le sel de la terre et la lumière du monde* ». L'emploi des articles définis signifie que **nous avons une responsabilité et une mission que personne d'autre ne peut remplir à notre place**... Remarquons que ni le sel ni la lumière n'ont d'utilité s'ils restent seuls. Manger du sel seul, ou regarder la lumière en face, est très désagréable. Aussi bien le sel que la lumière sont des révélateurs : le 1er révèle la saveur des aliments, et le 2nd la beauté du monde. C'est pourquoi nous devons rester discrets : trop de sel étouffe le goût, trop de lumière éblouit et aveugle. Les deux images se complètent cependant : alors que le sel disparaît totalement, la lumière reste visible. Cela signifie que parfois, il faut rester caché - « *quand tu fais l'aumône, que ta main gauche ignore ce que fait ta main droite* » (Mt 6,3) – et que parfois, il faut accepter de se montrer pour témoigner – « *voyant ce que vous faites de bien, ils rendront gloire à votre Père qui est aux cieux* » (év.). A quoi sert le sel ? Premièrement, il sert à anéantir les microbes qui peuvent corrompre la nourriture ou infecter les plaies. Lorsque le réfrigérateur n'existait pas, c'est le sel qui permettait de conserver les aliments[39]. Chez les Juifs, lorsqu'on présentait des offrandes à Dieu, on les salait pour

---

[39] *Il était tellement précieux que l'on payait un impôt sur le sel, la gabelle. Sous l'Ancien Régime, il fut utilisé comme monnaie d'échange et il possédait même une fonction de salaire, dont on retrouve le sens étymologique dans salarium en latin qui signifiait « ration de sel » puis, par extension, le salaire.*

les purifier de toutes souillures[40] et pour signifier l'alliance inaltérable entre Dieu et son peuple[41]. Deuxièmement, le sel donne de la saveur aux aliments. Quant à la lumière, c'est elle qui nous permet de nous diriger dans l'obscurité. Méditons sur ces trois fonctions du sel et de la lumière, en voyant comment les ont remplies Jésus d'abord, et ses disciples ensuite.

D'abord, **le sel empêche la corruption.** Jésus a combattu contre le mal. D'abord, il a repoussé Satan au désert, et il a chassé beaucoup de démons. Ensuite, il a aussi lutté contre le péché. En particulier, il a dénoncé le plus caché et le plus grave de tous, l'orgueil. C'est pourquoi il a eu des paroles très dures contre les chefs du peuple juif[42].

Jean Baptiste, lui aussi, a dénoncé le mal. C'est parce qu'il reprochait ouvertement à Hérode d'avoir épousé la femme de son frère qu'il a été arrêté puis exécuté. D'autres saints

---

[40] *« Tu saleras toute oblation que tu offriras et tu ne manqueras pas de mettre sur ton oblation le sel de l'alliance de ton Dieu ; à toute offrande tu joindras une offrande de sel à ton Dieu » (Lv 2,13)*
[41] *« Ne savez-vous pas que Yahvé, le Dieu d'Israël, a donné pour toujours à David la royauté sur Israël ? C'est une alliance infrangible [mot à mot: "une alliance de sel"] pour lui et pour ses fils. » (2 Ch 13,5).*
[42] *« Malheureux êtes-vous, scribes et pharisiens hypocrites, parce que vous ressemblez à des tombeaux blanchis à la chaux : à l'extérieur ils ont une belle apparence, mais l'intérieur est rempli d'ossements et de toutes sortes de choses impures. » (Mt 23,27)*

ont joué ce rôle de pourfendeurs du mal, aussi bien dans le monde que dans l'Église elle-même. Sainte Catherine de Sienne envoya des lettres « incendiaires » au pape pour lui reprocher ses mauvais agissements. Jean-Paul II dénonça les « structures de péché ». Et le Pape François ne cesse de dénoncer le mal, aussi bien parmi les chrétiens que dans le monde[43].

Deuxièmement, **le sel donne de la saveur**. Jésus en a donné à certains dont la vie était insipide. Ce fut sans doute le cas avec Zachée, le chef des collecteurs d'impôts, qui descendit de son arbre et reçut Jésus « *avec joie* » (Lc 19,6) après avoir entendu son appel. Inversement, le jeune homme riche n'eut pas la force de le suivre, et il s'en alla « *tout triste* » (Mc 10,22). On dit parfois des paroles de quelqu'un qu'elles sont « *pleines de sel* ». Ce fut éminemment le cas de Jésus, à tel point que « *le peuple tout entier était suspendu à ses lèvres.* » (Lc 19,48)

Les paroles du Christ et des saints sont savoureuses, car pleines de sagesse. N'oublions pas que le mot « *sagesse* » vient du latin « *sapientia* », du verbe « *sapere* » qui signifie « *goûter* ». Il n'empêche que, paradoxalement, le cœur du message chrétien est bien différent de la sagesse des philosophes, comme Paul le rappelle aux Corinthiens :

---

[43] *En osant s'en prendre au capitalisme ultra libéral dans sa 1° exhortation apostolique, il s'est notamment attiré le mécontentement des ultras conservateurs américains.*

« *quand je suis venu chez vous, je ne suis pas venu vous annoncer le mystère de Dieu avec le prestige du langage humain ou de la sagesse. Parmi vous, je n'ai rien voulu connaître d'autre que Jésus Christ, ce Messie crucifié* » (2ème lect.). Le sel peut brûler (comme sur une plaie) et donner de la saveur en même temps !

La lumière, quant à elle, **nous éclaire dans l'obscurité**. Jésus a non seulement guéri des personnes aveugles physiquement, mais il a voulu aussi nous guérir de la cécité spirituelle. Il dit aux Pharisiens, qui lui reprochaient d'avoir guéri l'aveugle-né : « *Si vous étiez des aveugles, vous n'auriez pas de péché ; mais du moment que vous dites : 'Nous voyons !' votre péché demeure.* » (Jn 9,41) [44]

Saint François d'Assise, à la fin de sa vie, était devenu quasiment aveugle. Pourtant, il continua jusqu'au bout d'apporter à ses disciples la lumière de sa Foi. C'est peu de temps avant sa mort qu'il composa le Cantique des créatures, dans lequel il bénit Dieu pour frère feu, sœur eau et même pour sa sœur la mort. A travers l'épreuve de sa cécité physique, il apprit à voir mieux encore la présence du Seigneur dans toutes ses créatures. « *Heureux les cœurs purs, ils verront Dieu !* » (Mt 5,8)

---

[44] *Mais certains ont accepté de se laisser guérir et éclairer par lui. C'est le cas des disciples, comme Simon-Pierre qui dit à Jésus, au moment où beaucoup cessent de le suivre :* « *Seigneur, vers qui pourrions-nous aller ? Tu as les paroles de la vie éternelle.* » *(Jn 6,68)*

Ainsi, frères et sœurs, même si la vie nous semble parfois mauvaise, insipide et ténébreuse, ou plutôt parce qu'elle nous semble ainsi, **le Christ nous appelle à être le sel de la terre et la lumière du monde.** Autrement dit, il nous appelle **à lutter contre le mal, à donner des couleurs et de la saveur à la vie, et à aider ceux qui sont perdus à trouver le chemin de la Vérité et du bonheur.** Comment y parvenir ? Le prophète Isaïe nous répond : « *partage ton pain avec celui qui a faim, recueille chez toi le malheureux sans abri, couvre celui que tu verras sans vêtement, ne te dérobe pas à ton semblable* » (1ère lect.) Si nous agissons ainsi, alors « *notre lumière jaillira comme l'aurore [...] notre lumière se lèvera dans les ténèbres et notre obscurité sera comme la lumière de midi.* » Oui, **aimer Dieu de toutes nos forces, et notre prochain comme nous-mêmes, est la meilleure façon d'être le sel de la terre et la lumière du monde.** C'est par amour de Dieu et de nos contemporains que l'Eglise dénonce l'avortement, la contraception, le mariage homosexuel, la procréation médicalement assistée, la gestation pour autrui, et bien d'autres choses encore. Elle ne se contente d'ailleurs pas de dénoncer, elle aide aussi les victimes de tous ces fléaux[45]. Cette semaine, jouons notre rôle de sel de la terre et

---

[45] *Sait-on assez, par exemple, que la plupart des associations qui viennent en aide aux femmes qui ont avorté, ou qui sont tentées de le faire, sont animées par des chrétiens ? Se souvient-on que l'Eglise ne s'est pas contentée de dénoncer les horreurs de la seconde guerre mondiale, mais que c'est grâce à des chrétiens - Robert Schumann, Jean Monnet et Konrad Adenauer - que l'Europe a pu*

de lumière du monde. Alors, le monde deviendra plus beau, nous aurons beaucoup de joie à partager, et notre vie aura un sens ! AMEN.

être reconstruite et la haine entre Français et Allemands se transformer en une amitié durable ?

6ème dimanche : Le Seigneur a mis devant toi l'eau et le feu

« Le Seigneur a mis devant toi l'eau et le feu : étends la main vers ce que tu préfères » (1° lect.). Frères et sœurs, le Seigneur nous a donné le pouvoir de faire des choix, en particulier entre le bien qui conduit à la vie et au bonheur (l'eau) et le mal qui conduit à la mort et au malheur (le feu). Cela signifie-t-il que nous **sommes des êtres libres ?** Au niveau extérieur, nous paraissons libres, en effet, car aucun d'entre nous ne vit en prison, et nous pouvons – et même nous devons - faire beaucoup de choix chaque jour. Plus profondément, cependant, nous pouvons être esclaves : de notre haine, de nos désirs impurs, de nos mensonges... Dans le désert du Sinaï, Dieu a commencé par libérer son peuple du joug des égyptiens. Ensuite, Il a voulu le libérer d'un second joug beaucoup plus lourd à porter, celui du péché. Dans ce but, Il lui a donné la loi ancienne, centrée sur les 10 commandements. Certes, cette loi était bonne, mais elle n'était pas définitive : elle était destinée à donner un commencement de liberté. La liberté plénière, seul le Christ peut nous la donner, car il est l'homme libre par excellence. En montant sur la montagne près du lac de Galilée, il a donné aux disciples une loi nouvelle, centrée sur les béatitudes. Ce faisant, il n'a pas aboli la loi de Moïse : *« je ne suis pas venu abolir, mais accomplir. »* Après avoir commencé à entendre la portée de la loi nouvelle dimanche dernier - *« vous êtes le sel de la terre, vous êtes la lumière du monde »* - nous allons en saisir aujourd'hui toute la radicalité. A la place de notre

mépris ou haine de l'autre, Jésus nous invite à **l'amour fraternel**. A la place de notre concupiscence, il nous invite à **la pureté**. A la place de nos mensonges, il nous invite à **la vérité**. Méditons sur ces 3 points, éclairés par les paroles et les exemples du Christ mais aussi de saint Jean-Paul II, qui fut un excellent professeur de morale.

Pour commencer, **l'homme est parfois esclave de son mépris ou de sa haine des autres**. Cet esclavage, poussé jusqu'à son paroxysme, peut aller jusqu'au meurtre. Ainsi, j'élimine celui qui contrecarre mes plans ou mon bien-être. Alors que le 5ème commandement interdisait le meurtre, Jésus va jusqu'à la racine du mal : il interdit de se mettre en colère, d'insulter et de maudire. Plus encore : il ne s'agit pas seulement d'être en règle par rapport à la Loi, même nouvelle, il s'agit de vivre en frères. Aussi, ajoute Jésus, « *lorsque tu vas présenter ton offrande sur l'autel, si, là, tu te souviens que ton frère a quelque chose contre toi, laisse ton offrande là, devant l'autel, va d'abord te réconcilier avec ton frère, et ensuite viens présenter ton offrande* ». Même si je n'ai rien à me reprocher, si mon frère a quelque chose contre moi, je vais aller me réconcilier avec lui. Alors que le diable est parfois appelé l'Accusateur dans la Bible, l'Esprit Saint nous invite à pardonner. Un jour, le pape Jean-Paul II avait dit : « *pas de paix sans justice, et pas de justice sans pardon* ».

Ensuite, **l'homme est parfois esclave de sa concupiscence**, de son désir de l'autre. Cet esclavage, dans certaines situations, peut aller jusqu'à l'adultère, mettant en danger les familles, bases de la société. Alors que le 6ème commandement interdisait l'adultère, Jésus va à nouveau jusqu'à la racine du mal : il interdit le mauvais regard. Pour éviter les tentations-mêmes, Jésus ajoute : « *Si ton œil droit ou ta main droite entraînent ta chute, arrache-les et jette-les loin de toi : car c'est ton intérêt de perdre un de tes membres, et que ton corps tout entier ne soit pas jeté dans la géhenne* ». Certes, cette exhortation n'est pas à prendre au premier degré, comme Origène qui s'était châtré après l'avoir lu. Cependant, elle doit susciter en nous une grande vigilance, particulièrement dans notre société qui nous matraque d'images érotiques ou pornographiques. La meilleure protection est le *« jeûne du regard »*, auquel le pape Jean-Paul II avait exhorté tous les chrétiens.

Troisièmement, **l'homme est parfois esclave de ses mensonges**. Au lieu de se soumettre humblement à la vérité, il cherche à la cacher ou à la transformer à son profit. Alors que le 8ème commandement interdisait le faux serment, Jésus interdit tout serment. Pourquoi ? Parce que toute parole doit être vraie et pouvoir inspirer confiance : « *Quand vous dites 'oui', que ce soit un 'oui', quand vous dites 'non', que ce soit un 'non'. Tout ce qui est en plus vient du Mauvais.* » Le serpent de la Genèse a su tromper Eve par des paroles mensongères. Aujourd'hui encore, notre société nous invite à la défiance. Plutôt que de faire confiance aux paroles de l'autre, on préfère rédiger des contrats avec de multiples alinéas pour être sûrs de ne pas se faire tromper. Nous avons ainsi fragilisé une autre base de notre société, qui ne peut bien fonctionner que sur la confiance. Ce n'est plus seulement la Parole de Dieu qui est remise en question, c'est la Parole tout court. Or les parents savent à quel point il est essentiel que leurs enfants puissent leur faire confiance et se fier à leurs paroles pour pouvoir grandir. Le mensonge peut tuer, comme la tragédie de Racine, Phèdre, le met crûment en lumière. Le pape Jean-Paul II, qui avait connu le nazisme puis le communisme, savait à quel point le mensonge faisait partie intégrante de ces systèmes totalitaires.

Le Christ, lui, n'a pas méprisé ou haï aucun de ses frères : sur la croix, il a dit : *« Père, pardonne-leur : ils ne savent pas ce qu'ils font. »* (Lc 23,34) Il n'a pas eu de désir impur sur les femmes : il les a regardées comme ses sœurs, filles de Dieu comme lui. Il n'a pas eu une parole double : même au moment de sa Passion, il n'a pas renié ce qu'il avait déclaré au grand nombre auparavant. C'est ainsi qu'il n'a pas aboli mais accompli la Loi. Ce qui était ébauché par la Loi de Moïse, il l'a mené jusqu'à son terme. Bien qu'il ait été soumis aux multiples lois de la vie humaine, et qu'il ait été tenté comme nous, il n'a pas péché. En vivant parfaitement les Béatitudes, il s'est révélé comme l'Homme libre par excellence. Il nous montre le chemin pour accomplir la Loi de Dieu, et ainsi nous accomplir.

Ainsi, frères et sœurs, **la Loi nouvelle de l'évangile, qui resplendit particulièrement dans les Béatitudes, est source de liberté**. Paradoxalement, plus je suis serviteur – on pourrait même dire esclave – du Christ, plus je suis libre. Parce que je ne suis plus alors soumis aux mauvais désirs, je suis capable d'accomplir le bien et ainsi de m'accomplir moi-même. Ainsi, alors que l'évangile et les Béatitudes en particulier semblent sources de folie à certains, ils sont la véritable sagesse. Comme l'écrit saint Paul aux corinthiens : « *ce n'est pas la sagesse de ce monde, la sagesse de ceux qui dominent le monde et qui déjà se détruisent. [...] Mais ce que nous proclamons, c'est, comme dit l'Écriture : ce que personne n'avait vu de ses yeux ni entendu de ses oreilles, ce que le cœur de l'homme n'avait pas imaginé, ce qui avait été préparé pour ceux qui aiment Dieu* » (2° lect.). Sommes-nous prêts à vivre selon la sagesse de Dieu, qui est folie aux yeux du monde ? *Le Seigneur a mis devant nous l'eau et le feu, la vie et la mort nous sont proposées*. Choisissons la vie, pratiquons la Loi nouvelle. Vivons dans l'amour fraternel, la pureté et la vérité, alors nous nous accomplirons de plus en plus dans la liberté, et nous goûterons de plus en plus la saveur des Béatitudes. AMEN.

12ᵉᵐᵉ dimanche : Ne craignez pas

De quoi avons-nous peur, frères et sœurs ? Il est normal que nous ayons peur parfois. L'homme, parce qu'il est fragile, est souvent confronté à des menaces pour sa santé, son bien-être, et même sa vie. C'est encore plus vrai pour les croyants qui témoignent de leur foi, tant il est vrai que les croyances sont au cœur de nos existences, et que ceux qui veulent « bousculer » les ordres établis peuvent rencontrer des oppositions farouches, jusqu'à perdre leur vie. C'est pourquoi l'exhortation **« *ne craignez pas* »** est l'une des plus paroles les plus fréquentes de toute la Bible. Malgré toutes les difficultés, **le Christ nous appelle aujourd'hui à témoigner de lui. Il nous exhorte pour cela à une triple attitude : courage face au monde, vigilance par rapport à Satan, et confiance en Dieu.**

Pour commencer, **le Christ nous exhorte au courage face au monde** : « *Ne craignez pas les hommes… Ne craignez pas ceux qui tuent le corps sans pouvoir tuer l'âme* ». Et il ajoute : « *celui qui me reniera devant les hommes, moi aussi je le renierai devant mon Père qui est aux cieux* »… Le courage est l'une des facettes de la force. Celle-ci est l'une des 4 vertus cardinales, mais *elle est aussi, en tant qu'une certaine fermeté de l'âme, la condition générale de toute vertu*[46]. Aujourd'hui, les notions associées à la vertu de force - les

---

[46] S.T. 2-2, 123, 2

convictions et les valeurs pour lesquels on s'engage, la fidélité à ces engagements, les sacrifices qu'impose une telle fidélité – sont dépréciées. Comment parler de convictions dans une société saturée de libéralisme et pour laquelle la vérité n'existe plus ? Comment parler de fidélité quand l'une des principales fidélités, la fidélité conjugale, est ridiculisée et violée à grande échelle ? Comment parler de sacrifice dans un monde voué au bien-être ?

Pourtant, les exemples de courage demeurent. Souvenons-nous du prophète Jérémie, qui a dû affronter aussi bien les calomnies de la foule que la trahison de ses amis (1° lect.). Il est toujours resté fidèle au Seigneur, se souvenant de la parole qu'Il lui avait adressée au moment de sa vocation : *« Ne les crains pas, car je suis avec toi pour te délivrer – oracle du Seigneur. »* (Jr 1,8) Ensuite, le Christ lui-même n'a pas eu peur de ceux qui voulaient le faire taire : les autorités juives et romaines, mais aussi parfois sa propre famille et ses propres disciples (comme Pierre à Césarée de Philippe). Depuis 2000 ans, les martyrs ont témoigné que leur amour pour le Christ était plus fort que l'amour de leur propre vie. Ils n'ont pas eu peur des empereurs romains qui voulaient les obliger à sacrifier à d'autres dieux, des autorités révolutionnaires qui voulaient obliger les évêques et les prêtres à jurer fidélité à leur constitution plutôt qu'à l'Eglise, des terroristes islamistes qui voulaient les obliger à renier leur foi en Egypte ou ailleurs...

Pour témoigner de notre foi, **le courage face au monde est nécessaire, mais pas suffisant. Il faut lui associer la vigilance par rapport au diable**. Jésus nous a avertis : « *craignez plutôt celui qui peut faire périr dans la géhenne l'âme aussi bien que le corps* ». Voilà le véritable adversaire. Il peut tout fausser, même ce qu'il y a de plus beau : « *l'enfer est pavé de bonnes intentions* ». Songeons à ces kamikazes qui sacrifient leur vie (mais aussi celles des autres) par fidélité à leurs convictions... Plus grave encore, leur comportement n'est que la partie visible d'un iceberg : combien de personnes, des jeunes notamment, se laissent corrompre le cœur et l'esprit sur les réseaux sociaux par des messages qui colportent le mensonge et la haine ? Les hommes qui choisissent ce chemin ne sont pas entièrement responsables, c'est pourquoi Jésus a dit sur la croix : « *Père, pardonne-leur : ils ne savent pas ce qu'ils font.* » (Lc 23,34) Ils peuvent toujours se convertir, jusqu'au dernier moment.

Le Christ n'a pas cessé de manifester sa supériorité sur lui, le repoussant au désert, l'expulsant chez les possédés, et finalement le vainquant définitivement sur la Croix. Les saints ont fait de même. Le curé d'Ars et le padre Pio, deux grands confesseurs, ont livré avec lui des combats à la fois physiques et spirituels. Nous-mêmes devons être très vigilants. Souvenons-nous de Pierre, à Césarée de Philippe : alors que Jésus venait de le féliciter d'avoir exprimé sa foi en lui, le Messie et le Fils de Dieu, il a voulu ensuite l'empêcher de répondre à la volonté de son Père, s'attirant comme réponse de Jésus : « *Passe derrière moi, Satan ! [...] tes pensées ne* sont pas celles de Dieu, mais celles des hommes. » (Mt 16,23) Souvenons-nous aussi de Judas, ou de ces fondateurs d'ordres qui ont sombré dans le mal après avoir été, au départ sans doute, inspirés par le Seigneur...

Pour témoigner de notre foi, le courage face au monde et la vigilance par rapport au diable sont nécessaires, mais pas suffisants. En effet, nous sommes de pauvres pécheurs, et il nous arrive de manquer de courage ou de vigilance. C'est pourquoi **nous devons cultiver aussi la confiance dans le Seigneur**. D'abord, Il nous soutient dans le combat. Jérémie s'écrie : « *le Seigneur est avec moi, tel un guerrier redoutable : mes persécuteurs trébucheront, ils ne réussiront pas.* » (1° lect.) Il en est tellement sûr qu'il ajoute, comme s'il prédisait son avenir : « *Chantez le Seigneur, louez le Seigneur : il a délivré le malheureux de la main des méchants.* » Jésus nous promet lui aussi une récompense pour notre fidélité: « *rien n'est voilé qui ne sera dévoilé, rien n'est caché qui ne sera connu.* » Puis : « *pas un seul moineau ne tombe à terre sans que votre Père le veuille. Quant à vous, même les cheveux de votre tête sont tous comptés.* » Et enfin : « *Quiconque se déclarera pour moi devant les hommes, moi aussi je me déclarerai pour lui devant mon Père qui est aux cieux* ».

Mais que se passe-t-il si, malgré l'aide du Seigneur, nous le renions ou le trahissons ? Eh bien il nous est toujours possible de nous repentir. Paul écrit aux Corinthiens : « *il n'en va pas du don gratuit comme de la faute* » (2° lect.) et un peu plus loin : « *là où le péché s'est multiplié, la grâce a surabondé.* » (Rm 5,20) C'est toute la différence entre Judas et Pierre : alors que le premier s'est enfermé dans sa faute, le second a pleuré des larmes de repentir et a finalement témoigné de sa foi jusqu'au martyr...

Ainsi, n'ayons pas peur de témoigner du Christ devant nos frères. Pour cela, il nous faut du courage pour ne pas craindre les persécutions qui peuvent aller jusqu'à la mort ; de la vigilance pour ne pas nous laisser tromper par le diable qui peut tout fausser, même les plus belles intentions ; et de la confiance, pour être conscients que le Seigneur sera toujours avec nous dans le combat, et qu'Il nous accordera ensuite la récompense promise aux vainqueurs. **Prenons exemple sur les prophètes, les martyrs et les saints. Malgré leurs limites et même leurs péchés, tous ont été couronnés**, à la suite de celui qui a dit : « *Dans le monde, vous avez à souffrir, mais courage ! Moi, je suis vainqueur du monde.* » (Jn 16,33) **Durant cet été, n'ayons pas peur, et profitons de nos rencontres pour témoigner de notre foi !**

13ème dimanche : Le temps de la vidange

Frères et sœurs, **êtes-vous prêts à faire votre vidange ?** Je ne parle pas de celle de votre voiture ou de votre scooter, mais de celle de votre cœur. Lorsque vous changez l'huile de votre moteur, elle est d'abord parfaitement propre, mais avec le temps, elle s'encrasse et risque d'abîmer vos rouages. De même, lorsque nous nous confessons, notre cœur est purifié, mais avec le temps, il s'encrasse de multiples péchés. A quoi sont-ils dûs ? Au fait qu'au lieu de mettre le Seigneur à la première place dans nos vies, nous lui préférons parfois des idoles. Aussi, régulièrement, nous devons laisser le Seigneur, qui est le meilleur des garagistes, vider nos cœurs de ses impuretés, et les remplacer par l'huile de son Esprit Saint. Voyons comment il agit dans chacune de ces 2 étapes.

Pour commencer, **il nous faut nous laisser purifier**. La première étape de la vie spirituelle s'appelle « purgative », avant l'illuminative et l'unitive. Tout ce que le Seigneur a créé est bon, mais tout peut devenir une idole. Le Christ nous met en garde contre trois « tentations ». D'abord par rapport à la famille : *« Celui qui aime son père ou sa mère plus que moi n'est pas digne de moi ; celui qui aime son fils ou sa fille plus que moi n'est pas digne de moi »*. Certes, la famille est voulue et bénie par Dieu, mais elle doit éviter de se replier sur elle-même et de devenir un clan. Sainte Thérèse d'Avila a beaucoup souffert lorsqu'elle a quitté son père bien-aimé - le seul parent qui lui restait depuis la mort de sa mère - pour entrer au Carmel contre son accord, à l'âge de 18 ans. Elle écrit que lorsqu'elle quitta sa maison pour aller au monastère, elle eut l'impression qu'on lui arrachait les entrailles et que ses os se déboîtaient. Inversement, dans le Parrain, chef d'œuvre de Francis Coppola, on voit une famille apparemment unie, mais qui prospère par l'injustice et la violence.

Ensuite, le Christ nous met en garde par rapport au bien-être : *« celui qui ne prend pas sa croix et ne me suit pas n'est pas digne de moi. »* Certes, l'homme n'a pas été créé pour la souffrance et il doit éviter tout masochisme ou dolorisme, mais le bien-être devient une idole lorsqu'il est recherché pour lui-même, et qu'il entraîne le refus de la souffrance et du sacrifice pour accomplir la volonté de Dieu. Saint Ignace de Loyola écrit comme fondement de ses Exercices : *« L'homme est créé pour louer, respecter et servir Dieu notre Seigneur et par là sauver son âme [...] Pour cela il est nécessaire de nous rendre indifférents à toutes les choses créées, en tout ce qui est laissé à la liberté de notre libre-arbitre et qui ne lui est pas défendu ; de telle manière que nous ne voulions pas, pour notre part, davantage la santé que la maladie, la richesse que la pauvreté, l'honneur que le déshonneur, une vie longue qu'une vie courte et ainsi de suite pour tout le reste ».*

Enfin, le Christ nous met en garde par rapport à nous-mêmes : *« Qui a trouvé sa vie la perdra ; qui a perdu sa vie à cause de moi la gardera. »* Certes, nous devons nous aimer nous-mêmes, comme nous y invite le plus grand commandement *(« tu aimeras ton prochain comme toi-*

même »), mais nous pouvons aussi nous idolâtrer nous-mêmes. Saint Augustin écrit dans la Cité de Dieu : *« Deux amours ont fait deux cités : l'amour de soi jusqu'au mépris de Dieu, la cité terrestre, l'amour de Dieu jusqu'au mépris de soi, la cité céleste »*. L'amour de soi n'est juste que s'il est vécu comme Dieu nous aime.

Après nous avoir vidés de nos impuretés, c'est-à-dire des tendances en nous qui conduisent au péché et à la mort (cf la 2° lect.), comme il a chassé les marchands du temple (et nous sommes le temple de Dieu), **le Seigneur veut nous remplir de son Esprit**, souvent comparé à une huile (qui fortifie, lubrifie, brille, donne une bonne odeur…) Pour l'accueillir, plusieurs voies sont possibles (comme il existe plusieurs huiles) : les sacrements, la prière, la réflexion… Aujourd'hui, le Christ nous exhorte particulièrement à l'accueillir dans notre prochain : *« Qui vous accueille m'accueille ; et qui m'accueille accueille Celui qui m'a envoyé »*. De même, celui qui accueille un prophète, ou un homme juste, ou un disciple du Christ, il sera récompensé comme s'il avait reçu le Seigneur lui-même. Jésus dira le jour du Jugement: *« ce que vous avez fait à l'un de ces plus petits de mes frères, c'est à moi que vous l'avez fait. »* (Mt 25,40) Souvenons-nous d'Abraham, qui reçut avec empressement 3 mystérieux visiteurs qui n'en faisaient qu'un, le Seigneur lui-même (Gn 18). Une illustration de la parole du Christ nous est donnée dans la première lecture : en accueillant chez elle le prophète Elisée, la femme sunamite reçut une récompense immense : alors qu'elle était stérile, Dieu lui donna d'enfanter un fils.

Ainsi, frères et sœurs, le Seigneur veut faire en nous une vidange, afin d'abord de nous vider de nos impuretés, et de nous remplir de son Esprit d'Amour. **Cet été, il va certainement frapper à notre porte, alors sachons l'accueillir en notre prochain en nous débarrassant de notre égoïsme.** C'est ainsi que, comme un moteur bien entretenu, notre cœur pourra faire des étincelles d'amour et nous conduire avec rapidité dans la direction de Celui qui nous aime et qui nous attend dans son Royaume. AMEN.

19ᵉᵐᵉ dimanche : N'ayez pas peur

« *N'ayez pas peur* ». **De quoi avons-nous peur,** frères et sœurs ? L'exhortation de Jésus à ses disciples n'est pas devenue par hasard le leitmotiv de saint Jean-Paul II. C'est l'une des paroles les plus fréquentes de la Bible. Ici, la peur qu'éprouvent les disciples est tellement grande qu'elle leur fait « *pousser des cris* ». D'où vient-elle ? Du fait qu'ils voient Jésus venir vers eux sur la mer, tel *un fantôme*. Cette vision est d'autant plus surprenante qu'elle survient *vers la fin d'une nuit* où ils se sont probablement sentis abandonnés par leur Maître, alors que leur barque était *à une bonne distance de la terre, battue par les vagues car le vent leur était contraire*. Ce sentiment d'abandon a dû être d'autant plus dur à supporter qu'il est survenu juste après la multiplication des pains, où les disciples ont dû se sentir « au septième ciel », tant Jésus a manifesté sa puissance divine. La « chute » a été brutale… C'est précisément dans ces circonstances que Jésus manifeste à nouveau sa puissance : il est non seulement le Créateur, mais aussi le Rédempteur, qui nous sauve de la mort et des forces du mal, qui sont ici symbolisées par la mer déchaînée et par la nuit. Dans les icônes orientales, on voit le Ressuscité debout sur les portes de l'enfer qui tend la main à Adam et Eve pour les en sortir, comme il va tendre la main à Pierre. Le Christ veut nous sauver, mais pas sans nous : il nous demande la foi, qui nous permet de passer de la peur à l'adoration, du sentiment d'être abandonné par Dieu à la certitude de sa présence : « *vraiment, tu es le Fils de Dieu !* » disent les disciples à Jésus en *se prosternant devant lui,* après qu'il soit *monté dans la barque* avec *Pierre*, qui symbolisent pour leur part l'Église et le Pape. Pierre a été sauvé, alors que sa foi était fragile. Cet évènement signifie que nous mêmes, nous pouvons être sauvés, à condition que nous ayons la foi, même petite. Nous pouvons être sauvés des forces du mal, qui parfois nous assaillent comme la mer déchaînée, et même de la mort : un jour, nous parviendrons avec le Christ sur l'autre rive, celle du Paradis, où nous vivrons dans une lumière sans fin. Et ce jour viendra bientôt, car nous sommes « *vers la fin de la nuit* »… Comment vivre notre foi de manière à être sauvés ? **Prenons exemple sur les trois grands personnages** que la liturgie de ce dimanche nous présente : le prophète Elie d'abord ; saint Pierre ensuite ; saint Paul enfin.

Commençons par le prophète Elie. Comme les disciples, il a connu une période de doute et de découragement. Comme eux, il avait d'abord été témoin de la toute puissance divine, premièrement lorsque le Seigneur avait manifesté sa supériorité sur le dieu Baal vénéré par 450 prophètes – et lui-même avait décidé de tous les égorger - puis lorsqu'Il avait fait tomber la pluie à sa prière (1R18). Ensuite, cependant, lui aussi eut peur de la reine Jézabel qui voulait le mettre à mort. Il s'enfuit au désert et là, il demanda la mort au Seigneur, tellement il était découragé (1R 19,4). Celui-ci le sauva en deux temps, comme avec Pierre. D'abord, un ange lui apparut par deux fois, le touchant et lui disant : « *lève-toi et mange* ». *Fortifié par cette nourriture*, Elie « *marcha quarante jours et*

quarante nuits jusqu'à l'Horeb, la montagne de Dieu. »
(1 R 19,8)

C'est là que survint l'événement que nous avons entendu tout à l'heure : le Seigneur se manifesta à lui ni *dans l'ouragan, ni dans le tremblement de terre, ni dans le feu, mais dans la brise légère,* pour lui révéler qu'il n'était pas un Dieu ami de la violence. C'est alors qu'il lui annonça que sa mission était terminée, et qu'il allait être remplacé par un autre prophète, Elisée : il avait atteint l'autre rive, celle du Royaume. Peu de temps après en effet, Elie fut emporté au ciel sur un char de feu...

Poursuivons avec Pierre sur le lac de Tibériade. Comme les autres disciples, il a peur que Jésus soit un fantôme, mais en l'entendant leur dire : « *Confiance ! c'est moi : n'ayez pas peur !* », il a assez de foi pour répondre : « *Seigneur, si c'est bien toi, ordonne-moi de venir vers toi sur l'eau.* » Et lorsque Jésus lui dit : « *Viens !* », il se jette à l'eau, au propre et au figuré. Quel acte de foi admirable ! Il nous rappelle que la foi n'est pas une certitude mathématique, mais un engagement qui demande du courage et une prise de risque... Mais ensuite, Pierre a eu peur parce qu'il a cessé de regarder vers Jésus, il a regardé le vent, symbole ici de l'adversité : « *homme de peu de foi, pourquoi as-tu douté ?* » lui demandera Jésus. Et il a commencé à enfoncer...

Une fois encore cependant, Pierre a su poser un acte de foi en criant : « *Seigneur, sauve-moi !* » La *main* que le Christ lui a tendu symbolise les grâces qu'il nous offre, par lesquelles il nous touche directement (par un sacrement, par exemple) ou indirectement (par un événement ou par une personne qui vient à notre secours : ce n'est par hasard qu'on dit en français : « telle personne m'a porté une main secourable »)… Au moment de la Passion, il aura peur à nouveau, et comme la peur engendre souvent la violence, il brandira son épée pour couper l'oreille d'un garde, manifestant son incompréhension devant le mystère d'une toute-puissance divine pleine de douceur.

Concluons avec saint Paul. Comme Elie, il a d'abord cru que Dieu était ami de la violence, lorsqu'il persécuta les chrétiens. Mais sur le chemin de Damas, toutes ses certitudes furent réduites à néant, lorsque le Ressuscité lui apparut. Il a alors compris que le Christ accomplissait toutes les espérances d'Israël. Pour lui aussi, la rencontre avec le Christ a transformé sa vie, et il a connu la paix et la joie de le savoir toujours avec lui.

A un moment donné cependant, Paul éprouve *« une grande tristesse, une douleur incessante ». Pour les Juifs, ses frères de race, il souhaiterait « même être maudit, séparé du Christ »* (2ème lect.) Séparé, lui, afin que ses frères Juifs ne le soient plus. Paul a peur pour ses frères juifs. Et s'ils demeuraient loin du Christ ? Mais l'Apôtre reprend confiance. Un peu plus loin dans sa lettre, il écrit : « *une partie d'Israël s'est endurcie jusqu'à ce que soit entrée la totalité des païens, et ainsi tout Israël sera sauvé. [...] Car les dons et l'appel de Dieu sont sans repentance.* » (Rm 11,25-26.29)

Dans les trois cas, frères et sœurs, **le Seigneur est venu au secours de ceux qui étaient éprouvés, en butte aux forces du mal et de la mort.** Nous aussi, parfois, nous le sommes, et nous connaissons des personnes autour de nous qui le sont. Alors, n'ayons pas peur, ou bravons notre peur. Imitons Elie, Pierre et Paul. Leur foi n'était pas parfaite, ils ont parfois éprouvé la peur, et il est arrivé que celle-ci les rende violents. Mais tous se sont engagés résolument pour répondre à l'appel du Seigneur qui leur disait: « *Viens !* », et ils ont retrouvé la confiance. Rendons grâce à Dieu qui nous a donné l'Église comme une barque qu'aucune tempête ne pourra jamais faire chavirer, et qui veut nous conduire jusqu'au Paradis. Et si jamais il nous arrive d'avoir peur malgré tout, crions vers Celui qui nous tendra sa main secourable... Et cette semaine, **à qui vais-je pouvoir tendre la main moi-même** ?

NB : Cette semaine, tournons-nous vers saint Maximilien Kolbe, que nous fêterons jeudi 14. Alors qu'il était prisonnier dans un camp de concentration, il a osé se proposer pour prendre la place d'un père de famille qui avait été désigné au hasard pour être mis à mort, en représailles d'une tentative d'évasion... Il s'est « jeté à l'eau » et il a marché vers le Christ. Alors que lui et ses compagnons d'infortune étaient enfermés dans un cachot et condamnés à mourir de faim et de soif, il les a soutenus si bien qu'on les a entendus jusqu'au bout chanter des chants de louange. S'il avait détourné son regard du Christ, il aurait certainement commencé à avoir peur et à enfoncer... Peut-être cela s'est-il passé, et peut-être a-t-il alors crié vers le Seigneur ? Ce qui est sûr, c'est que Maximilien a maintenant atteint l'autre rive, où il nous attend avec Elie, Pierre et tous les saints...

20ème dimanche : Que tout se passe pour toi comme tu le veux !

Frères et sœurs, **comment prions-nous ?** La prière est l'une des 4 parties du catéchisme de l'Eglise catholique, parce qu'elle est l'un des 4 fondements de la vie chrétienne, avec la vie de foi, la vie sacramentelle, et la vie de charité. La première exigence est de prier, tout simplement, comme nous le rappellent le Christ au début de chaque carême, ou encore saint Paul: « *priez sans cesse* » (1Th 5,17). Mais il ne suffit pas de prier pour être exaucé. Comme on peut mal aimer, on peut mal prier. Le curé d'Ars disait : « *On en voit qui se perdent dans la prière comme le poisson dans l'eau, parce qu'ils sont tout au bon Dieu. Dans leur cœur, il n'y a pas d'entre-deux. Oh ! que j'aime ces âmes généreuses ! [...] Tandis que nous, que de fois nous venons à l'église sans savoir ce que nous venons faire et ce que nous voulons demander ! [...] Il y en a qui ont l'air de dire au bon Dieu : 'je m'en vais vous dire deux mots pour me débarrasser de vous'* ». Alors, **comment bien prier ?** Prenons exemple sur la femme de l'évangile. Sa prière a 3 caractéristiques : la charité, la foi et l'humilité.

Premièrement, **sa prière est fondée sur la charité.** Elle ne prie pas pour elle-même, mais pour sa fille, qui est tourmentée par un démon. Elle ressemble au centurion romain qui vient voir Jésus pour lui demander de guérir son serviteur.

Parfois, notre prière est égoïste, que nous demandions quelque chose pour nous ou pour les autres. Par exemple, nous prions pour notre réussite à un examen ou dans notre carrière, ou pour celle de nos enfants, mais sans nous demander à quoi cette réussite pourra servir au bien des autres.

Ici, les disciples font preuve d'égoïsme eux aussi. Eux aussi s'approchent pour lui faire une demande: « *Renvoie-la, car elle nous poursuit de ses cris !* » S'ils prient Jésus, c'est seulement pour être débarrassés de la Cananéenne et retrouver leur tranquillité.

Deuxièmement, **sa prière est pleine de foi**. Elle reconnaît en Jésus non seulement le « *fils de David* », mais même le « *Seigneur* », et elle le prie avec persévérance, alors que sa réponse semble négative : « *Je n'ai été envoyé qu'aux brebis perdues de la maison d'Israël.* » La persévérance est une composante essentielle de la foi, dont la racine est celle du mot « rocher », comme le mot « amen » nous le rappelle. La foi ne se laisse pas détruire par les contrariétés. Souvenons-nous de la parole de Jésus : « *Demandez, on vous donnera ; cherchez, vous trouverez ; frappez, on vous ouvrira.* » (Mt 7,7)

Troisièmement, **sa prière est profondément humble**. Alors que Jésus lui dit qu'« *il n'est pas bien de prendre le pain des enfants et de le jeter aux petits chiens* », elle ne s'offusque pas, au contraire. Les Juifs considéraient les païens comme des chiens, qui rôdaient dans les rues à la recherche de restes de nourriture, au lieu de pouvoir se nourrir de la parole de Dieu, souvent qualifiée de « pain de Dieu », la nourriture substantielle par excellence. Jésus adoucit l'expression avec un mot plus rare traduit par « *petits chiens* », qui peut renvoyer par exemple à celui qui a accompagné Tobie dans son aventure. Quoi qu'il en soit, sa parole pourrait sembler dure. La réponse de la Cananéenne est magnifique : « *Oui, Seigneur ; mais justement, les petits chiens mangent les miettes qui tombent de la table de leurs maîtres.* » Non seulement elle accepte d'être considérée comme un petit chien, mais elle renchérit sur la parole de Jésus, appelant les Juifs ses « *maîtres* ».

Ainsi, frères et sœurs, la Cananéenne nous offre un magnifique exemple, avec une prière pleine de charité, de foi, et d'humilité. C'est pourquoi elle a été exaucée, avec ce compliment de Jésus : « *Femme, grande est ta foi, que tout se passe pour toi comme tu le veux !* » De même, devant le témoignage du centurion romain Jésus avait été *dans l'admiration* et avait dit à ceux qui le suivaient *:* « *Amen, je vous le déclare, chez personne en Israël, je n'ai trouvé une telle foi.* » (Mt 8,10) C'est ainsi que Jésus a ouvert la porte du Royaume aux païens. Certes, comme il le dit à ses disciples : « *Je n'ai été envoyé qu'aux brebis perdues de la maison d'Israël.* » Comme avec le centurion, il ne s'agit donc que d'un signe précurseur, et ce sont ses disciples qui iront évangéliser les païens. Ce fut l'œuvre en particulier de saint Paul, qui l'entreprit essentiellement à cause du refus de beaucoup de ses frères juifs, à qui il s'était d'abord adressé, de reconnaître en Jésus le Messie (cf Ac 13,46). Ce refus le fit beaucoup souffrir, comme il l'écrit dans l'épître aux Romains. Mais il ne perdit pas l'Espérance, comprenant que *« Dieu a enfermé tous les hommes dans le refus de croire pour faire à tous miséricorde »* (2° lect.). C'est le dessein de Dieu que le prophète Isaïe avait annoncé : *« ma maison s'appellera 'Maison de prière pour tous les peuples'. »* (1° lect.) Pour conclure, frères et sœurs, pourquoi ne pas collaborer nous-mêmes à ce dessein de Dieu, non seulement par nos actions et nos paroles, mais aussi par nos prières ? Cette semaine, **prions particulièrement, avec charité, foi et humilité, pour que tous les hommes puissent un jour être rassemblés dans la Maison de Dieu.** Avec charité, parce qu'ils sont nos frères. Avec foi, parce que Dieu peut réaliser l'impossible, même dans les cœurs les plus endurcis. Avec humilité, parce que nous ne sommes pas meilleurs qu'eux, Dieu seul nous jugera tous, et nous espérons être sauvés comme eux et ressusciter avec eux dans le Royaume, au jour du jugement. AMEN.

21ᵉᵐᵉ dimanche : Pour vous, qui suis-je ?

« *Pour vous, qui suis-je ?* » Frères et sœurs, voici la question essentielle que Jésus pose à ses disciples et qu'il pose à chacun d'entre nous. Elle conditionne toute notre vie de foi et donc notre vie tout court. Pour certains de nos contemporains, Jésus de Nazareth est un ennemi, comme on le voit avec les groupes sataniques qui se moquent de lui et le persécutent dans leurs chansons ou dans leurs messes noires. D'autres sont indifférents parce qu'ils ne le connaissent pas ou peu et ne veulent pas en savoir plus. Pour d'autres, il est un grand personnage, au même titre que César ou Bouddha. Au temps de Jésus déjà, ces opinions étaient présentes. Les Pharisiens et les Sadducéens lui en veulent à mort[47]. Certains sont indifférents ou juste curieux, comme Hérode qui cherchera à le voir au moment de la Passion. D'autres enfin les considèrent comme un envoyé de Dieu : « *Pour les uns, il est Jean Baptiste ; pour d'autres, Élie ; pour d'autres encore, Jérémie ou l'un des prophètes.* » Mais ce qui intéresse Jésus, c'est la réponse de ses disciples, car c'est sur eux qu'il compte pour poursuivre sa mission après sa mort et sa résurrection, qu'il va annoncer pour la première fois juste après cet épisode : « *Pour vous, qui suis-je ?* »[48] **La réponse de Pierre, et celle de**

---

[47] Il vient d'ailleurs de les traiter de « génération mauvaise et adultère » (Mt 16,4) et il a demandé à ses disciples de se méfier de leur « levain » (Mt 16,11).

[48] Lorsque Jésus pose la question à ses disciples, ils sont dans la région de Césarée de Philippe, c'est-à-dire à la limite entre le territoire d'Israël et celui des païens. C'est là qu'on adore le dieu Pan, dans une grotte qu'on trouve encore aujourd'hui à Banias, et c'est là aussi que

Jésus ensuite, vont nous permettre de dire qui est Jésus, mais aussi qui nous sommes.

Pour commencer, **qui est Jésus ?** C'est Pierre qui nous le révèle, ou plutôt c'est le Père qui le révèle à travers lui, et non pas « *la chair et le sang* » (i.e. les capacités naturelles) : « *Tu es le Messie, le Fils du Dieu vivant !* »[49] Nous trouvons ici deux titres. **Le Messie** d'abord : *messiah* en hébreu, ou *christos* en grec, signifie « *celui qui est oint* » de l'Esprit Saint pour sauver son peuple. Il rejoint un autre titre, le seul employé par Jésus pour parler de lui-même, « *le Fils de l'homme* », un mystérieux personnage qui viendra sur les nuées du ciel pour combattre avec le peuple saint contre les forces du mal, et à qui il sera donné une domination, une gloire et une royauté éternelles sur tous les peuples (Dn 7,14)[50]. Dans l'imaginaire

---

Philippe – frère d'Hérode - s'est fait construire une ville à laquelle il a donné le nom de l'empereur, qui veut lui-même être vénéré comme un dieu.

[49] *Seul le Père pouvait le lui révéler, comme Jésus l'avait dit auparavant : « Tout m'a été confié par mon Père ; personne ne connaît le Fils, sinon le Père. » (Mt 11,27)*

[50] *Ce titre est celui que Jésus a employé le plus souvent pour se désigner lui-même. Il a un double sens. D'abord, il signifie « homme », tout simplement. Dans le livre d'Ezekiel, ce titre est appliqué près d'une centaine de fois au prophète lui-même. Mais il a un autre sens, que l'on ne trouve que dans le livre du prophète Daniel. Là, il désigne un mystérieux personnage qui viendra sur les nuées du ciel pour combattre avec le peuple saint contre les forces du mal, et à qui il sera donné une domination, une gloire et une royauté éternelles sur tous les peuples (Dn 7, 14). En se donnant ce titre,*

d'Israël, le Messie a aussi cet aspect puissant, il renvoie au roi David, qui a été oint par Samuel et qui a vaincu tous les ennemis de son peuple. Depuis la mort de celui-ci, les Juifs attendent un nouveau Messie, dont les prophètes ont annoncé la venue. Au temps de Jésus, leur attente est vive, car beaucoup rêvent de vaincre l'oppresseur romain. Certes, le prophète Isaïe a bien annoncé un mystérieux Serviteur souffrant, mais beaucoup estiment qu'il a évoqué là les épreuves du peuple d'Israël lui-même, et ne font pas le rapprochement avec le Messie qu'ils espèrent.

« *Le Fils du Dieu vivant* »[51]. Auparavant, hormis le diable et les démons, seuls les disciples dans la barque l'avaient exprimé, mais c'était après un acte de puissance extraordinaire, puisque Jésus avait marché sur l'eau et fait cesser la tempête. Certes, c'est ici dans le calme de la vie quotidienne que Pierre est capable d'exprimer la vérité.[52] Cependant, ce second titre qu'il exprime est tout aussi ambigu que le premier. Même si on ne peut en réduire le

---

Jésus signifie à la fois qu'il est pleinement homme, mais aussi qu'il est roi. Son humanité est manifeste (il mange et il boit avec les pécheurs, il dort dans la barque battue par les flots, il pleure parfois...), sa royauté est encore cachée, même s'il a déjà manifesté sa supériorité sur les forces du mal, notamment en chassant de nombreux démons.

[51] *L'évangéliste emploie ici 3 articles : le Fils, du Dieu, le Vivant.*

[52] *Dans les évangiles, peu sont allés aussi loin dans l'acte de foi. En contemplant Jésus mourir sur la croix, le centurion s'écriera : « Vraiment, cet homme était le Fils de Dieu ! » (Mc 15, 39) Et*

sens à celui qu'on trouve dans l'Ancien Testament, où le titre de « *fils de Dieu* » est appliqué parfois au Messie et parfois à tous les fils d'Israël, il évoque lui aussi la puissance. Il faudra du temps avant que les disciples comprennent que la divinité de Jésus signifie avant tout un Amour humble et docile à la volonté de son Père.

Pour chasser l'ambiguïté de ces deux titres, Jésus, comme il avait rejeté dans le désert les séductions de Satan d'un messianisme temporel, et comme il avait refusé d'être proclamé roi après la multiplication des pains, « *ordonna* » à ses disciples « *de ne dire à personne qu'il était le Messie* ».

Cette révélation sur l'identité de Jésus est suivie d'une autre sur celle de Pierre et plus largement de tous les disciples du Christ, c'est-à-dire de l'Eglise: « *Heureux es-tu, Simon fils de Yonas* [...] *Tu es Pierre* (kepha *en hébreu,* petrus *en grec), et sur cette pierre je bâtirai mon Église.* » Dans tout l'Ancien Testament, le *roc*, c'est Dieu lui-même. Eh bien, Dieu donne à un simple mortel, dont la foi est bien fragile, comme nous le verrons par la suite et même dès dimanche prochain, une mission qui dépasse de loin les forces humaines. Il est temps maintenant pour Jésus de préparer l'avenir : puisqu'il va se diriger vers sa Passion et sa Mort, il veut bâtir son Église, qui continuera son œuvre sur la terre. Et à sa tête, il place quelqu'un qui n'est pas un surhomme, mais simplement un

---

Thomas, après la résurrection, lui dira : « *Mon Seigneur et mon Dieu !* » *(Jn 20, 28)*

croyant. Il lui confie le pouvoir des clefs, qui symbolise l'autorité sur une maison. C'est ainsi que du temps d'Isaïe, le Seigneur avait retiré les clefs du palais royal à Shebna, qui s'était montré un mauvais serviteur (il s'était notamment fait construire sur les hauteurs de Jérusalem un splendide tombeau avec l'argent public) pour les confier à Eliakim, qui fut au contraire un serviteur dévoué et désintéressé (1° lect.).

Jésus dit aussi à Pierre : « *tout ce que tu auras lié sur la terre sera lié dans les cieux, et tout ce que tu auras délié sur la terre sera délié dans les cieux.* » Un peu plus tard, il donnera aux autres apôtres de partager ce pouvoir (Mt 18,18). Dans le langage juridique des rabbins, lier et délier signifiait interdire et permettre. Plus profondément, il s'agit de lier le diable et les esprits mauvais, et de délier ceux qui sont leurs victimes. Plusieurs moyens sont possibles pour y parvenir, mais notamment le sacrement de réconciliation, par lequel le prêtre peut absoudre les péchés, s'il rencontre un repentir sincère. Donner un tel pouvoir à des hommes, quelle « folie » de la part de Dieu ! Oui, nous pouvons admirer la profondeur infinie de son dessein, comme l'a fait saint Paul : « *Quelle profondeur dans la richesse, la sagesse et la science de Dieu ! Ses décisions sont insondables, ses chemins sont impénétrables !* » (2° lect.) Mais attention, le pouvoir qu'ont reçu les apôtres n'est pas arbitraire, il est fondé sur celui du Fils de l'homme, qui est descendu ciel pour vaincre toutes les forces du mal. Aussi, « *la puissance de la Mort ne l'emportera pas* » sur l'Église, pourtant composée de croyants si fragiles. Littéralement, le texte dit : « *les portes de l'Hadès n'auront pas de force contre elle ».* L'Église possède donc non seulement une puissance « défensive » contre les assauts du mal (elle est stable comme une pierre), mais aussi « offensive », pour aller délivrer ceux qui sont enfermés dans les enfers (elle est puissante comme le Ressuscité). Une des plus fameuses icônes orientales montre Jésus debout victorieux sur les portes des enfers, brisées en forme de croix...

Ainsi, frères et sœurs, **posons-nous souvent la question : « pour moi, qui est Jésus ? »** Est-il vraiment pour moi le Fils du Dieu vivant, celui qui me sauve de la mort et de l'enfer sous toutes ses formes ? Ai-je conscience d'être moi-même une *pierre vivante* de son Église, appelé malgré mes limites à participer à la mission du pape et des évêques, qui est d'annoncer aux hommes la Bonne Nouvelle de ce Dieu Sauveur ? Certains autour de nous disent aimer le Christ mais non l'Église. Ils oublient que la seconde est le Corps du premier. Certes, elle est composée de pécheurs, et c'est pourquoi les pères du Concile Vatican II ont écrit qu'elle était *« semper reformanda »*, i.e. qu'elle devait sans cesse de convertir. Mais à travers ses faiblesses, la puissance du Christ se manifeste. Rendons grâce à celui qui est le Roc sur lequel nous pouvons bâtir nos vies !

22ème dimanche : Qu'il renonce à lui-même, qu'il prenne sa croix chaque jour, et qu'il me suive.

Frères et sœurs, **sommes-nous prêts à marcher à la suite du Christ ?** Puisque nous sommes ici, c'est que nous y sommes déjà engagés. Mais la question est de savoir si nous sommes prêts à aller jusqu'au bout de notre marche avec lui, jusqu'à la résurrection. Pour y parvenir, le Christ nous donne 3 conditions : *« Celui qui veut marcher à ma suite, qu'il renonce à lui-même, qu'il prenne sa croix chaque jour, et qu'il me suive »*. Pierre était prêt à marcher à la suite d'un Messie glorieux, mais il a d'abord refusé de suivre un Messie souffrant. Lorsque Jésus annonce pour la 1ère fois : *« Il faut que le Fils de l'homme souffre beaucoup, qu'il soit rejeté par les anciens, les chefs des prêtres et les scribes, qu'il soit tué, et que, le troisième jour, il ressuscite »*, il se permet de lui faire *de vifs reproches.* Jésus est obligé de le reprendre très fermement, devant tous les disciples afin qu'ils comprennent : *« Passe derrière moi, Satan ! Tu es pour moi une occasion de chute : tes pensées ne sont pas celles de Dieu, mais celles des hommes. »* Alors que Pierre s'était laissé inspirer par le Père quelques instants plus tôt, il a laissé Satan l'influencer juste après. **Méditons sur les trois conditions pour devenir de véritables disciples du Christ : renoncer à nous-mêmes, prendre nos croix chaque jour, et le suivre.**

« *Qu'il renonce à lui-même* ». Cette première condition ne va-t-elle pas contre notre désir naturel de nous épanouir et de développer notre personnalité ? Nietzsche et beaucoup d'autres voient la morale chrétienne comme castratrice, une « morale d'esclaves ». En fait, il s'agit non de renoncer à la vie et au bonheur, mais à notre propre volonté. Pourquoi ? Parce que nous ne sommes pas de bons juges de ce qui est bon pour nous. Comme les brebis ou enfants qui peuvent se perdre et se faire beaucoup de mal s'ils sont laissés à eux-mêmes, nous avons besoin d'être guidés par un pasteur qui connaît le chemin vers le bonheur et éduqués par un Père qui nous apprend à vivre. Saint Philippe Néri disait chaque jour au réveil : « *Seigneur, méfie-toi de Philippe* » ! C'est pourquoi nous demandons sans cesse : « *Que ta volonté soit faite sur la terre comme au ciel* ». Il s'agit non seulement d'éviter le mal, mais aussi de choisir le plus grand bien. Saint Paul exhorte ainsi les Romains : « *Ne prenez pas pour modèle le monde présent, mais transformez-vous en renouvelant votre façon de penser pour savoir reconnaître quelle est la volonté de Dieu : ce qui est bon, ce qui est capable de lui plaire, ce qui est parfait.* » (Rm 12,2). Parmi les sept dons de l'Esprit Saint, c'est celui de Conseil, qui parfait la vertu de prudence, qui nous permet de prendre les meilleures décisions.

Le renoncement est nécessaire non seulement parce que notre nature a été blessée par le péché, et que nous sommes parfois attirés par le mal, mais aussi parce que notre nature est limitée et ne cherche pas spontanément à obéir à la volonté divine. La preuve en est que Jésus lui-même a dû combattre parfois pour accepter la volonté de son Père. Ce fut le cas notamment le Jeudi Saint à Gethsémani. Jésus était habité de deux volontés, une humaine et l'autre divine, comme le déclara solennellement le concile de Constantinople III en 681. Après la dernière Cène, Jésus est violemment tenté par Satan de rejeter la volonté de son Père. Pourtant, il lui dit à plusieurs reprises : « *Non pas ma volonté, mais la tienne* » (Luc 22,42) Jésus n'a pu demeurer fidèle à son Père que grâce à la prière ; les apôtres eux, parce qu'ils se laissèrent dominer par le sommeil alors que Jésus leur avait demandé de prier eux-aussi, furent infidèles... N'oublions jamais ce que Jésus avait déjà dit dans le sermon sur la montagne : « *Il ne suffit pas de me dire : 'Seigneur, Seigneur !', pour entrer dans le Royaume des cieux ; mais il faut faire la volonté de mon Père qui est aux cieux.* » (Mt 7,21)[53]

« Qu'il prenne sa croix chaque jour ». Après avoir discerné la volonté de Dieu, il faut être fidèle pour l'accomplir jusqu'au bout, malgré les croix du quotidien. Jésus n'a pas combattu seulement à Gethsémani, mais aussi tout le lendemain, jusqu'à crier sur la croix : « *Mon Dieu, mon Dieu, pourquoi m'as-tu abandonné ?* » (Mt 27,46). Ces paroles ont beau être tirées d'un psaume qui se termine par un grand cri d'espérance, elles expriment une souffrance terrible. Cette fois, parmi les vertus et les dons de l'Esprit Saint, c'est la force

---

[53] *Thérèse renonça à elle-même la nuit de Noël 1886 : « Je sentis, en un mot, la charité entrer dans mon cœur, le besoin de m'oublier pour faire plaisir, et depuis lors je fus heureuse. »*

qu'il nous faut demander. Il ne suffit pas d'avoir renoncé à un moment donné à sa volonté propre, il faut refaire ce choix *« chaque jour »*. Les religieux et religieuses qui ont prononcé leurs vœux, les prêtres qui ont fait des promesses, les hommes et les femmes mariés qui se sont engagés l'un envers l'autre lors d'une célébration solennelle doivent renouveler leurs engagements chaque jour, à l'image de la Vierge Marie qui ne s'est pas contenté de dire *« oui »* au Seigneur lors de la visite de l'archange Gabriel, mais qui a renouvelé son engagement chaque jour jusqu'à son Assomption. *« C'est par votre persévérance que vous obtiendrez la vie »* (Lc 21,19).[54]

« Qu'il me suive ». Sous-entendu : *« qu'il me suive même et surtout là où il a peur d'aller »*. Après avoir souffert la croix, Jésus est descendu aux enfers. Cette spiritualité du Samedi Saint est ignorée de beaucoup de chrétiens. Elle a pourtant été expérimentée par tous les saints. C'est ce que les mystiques appellent *« la nuit de la foi »*. A un moment donné, le disciple du Christ se trouve dans les ténèbres. Au-delà de la souffrance de la croix, il ne ressent plus la présence de son

---

[54] *Thérèse a porté des croix physiques (froid, manque de sommeil, tuberculose…) mais aussi spirituelles (manque de délicatesse de certaines sœurs, et surtout la maladie psychique de son papa). A la fin de sa vie, elle écrivit : «Je n'aurais jamais cru qu'il était possible de tant souffrir… jamais jamais ! Je ne puis m' expliquer cela que par les désirs ardents que j'ai eus de sauver des âmes »*

Bien-Aimé[55]. Saint Jean de la Croix a décrit dans le Cantique spirituel cet état qu'il a traversé très profondément. Sainte Thérèse de Lisieux a vécu dans cet état durant les 18 derniers mois de sa courte vie. Elle écrit dans son autobiographie : « *Il faut avoir voyagé sous ce sombre tunnel pour en comprendre l'obscurité…La Foi, ce n'est plus un voile pour moi, c'est un mur…Lorsque je chante le bonheur du ciel, l'éternelle possession de Dieu, je n'en ressens aucune joie, car je chante simplement ce que JE VEUX CROIRE* » (Ms.C;5,7). Grâce à ses lettres qui furent publiées après sa mort, on a découvert qu'une autre Thérèse, celle de Calcutta, avait passé la majorité de sa vie dans cette obscurité. « *On me dit que Dieu m'aime, et pourtant la réalité de l'obscurité, et de la froideur, et du vide est si vaste, que rien ne touche mon âme* », témoigne-t-elle dans une de ces lettres. Dans cette situation, c'est grâce aux dons de crainte et de piété que nous pouvons rester fidèles au Seigneur…[56]

Ainsi, frères et sœurs, **celui qui veut marcher à la suite du Christ, c'est-à-dire être son disciple, doit accepter de vivre**

---

[55] *La bien-aimée du Cantique des Cantiques s'écrie : « Sur ma couche pendant les nuits, j'ai cherché celui que mon cœur aime ; je l'ai cherché et je ne l'ai point trouvé ». (Ct 3,1)*

[56] *Thérèse a vécu les 18 derniers mois de sa vie dans la nuit spirituelle : « La Foi, ce n'est plus un voile pour moi, c'est un mur…Lorsque je chante le bonheur du ciel, l'éternelle possession de Dieu, je n'en ressens aucune joie, car je chante simplement ce que JE VEUX CROIRE ».*

avec lui le mystère pascal, qui passe à travers le Jeudi, le Vendredi et le Samedi Saints. Mais ce cheminement aboutit au dimanche de la Résurrection. Jésus le dit clairement : *« celui qui veut sauver sa vie la perdra ; mais celui qui perdra sa vie pour moi la sauvera ».* Si nous voulons « sauver notre vie » en écoutant l'Adversaire qui nous pousse à nous défier de Dieu, nous la perdrons. Nous perdrons la vraie vie, la vie éternelle, qui est la vie divine. Mais si nous acceptons de « perdre » notre vie terrestre en faisant confiance au Messie de Dieu qui nous invite à marcher à sa suite, nous la sauverons. La vérité de ces paroles, seule l'expérience peut nous permettre de l'éprouver. Alors, frères et sœurs, prions les uns pour les autres, afin que l'Esprit Saint insuffle sans cesse en nous ses dons de conseil, de force, de crainte et de piété, et que nous acceptions de mourir chaque jour avec le Christ pour ressusciter chaque jour et à la Parousie avec lui. AMEN.

23ème dimanche : Qu'as-tu fait de ton frère ?

Qu'est-ce que l'Eglise, frères et sœurs ? **L'Eglise, ce n'est ni une secte, ni une mafia, c'est une famille.** Lorsqu'on appartient à une secte ou à une mafia, il est difficile à la fois d'y rester, parce qu'il y a des règles strictes à respecter sous peine d'être puni, et d'en sortir, parce que ceux qui cherchent à le faire sont souvent harcelés ou éliminés. Dans l'Eglise, chacun est libre, mais cela ne signifie pas qu'on peut faire n'importe quoi. Il y aussi des commandements à respecter, ceux de l'Amour. Comme saint Paul l'écrit 2 fois dans un court passage aux Romains, « *celui qui aime les autres a pleinement accompli la Loi* » (2° lect.). Que faire lorsqu'un membre enfreint la Loi de l'Amour ? Deux écueils sont à éviter. Le premier est de ne rien faire. Les parents et les éducateurs savent qu'il est plus confortable de ne pas voir le mal que de le redresser. Pour un maître nageur qui voit quelqu'un se noyer au loin dans les vagues, ou un pompier qui sait qu'une personne est prisonnière des flammes, il est moins risqué de ne pas bouger que de se jeter dans l'eau ou dans le feu. Le deuxième écueil est de vouloir éliminer l'auteur du mal en même temps que le mal lui-même, comme les moissonneurs qui voulaient arracher l'ivraie en même temps que le bon grain[57]. Ce que le Christ nous demande, ce n'est ni d'ignorer

---

[57] *Des chrétiens sont parfois tombés dans ces deux travers, dans le premier en voulant éviter le scandale public, notamment dans le cas des prêtres pédophiles, et dans le second en brûlant certains comme sorciers ou sorcières, au temps de l'Inquisition (même si cette institution a aussi accompli du bon travail dans certains cas).*

le mal, ni de condamner son auteur, mais de l'aider à ne plus le commettre. Pourquoi ? D'abord parce que le péché blesse celui qui le commet. Ensuite parce que le péché blesse aussi l'Eglise elle-même, et ceux du dehors qui la regardent[58] : que nous le voulions ou non, nous sommes tous liés les uns aux autres, comme les membres d'un seul corps, et comme le démontre l'effet papillon, cette théorie selon laquelle un battement d'ailes de papillon au Brésil peut provoquer une tempête au Texas. « *Qu'as-tu fait de ton frère ?* » demande le Seigneur à Caïn, qui lui répond : « *Je ne sais pas. Est-ce que je suis, moi, le gardien de mon frère ?* » (Gn 4,9) Oui, **nous sommes tous gardiens et responsables les uns des autres, comme le Petit Prince est responsable de sa rose et comme on demande à un enfant de s'occuper de son petit frère ou de sa petite sœur. Comment y parvenir ? Le Christ nous propose un cheminement en 5 étapes.**

Pour commencer, **il me faut éviter le péché**, c'est-à-dire d'enfreindre la Loi de l'Amour. Jésus a eu des paroles radicales dans le passage qui précède celui que nous venons d'entendre: « *Si ta main ou ton pied t'entraîne au péché, coupe-le et jette-le loin de toi. Il vaut mieux pour toi entrer dans la vie éternelle manchot ou boiteux, que d'être jeté avec tes deux mains ou tes deux pieds dans le feu éternel.* » (Mt 18,8) Mon propre péché peut entraîner au mal les

---

[58] « *Ce qui montrera à tous les hommes que vous êtes mes disciples, c'est l'amour que vous aurez les uns pour les autres.* » *(Jn 13,35)*

« *petits* » qui sont à côté de moi. Inversement, ma sainteté peut les entraîner au bien : « *attire-moi, nous courrons* » écrit sainte Thérèse en reprenant le Cantique des cantiques (1,4).

Mais je ne peux me contenter de mon propre salut. La 2ème étape consiste à **reprendre mon frère qui a péché, d'abord seul à seul**. Il faut commencer par ce dialogue à deux, d'abord pour éviter à mon frère d'éprouver de la honte aux yeux de tous, et pour comprendre les tenants et aboutissants de ses actes. « *Si ton frère a commis un péché, va lui parler seul à seul et montre-lui sa faute. S'il t'écoute, tu auras gagné ton frère.* » Jésus demande à ses disciples ce que le Seigneur avait demandé à Ezekiel : « *Si je dis au méchant : 'Tu vas mourir', et que tu ne l'avertisses pas, si tu ne lui dis pas d'abandonner sa conduite mauvaise, lui, le méchant, mourra de son péché, mais à toi, je demanderai compte de son sang. Au contraire, si tu avertis le méchant d'abandonner sa conduite, et qu'il ne s'en détourne pas, lui mourra de son péché, mais toi, tu auras sauvé ta vie* » (1° lect.). Je dois reprendre mon frère qui pèche, non pour le condamner, mais pour l'inviter à la conversion. Certes, c'est risqué, car je peux le blesser dans son amour propre, et je peux être blessé moi-même s'il me rejette violemment. Mais le salut de mon frère est à ce prix. Saint Paul en était profondément conscient, lui qui écrit aux Corinthiens: « *Avec les faibles, j'ai été faible, pour gagner les faibles. Je me suis fait tout à tous pour en sauver à tout prix quelques-uns.* » (1 Co 9,22)[59] C'est ainsi que saint Dominique

---

[59] *Ou encore : « Si quelqu'un faiblit, je partage sa faiblesse ; si quelqu'un vient à tomber, cela me brûle. » (2 Co 11,29)*

« gagna » son premier frère, en discutant toute une nuit avec un cathare dans une auberge du sud de la France. De même, la Petite Thérèse voulait sauver des âmes. La première fut celle de Pranzini, un condamné à mort pour qui elle pria et qui, après avoir rejeté l'aide de Dieu, embrassa le crucifix juste avant de mourir.

La 3ème étape est **un dialogue en petit groupe**, à trois ou quatre : « *S'il ne t'écoute pas, prends encore avec toi une ou deux personnes afin que toute l'affaire soit réglée sur la parole de deux ou trois témoins.* ». Cette nouvelle étape permet d'élargir ma subjectivité, avec d'autres regards pour mieux comprendre mon frère, et d'autres paroles qui le toucheront peut-être davantage. N'oublions pas que Jésus avait envoyé ses apôtres deux par deux.

La 4ème étape est le **jugement de toute la communauté**. Le mot « jugement » est à prendre ici au sens noble, car il s'agit bien de juger si mon frère fait toujours ou non partie de la communauté. Certes, nous sommes membres de l'Eglise par notre baptême, mais le Christ a dit aussi : « *Celui qui fait la volonté de mon Père qui est aux cieux, celui-là est pour moi un frère, une sœur et une mère.* » (Mt 12,50) Le baptême n'est pas magique, il doit être accompagné d'un engagement à vivre selon l'évangile. Si mon frère refuse de le faire, ce n'est pas la communauté qui l'exclue, c'est lui qui s'exclue lui-même : « *s'il refuse encore d'écouter l'Église, considère-le comme un païen et un publicain.* » Jésus déclare ici que la communauté possède ce pouvoir de jugement, pouvoir *de lier et de délier* (c'est-à-dire le pouvoir judiciaire, dans le langage des rabbins), qu'il avait d'abord donné dans les mêmes termes à Pierre après sa confession de foi à Césarée de Philippes.

Tout est-il terminé ? Non, il reste une 5ème étape. Souvenons-nous que Jésus était « *l'ami des publicains et des pécheurs* » (Mt 11,19), qu'il a tout fait pour les ramener au bercail, comme des brebis perdues. Ce n'est parce que mon frère ne fait plus partie de la communauté qu'il n'est plus aimé par elle, bien au contraire. Comme une mère vis-à-vis de ses enfants, elle souffre de cet éloignement. Que reste-t-il encore ? **La prière**. Certes, celle-ci était importante dès le départ, avant même d'aller rencontrer mon frère en tête à tête, afin que mes actes et mes paroles soient vraiment inspirés par l'Esprit d'Amour. Mais ici, il s'agit de la prière communautaire. Jésus nous assure que *si deux d'entre nous* « *sur la terre se mettent d'accord pour demander quelque chose, ils l'obtiendront de mon Père qui est aux cieux. Quand deux ou trois sont réunis en mon nom, je suis là, au milieu d'eux.* » Quel encouragement ! Quelle invitation à prier avec davantage de force durant nos célébrations !

Pour conclure, frères et sœurs, rendons grâce au Seigneur de nous avoir accueillis dans sa grande famille, qui est l'Eglise. Nous ne sommes pas un groupe de « purs », tels que les cathares se voulaient eux-mêmes, **nous sommes tous de pauvres pécheurs. Mais ce que le Seigneur nous demande, c'est de nous entraider à devenir des saints, non seulement**

pour notre bien à chacun, mais aussi pour le celui de notre communauté, de l'Eglise et du monde. En ce début de nouvelle année pastorale, **demandons au Seigneur de nous éclairer de son Esprit d'Amour, qui est aussi Esprit de Vérité et Esprit de Force, et soyons des gardiens les uns pour les autres. AMEN.**

24ᵉᵐᵉ dimanche : Jusqu'à soixante-dix fois sept fois

Comment pardonner ? Frères et sœurs, cette question est centrale pour nos existences. Que nous le voulions ou non, nous y sommes souvent confrontés. Pourquoi ? Parce que nous nous blessons mutuellement, parfois avec méchanceté, et parfois sans le vouloir. Lorsque nous-mêmes offensons quelqu'un, nous devons apprendre à demander pardon, ce qui nous oblige à faire preuve d'humilité. Cela est vrai même lorsque notre offense n'était pas volontaire[60]. Il ne s'agit pas de savoir si mon frère a raison ou tort de m'en vouloir, il s'agit de le libérer de sa rancune, même si je n'en suis pas vraiment responsable. C'est là une action difficile à réaliser, mais qu'en est-il lorsque c'est moi qui ai été offensé ? Certes, nous percevons bien, par la raison, que le pardon vaut mieux que la rancune, mais nous sommes parfois confrontés à nos limites et nous ne parvenons pas à pardonner. Il ne s'agit pas d'oublier l'offense, c'est souvent impossible, comme on ne peut oublier une blessure physique dont on voit la cicatrice sur notre corps. Le Christ ressuscité avait encore les marques de sa Passion inscrites sur son corps lorsqu'il a pardonné à ses disciples. Il s'agit donc de « donner par-delà l'offense », de passer au-dessus, comme un perchiste qui passe au-dessus de

---

[60] *Jésus dit ainsi à ses disciples : « lorsque tu vas présenter ton offrande à l'autel, si, là, tu te souviens que ton frère a quelque chose contre toi, laisse ton offrande, là, devant l'autel, va d'abord te réconcilier avec ton frère, et ensuite viens présenter ton offrande. » (Mt 5,23 24)*

la barre aux Jeux olympiques. Et ce dépassement, que ce soit pour le perchiste ou pour celui qui pardonne, est source d'une joie immense. Mais nous ne sommes pas tous de grands athlètes. Dans un premier temps, nous verrons pourquoi le pardon nous est si difficile parfois. Ensuite, nous écouterons le Christ qui veut nous donner d'y parvenir.

Pourquoi nous est-il si difficile de pardonner ? D'abord parce que la nature en nous se révolte contre le mal. Lorsqu'une violence nous est infligée, notre nature nous pousse à y répondre par une autre violence. N'oublions pas que nous avons été créés le 6ème jour, le même jour que les bêtes sauvages (cf Gn 1,24). Dans la Genèse, Dieu dit à Caïn, irrité parce qu'Il a préféré le sacrifice de son frère Abel au sien : « *Si tu agis bien, tu pourras relever ton visage. Mais si tu n'agis pas bien, le péché est accroupi à ta porte. Il est à l'affût, mais tu dois le dominer.* » (Gn 4, 7) De fait, Caïn ne sut pas le dominer, il « *se jeta sur son frère Abel et le tua.* » (Gn 4, 8) A partir de ce premier meurtre, la violence animale tapie dans l'homme va se déchaîner de plus en plus. Elle va aboutir à un bien triste personnage, Lamek, descendant de Caïn, qui se vante auprès de ses femmes : « *Pour une blessure, j'ai tué un homme ; pour une meurtrissure, un enfant. Caïn sera vengé sept fois, et Lamek, soixante-dix fois sept fois !* » (Gn 4, 23-24)

Outre nos pulsions animales, notre intelligence peut aussi être tentée de répondre qu'il faut répondre au mal par le mal. N'est-ce pas une question de justice ? N'est-ce pas aussi une question de pédagogie, afin d'éviter que mon agresseur ne m'inflige un nouveau mal ? D'ailleurs, Dieu lui-même ne punit-il pas ceux qui l'offensent, dans certaines circonstances ? Autant Il est indulgent par rapport à toutes les fautes commises par son peuple avant le don de la Loi, autant Il ne laisse rien passer ensuite. Ainsi, par exemple, Il se met en colère contre Israël qui se plaint parce qu'il n'a que la manne à manger (cf Nb 11,^{33}), ou encore contre Myriam et Aaron qui sont jaloux de Moïse (cf Nb 12,$^{9\text{-}10}$)[61].

Après avoir écouté nos pulsions animales et nos raisonnements illustrés par l'Ancien Testament, écoutons le message du Christ. A Pierre qui lui demande : *« Seigneur, quand mon frère commettra des fautes contre moi, combien de fois dois-je lui pardonner ? Jusqu'à sept fois ? »*, il répond : *« Je ne te dis pas jusqu'à sept fois, mais jusqu'à soixante-dix fois sept fois. »* Pierre pensait être généreux en proposant de pardonner sept fois. D'une part, les écoles rabbiniques elles-mêmes, à son époque, proposaient d'aller jusqu'à *« quatre fois »*. Et puis sept est un chiffre parfait, dans la mentalité juive. Mais Jésus veut aller plus loin. En donnant le nombre de *« soixante-dix fois sept fois »,* il signifie que la mentalité de Lamek doit être bel et bien achevée. Comme on parle de l'explosion de la violence, Jésus invite à une explosion de l'Amour. Tout comme le nucléaire peut détruire des millions

---

[61] Et à ce même Moïse monté sur la montagne, Il se révèle comme celui *« qui garde sa fidélité jusqu'à la millième génération, supporte faute, transgression et péché, mais ne laisse rien passer, car il punit la faute des pères sur les fils et les petits-fils, jusqu'à la troisième et la quatrième génération.»* (Ex 34, 7)

de vies, ce qu'illustrent les exemples d'Hiroshima et de Nagasaki, il peut aussi donner de la lumière à des millions de personnes.

Mais où trouver la force de pardonner ? Pour nous y aider, Jésus nous offre une parabole. La somme que doit le serviteur à son roi, 10 000 talents, est astronomique : par comparaison, l'historien Flavius Josèphe nous raconte que les deux provinces de Galilée et de Pérée, en l'an 4 av. JC, payèrent 200 talents d'impôt, c'est-à-dire 50 fois moins ! La somme indiquée par Jésus est donc symbolique : elle met en lumière à la fois la gravité de notre péché par rapport à Dieu et la non-gravité des offenses que nous subissons nous-mêmes, en comparaison. Mon péché par rapport à Dieu est infiniment grave, puisqu'il touche celui dont l'amour pour moi est infini. Les offenses que je subis des autres sont des peccadilles, en comparaison. Or, comment le Seigneur réagit-il à mes offenses ? Il est « *pris de pitié* » : le verbe grec employé ici par Matthieu est très fort, il signifie littéralement « *être remué jusqu'aux entrailles* ». C'est le sentiment que Dieu éprouve pour son peuple, à l'image d'une mère pour son enfant (Is 49,15); c'est le sentiment que Jésus éprouve devant la veuve de Naïm (Lc 7,13), devant le lépreux (Mc 1,41), et devant les foules sans berger (Mt 14,4 & 15,32) ; c'est le sentiment que le Seigneur éprouve envers chacun d'entre nous lorsque nous reconnaissons nos péchés avec humilité devant lui. Comme nous l'avons dit dans le psaume: « *il n'agit pas envers nous selon nos fautes, ne nous rend pas selon nos offenses [...] aussi loin qu'est l'orient de l'occident, il met loin de nous nos péchés.* » Sur la Croix, le Christ a dû à nouveau éprouver ce sentiment lorsqu'il a demandé à son Père : « *pardonne-leur : ils ne savent pas ce qu'ils font.* » (Lc 23,34) A son école, de nombreux chrétiens ont été capables de pardonner : Etienne, après avoir été lapidé ; Takashi Nagaï, le « Gandhi japonais » présent au moment de l'explosion de Nagasaki ; Maïti Girtanner, cette résistante torturée pendant la seconde guerre mondiale et à qui son bourreau est venu demander pardon 40 ans après les faits[62]... et bien d'autres encore.

---

[62] *Nous sommes en 1984. Maïti Girtanner reçoit la visite de Léo, un homme qu'elle n'a pas vu depuis 40 ans. N'ayant plus que quelques semaines à vivre à cause d'un cancer, il vient lui demander pardon. Qu'a-t-il à se faire pardonner ? Pendant la guerre, Maïti lui avait été confiée par un général de la Gestapo pour qu'il la torture. En 1940, âgée de 18 ans, elle avait créé un réseau de résistants, presque tous de jeunes étudiants. Mais fin 1943, arrêtée par hasard dans une rafle, elle était tombée dans l'horreur. En février 1944, laissée pour morte après une bastonnade qui devait l'achever, elle avait été récupérée par des membres de la Croix Rouge. Pianiste de talent, elle ne pourrait plus jamais rejouer. Pire encore, il lui faudrait huit années de soins à l'hôpital avant de pouvoir se remettre debout, sans que la souffrance disparaisse totalement pour autant... Comment réagit Maïti devant son bourreau ? Par un acte de vengeance pour se décharger de sa rancune ? Par une froide indifférence pour ne pas réveiller la douleur de ses blessures anciennes ? Non, Maïti répond par le pardon. Par sa foi, elle a trouvé la force d'accomplir ce qui paraissait impossible à vues humaines.*

Ainsi, frères et sœurs, il n'est pas facile de pardonner, car nos pulsions et notre raison nous poussent parfois à répondre au mal par le mal. Mais le Christ, lui, nous invite à aimer et pardonner sans mesure. **La force pour y parvenir, nous pouvons la puiser dans le cœur de Dieu, qui ne cesse pas de nous aimer et de nous pardonner.** En réalité, pardonner et recevoir le pardon vont de pair, car ils signifient un cœur ouvert à l'action de Dieu. Un cœur qui refuse de pardonner est malade, comme nous le suggérait Ben Sirac le Sage : « *Si un homme nourrit de la colère contre un autre homme, comment peut-il demander à Dieu la guérison ?* » C'est pourquoi, dans le Notre Père, nous disons : « *pardonne-nous nos offenses comme nous pardonnons aussi à ceux qui nous ont offensés* ». Ce n'est pas que le Seigneur conditionne sa générosité en fonction de la nôtre. C'est plutôt que si nous fermons notre cœur, nous ne pouvons pas recevoir les flots de sa miséricorde, comme une bouteille fermée par un bouchon qui serait immergée dans un océan. Alors, pourquoi ne pas placer la semaine à venir sous le signe de la réconciliation ? Allons recevoir le sacrement de l'Eglise, et demandons au Seigneur de pardonner Lui-même à ceux qui nous ont offensés. Alors, nous goûterons avec Lui une joie immense, celle d'avoir su donner par-delà les limites de notre nature. AMEN.

25ème dimanche : Allez, vous aussi, à ma vigne

Frères et sœurs, **sommes-nous reconnaissants au Seigneur de travailler à sa vigne ?** La plupart d'entre nous avons reçu le baptême à la 1ère heure, c'est-à-dire à l'aube de nos existences. Ce jour-là, nous sommes devenus des sarments de la vigne, un symbole important dans la Bible, qui va nous accompagner pendant les 3 prochains dimanches. Dans l'Ancien Testament, elle représente l'alliance avec le Seigneur. Dans le Nouveau, le Christ déclare qu'il est lui-même la vigne, et que nous en sommes les sarments (Jn 15,5). C'est dire que l'alliance avec Dieu s'accomplit dans le Christ, en qui nous pouvons être unis au Seigneur. Mais cette union n'est pas passive, il ne suffit pas d'avoir été baptisés, il faut aussi accomplir la volonté du Seigneur. Dans la parabole de ce dimanche, les ouvriers de la 1ère heure vis-à-vis de ceux de la 11ème représentent à la fois les Juifs par rapport aux païens, les pharisiens par rapport aux publicains et aux pécheurs, les chrétiens de tradition par rapport aux nouveaux convertis… A première vue, on pourrait donner raison aux premiers qui se plaignent : que dirait-on de salariés à temps partiel qui gagneraient autant que ceux à temps complet ? Ou d'athlètes aux Jeux olympiques qui remporteraient tous la médaille d'or, quelle que soit leur performance ? Mais la logique de Dieu n'est pas celle des hommes : « *Mes pensées ne sont pas vos pensées, et mes chemins ne sont pas vos chemins, déclare le Seigneur. Autant le ciel est élevé au-dessus de la terre, autant mes chemins sont élevés au-dessus des vôtres, et mes pensées, au-dessus de vos pensées* » (1° lect.)

Nos pensées ressemblent bien souvent à celles des premiers ouvriers de la parabole. Ils se plaignent parce qu'il leur semble que le Maître de la vigne est injuste. En réalité, ils sont malades de jalousie, l'une des 7 maladies les plus graves qui touchent le cœur humain, qu'on appelle les péchés capitaux. Ils se plaignent parce que le Maître donne aux ouvriers qui n'ont travaillé qu'une seule heure autant qu'à eux, qui ont peiné toute la journée. Pourquoi agit-il ainsi ? Non parce qu'il est injuste -il leur donne ce qu'il leur avait promis - mais parce qu'il est généreux et miséricordieux. En réalité, ce maître donne à tous un denier (une pièce avec l'effigie de l'empereur, c'est-à-dire la sienne), parce que c'est la somme qui était nécessaire à l'époque de Jésus pour faire vivre une famille pendant une journée. Cela signifie que Dieu veut donner à tous la vie. Et cette vie, c'est la sienne : à chacun, le Seigneur se donne tout entier. Il ne peut donner plus aux uns qu'aux autres, puisqu'Il se donne tout entier. Jusqu'à la fin de notre vie, Il nous appelle à travailler à sa vigne ; si nous acceptons de le faire, nous recevons en nous la vie divine, comme le bon larron à qui Jésus a dit sur la croix : « *aujourd'hui, avec moi, tu seras dans le paradis* » (Lc 23,43). Cet évangile nous pose 3 questions : premièrement, **savons-nous entendre les appels du Seigneur**, qui nous accueille sans cesse à travailler à sa vigne ? Deuxièmement, une fois que nous avons accepté de répondre à ces appels, **travaillons-nous avec joie**, ou à contre cœur, en peinant comme sous une lourde charge ? Troisièmement, **savons-nous appeler nous-mêmes** nos frères et sœurs de la terre à travailler à la vigne du Seigneur ?

Premièrement, **savons-nous entendre les appels du Seigneur**, qui nous accueille sans cesse à travailler à sa vigne ? La plupart d'entre nous n'a pas répondu personnellement à l'appel au baptême – nos parents l'ont fait pour nous – mais nous avons certainement répondu à l'appel à la première communion et à la confirmation. Mais ces appels à recevoir un sacrement ne sont pas les seuls que le Seigneur nous adresse. Chaque jour, Il nous appelle à nouveau à travailler à sa vigne. Dans une paroisse, on s'aperçoit que la plupart des tâches sont assumées par les mêmes personnes. Mais même en dehors de la paroisse, le Seigneur continue d'appeler à travailler à sa vigne : en servant les pauvres, par exemple. Ne nous arrive-t-il pas de faire la sourde oreille, et de préférer « rester sur la place », sans travail ? Saint Vincent de Paul, que nous fêterons mercredi prochain, a eu besoin de temps avant de s'engager pleinement dans ce travail. Son désir de devenir prêtre était lié aux bénéfices financiers qu'il voulait en retirer. C'est en rencontrant Bérulle, alors qu'il était aumônier de la reine Margot, qu'il se convertit, renonce à ses bénéfices, et cherche à se donner pleinement à Dieu et aux pauvres.

Deuxièmement, **une fois que nous avons accepté de répondre aux appels du Seigneur, travaillons-nous avec joie et humilité, ou avec lassitude et orgueil, comme si nous étions propriétaires de notre mission** ? Lorsque nous servons ainsi, cela se sent, et cela peut faire chuter ceux que Jésus appelle « les petits » dans la foi. Si Nietzsche voyait dans le christianisme une « morale d'esclaves », c'est parce que nombre de chrétiens autour de lui vivaient leur foi plus comme un carcan que comme une bonne nouvelle libératrice. Or, si le travail en soi est un bien, comme l'illustre bien le drame actuel du chômage, le travail au service de Dieu l'est encore davantage. Saint Vincent servait les pauvres avec joie et humilité, disant d'eux qu'ils étaient « *ses maîtres* ».

Troisièmement, **savons-nous appeler nous-mêmes nos frères et sœurs de la terre à travailler à la vigne du Seigneur ?** Certes, c'est le Seigneur qui est à la source, mais Il nous a appelés à être ses témoins : « *Allez ! De toutes les nations faites des disciples : baptisez-les au nom du Père, et du Fils, et du Saint-Esprit, apprenez-leur à observer tout ce que je vous ai commandé* » (Mt 28,19-20). C'est donc à nous d'appeler autour de nous ceux qui sont « sans travail », non pas au sens d'une profession, mais au sens d'une place dans la vigne du Seigneur. Ce sont nos frères chrétiens qui se contentent de la messe du dimanche (ce qui est admirable en soi, bien sûr), mais aussi tous nos frères non-chrétiens. C'est là le sens de la mission, à laquelle le Pape François ne cesse de nous inviter. Saint Vincent sut appeler beaucoup de monde pour travailler à la vigne du Seigneur : après avoir appelé les paroissiens de Châtillon les Dombes à secourir une famille pauvre et malade qui était abandonnée, il fonda les Dames de la Charité, puis les Filles de la Charité, qui attirèrent beaucoup de femmes et de jeunes filles.

Après nous être posés ces 3 questions, frères et sœurs, il apparaît que leurs réponses dépendent d'une seule : **avons-nous conscience de la grâce immense que le Seigneur nous fait lorsqu'il nous appelle à travailler à sa vigne ?** Le Seigneur souhaite que tous les hommes travaillent à sa vigne, parce qu'Il désire nous y donner sa vie. Quelle tristesse de voir tant d'hommes et de femmes qui ne trouvent pas de sens à leur vie, ou qui s'en donnent un qui n'est pas celui du bonheur, comme ces jeunes qui partent en Orient pour combattre le jihad au côté de terroristes qui sèment la mort autour d'eux… En tant que chrétiens, nous avons une immense responsabilité, celle de travailler à la vigne du Seigneur, cette vigne qui produit le vin, symbole de la joie des noces de Dieu avec l'humanité… Alors, n'ayons pas peur d'entendre ses appels, dans et en dehors de l'Eglise. Répondons-y avec joie, et non comme sous la contrainte, pour nous donner bonne conscience. Et appelons autour de nous, afin que d'autres puissent partager notre joie. Prenons exemple sur saint Paul : alors qu'il était loin du Christ, sur le chemin de Damas, il a su entendre son appel ; ensuite, il a travaillé avec une immense joie à sa vigne ; et alors qu'il rêvait de rejoindre Celui qui l'avait appelé, dans son Royaume, il est resté sur la terre pour poursuivre son travail et appeler de nouveaux ouvriers à la vigne, partout où il allait : « *je voudrais bien partir pour être avec le Christ, car c'est bien cela le meilleur ; mais, à cause de* *vous, demeurer en ce monde est encore plus nécessaire. »* (2° lect.). Cette semaine, je vais me poser cette question : **comment puis-je mieux travailler à la vigne du Seigneur ? à quoi m'appelle-t-Il** dans ma paroisse, dans mon diocèse, ou ailleurs ?

28ᵉᵐᵉ dimanche : Célébrons dans la joie nos noces avec Dieu

« *Allez venez et entrez dans la danse* ». Frères et sœurs, je ne vais pas chanter ce tube de l'année 2015, que nous avons tous entendu aux derniers mariages auxquels nous avons participé, mais je vais nous poser une question : **sommes-nous prêts à entrer dans la danse, à nous réjouir des noces de Dieu avec l'humanité ?** Même si nous sommes habitués à appeler Dieu notre Père, il veut être aussi notre Époux, et ne faire plus qu'un avec l'âme de chacun[63]. L'image de ses noces avec nous court toute la Bible : on la trouve dans le Cantique des Cantiques, chez plusieurs prophètes, dans les évangiles et jusque dans l'Apocalypse. Nous venons de l'entendre décrite par Isaïe d'une manière très belle et réconfortante pour nous, qui devons faire face au mal et à la souffrance sous tant de formes : « *Ce jour-là, le Seigneur, Dieu de l'univers, préparera pour tous les peuples, sur sa montagne, un festin... Il détruira la mort pour toujours. Le Seigneur essuiera les larmes sur tous les visages* » (1° lect.). Jésus lui-même s'est déclaré comme l'époux de l'humanité et ce n'est pas un hasard si le premier signe qu'il accomplit est lors des noces de Cana. **La parabole**

---

[63] *Le Cantique des Cantiques, c'est-à-dire le Cantique par excellence, chante dans une suite de poèmes l'amour passionné d'un roi et de sa bien-aimée, qui se joignent et se perdent, se cherchent et se trouvent. Si ce livre érotique, que nombre de rabbins et d'auteurs chrétiens ont commenté de manière privilégiée, notamment saint Bernard - qu'on nommait docteur de l'Amour - a été inclus dans le canon des Écritures, c'est parce qu'il symbolise la relation de Dieu avec l'humanité.*

de ce dimanche peut être interprétée à deux niveaux, d'abord historique, ensuite spirituel.

Selon le premier niveau, nous comprenons que les premiers invités à ses noces ont été les Juifs, mais que beaucoup ont refusé l'invitation et ont maltraité les serviteurs de son Père, ses propres disciples. Mais ce refus a permis aux païens de participer aux noces, sans qu'il soit question de mérites, puisque *« les méchants comme les bons »* ont été invités. Seulement, parmi les païens qui sont devenus chrétiens, certains ne portent pas le vêtement de noces, ce qui signifie qu'ils ne vivent pas à la manière du Christ, selon l'évangile. Tous ceux-là sont mis à mort ou rejetés *« dans les ténèbres du dehors, là où il y a des pleurs et des grincements de dents »*. Cette apparente dureté de la part de Dieu nous surprend ? En réalité, ce n'est pas Lui qui rejette certains, puisqu'Il veut au contraire que tous puissent participer aux noces de son Fils, ce sont ces hommes qui se sont exclus eux-mêmes. La vie de saint Paul l'illustre bien : il a d'abord annoncé l'évangile aux Juifs, il a été parfois persécuté et leur refus l'a poussé vers les païens, mais parmi ceux qui sont devenus chrétiens, il n'a eu de cesse de combattre pour la conversion de ceux qui vivaient de manière indigne de l'évangile[64]...

En plus de cette interprétation historique, je vous en propose une spirituelle, qui lui est complémentaire, et qui concerne

---

[64] *« Il ne suffit pas de me dire : "Seigneur, Seigneur !" pour entrer dans le Royaume des cieux ; il faut faire la volonté de mon Père qui est aux cieux. » (Mt 7,21)*

aussi bien les Juifs que les chrétiens, et donc nous-mêmes. Selon cette interprétation, le festin de noces décrit par Isaïe est celui que Dieu nous offrira à la fin des temps, mais aussi celui qu'Il nous offre de façon plus modeste lors de nos eucharisties, qui sont comme des noces où le Christ se donne à nous, et aussi lors de toutes ses invitations : à chaque fois que nous répondons à ses appels, nous expérimentons la joie d'être unis à Lui, même si cette joie est parfois accompagnée de douleur. Malheureusement, nous savons qu'une multitude d'hommes et de femmes ne veulent pas répondre aux appels du Seigneur, ni pour participer au festin eucharistique (même parmi les chrétiens), ni pour accomplir sa volonté dans leurs vies quotidiennes. Nous-mêmes, il nous arrive de refuser ses appels et de nous priver ainsi de la joie des noces. Pourquoi ses refus ? Le Christ **évoque 3 raisons dans l'évangile : l'indifférence, l'hostilité, et l'orgueil.**

Pour commencer, **l'homme peut faire preuve d'indifférence**. Les premiers invités à la noce « *n'en tinrent aucun compte et s'en allèrent, l'un à son champ, l'autre à son commerce* ». Ils sont trop occupés à gérer leurs propres affaires. Cette indifférence par rapport à Dieu, autre facette de la préoccupation pour les choses matérielles, a traversé l'histoire. D'abord, Jésus lui-même a dû l'affronter. Le jeune homme riche, qu'il avait appelé à le suivre, est reparti tout triste parce qu'il avait de grands biens. Et Jésus dut aussi reprendre Marthe, non parce qu'elle le servait, mais parce qu'elle s'agitait au lieu de prendre le temps de l'écouter, comme sa sœur Marie.

Ensuite, c'est l'Église qui a dû faire face à l'indifférence. Même si elle a existé à toutes les époques, elle n'a sans doute jamais été aussi forte qu'aujourd'hui. Parmi les non-chrétiens, combien n'ont jamais pris le temps de se poser les questions essentielles ? Et parmi les chrétiens eux-mêmes, combien rejettent les invitations du Christ à prier, à servir, à se former, à célébrer les sacrements et en particulier l'Eucharistie ? « *Je n'ai pas le temps, le dimanche il faut que je dorme… que je règle les affaires que je n'ai pas eu le temps de régler pendant ma semaine surchargée…* » Une de mes grandes tristesses est d'entendre des enfants dire qu'ils n'ont pas le temps d'aller à la messe parce qu'ils doivent faire leurs devoirs et réviser pour les examens… Maintenant que les magasins ouvrent le dimanche, voilà une autre « bonne raison » pour ne pas répondre à l'invitation du Christ !

En plus de l'indifférence, **une deuxième raison de refuser les appels de Dieu est l'hostilité**. Dans l'évangile, certains des invités à la noce « *empoignèrent les serviteurs, les maltraitèrent et les tuèrent* ». Manifestement, ils détestent ce roi qui les a invités. Jésus a fait face à l'hostilité dès le début de son ministère[65]. Comme son maître, l'Église a dû y faire

---

[65] *En saint Marc, c'est dès le chapitre 3, après qu'il eut apparemment violé le commandement du sabbat, que « les pharisiens se réunirent avec les partisans d'Hérode contre lui, pour*

face dès ses débuts. Pendant les trois premiers siècles après la résurrection, d'abord, elle a subi des persécutions au sein de l'empire romain. Au temps de Néron, par exemple, des milliers de chrétiens furent mis à mort. A partir de l'empereur Constantin, avec l'édit de Milan en 313, les persécutions cessèrent. Mais elles ressurgirent d'une manière plus ou moins larvée tout au long des siècles. Aujourd'hui encore, des milliers de chrétiens sont persécutés dans le monde, et nombre d'entre eux meurent martyrs[66].

Et nous, ne nous arrive-t-il pas d'être hostiles à Dieu, consciemment ou inconsciemment, en refusant sa volonté ? Par exemple, lorsque nous refusons de pardonner ou même que nous souhaitons ou faisons du mal à quelqu'un ?

Après l'indifférence et l'hostilité, **il reste un troisième obstacle à l'union avec Dieu: l'orgueil**. La raison pour laquelle l'homme sans le vêtement de noces (qui rappelle celui que

---

voir comment le faire périr. » (Mc 3,6) La haine contre lui, elle cachait en réalité une haine contre Dieu, comme il le révéla à ses adversaires à une autre occasion: « d'ailleurs je vous connais : vous n'avez pas en vous l'amour de Dieu » (Jn 5,42), allant jusqu'à leur déclarer plus tard: « Vous venez du démon, qui est votre père, et vous cherchez à réaliser les désirs de votre père. » (Jn 8,44)

[66] *Parmi les plus connus, si Jean-Paul II échappa de très peu à la mort le 13 mai 1981 sur la place saint Pierre, Mgr Romero fut assassiné au moment où il célébrait l'Eucharistie dans son diocèse de San Salvador le 24 mars 1980.*

nous revêtons lors de notre baptême)[67] est jeté dehors, dans la parabole, ce n'est pas tant parce qu'il n'a pas ce vêtement, que parce qu'il ne répond rien au roi qui l'interroge. Il n'a pas assez d'humilité pour demander au Roi de le pardonner. Nous sommes tous indignes[68], mais le Seigneur nous invite à lui exprimer notre confiance, comme nous le faisons dans chaque eucharistie. Après avoir récité le *confiteor* au début, accompagné du « *kyrie eleison, Seigneur, prends pitié* », nous ajoutons avant la communion : « *Seigneur, je ne suis pas digne de te recevoir, mais dis seulement une parole et je serai guéri* ».

Finalement, frères et sœurs, c**e que le Seigneur demande de nous, ce n'est pas la perfection morale, même si nous devons y tendre, c'est la bonne volonté.** Prenons exemple sur saint Paul, qui a répondu à l'appel du Seigneur, se laissant transformer par lui jusqu'à pouvoir écrire aux Philippiens : « *je peux tout* **en celui** *qui me fortifie* » (2° lect.) et aux Galates (2,20) : « *Je vis, mais ce n'est plus moi, c'est le Christ qui vit en moi* ». Il a vécu l'union avec le Christ déjà sur la terre. Ainsi, puisque le Seigneur désire s'unir intimement avec nous, sachons reconnaître ses appels et ne soyons ni indifférents, ni hostiles, ni orgueilleux, mais partageons dans la joie humble

---

[67] *St Paul, notamment, invite les Éphésiens à* « *revêtir l'Homme nouveau, qui a été créé selon Dieu, dans la justice et la sainteté de la vérité.* » *(Ep 4,24)*

[68] « *Tous les hommes sont pécheurs et sont privés de la gloire de Dieu* » *(Rm 3,23)*

de pécheurs pardonnés le festin que Dieu veut nous offrir dans l'Eglise invisible, sans oublier d'inviter nos frères du dehors à y participer également. AMEN.

29ème dimanche : Rendez à César ce qui est à César, et à Dieu ce qui est à Dieu

« *Je vous envoie comme des brebis au milieu des loups. Soyez donc rusés comme les serpents, et purs comme les colombes.* » (Mt 10,16) Frères et sœurs, **sommes-nous rusés et purs ?** L'évangile de ce dimanche peut nous aider à mettre en pratique ce commandement du Christ. Les loups, ce sont ici les Pharisiens, qui cherchent à prendre Jésus au piège à l'aide de leurs ennemis politiques, les partisans d'Hérode qui collaborent avec le pouvoir romain grâce à qui leur chef est sur le trône. Après l'avoir flatté de façon hypocrite pour éviter qu'il ne mente comme eux (« *Maître, nous le savons : tu es toujours vrai et tu enseignes le vrai chemin de Dieu ...* »), ils lui posent la question grâce à laquelle ils espèrent le faire chuter : « *Donne-nous ton avis : Est-il permis, oui ou non, de payer l'impôt à l'empereur ?* » Si Jésus répond négativement, il pourra être dénoncé comme un fauteur de trouble à la *pax romana* et dénoncé par les Hérodiens qui collaborent avec l'occupant; s'il répond positivement, il sera considéré lui-même comme un collaborateur, et même comme un idôlatre (puisque l'empereur demandait à être vénéré comme un dieu), et ce seront les Pharisiens qui auront beau jeu de lui faire perdre son crédit auprès du peuple. La réponse de Jésus est géniale, et elle va nous éclairer d'abord par son contenu, qui nous invite à la pureté, ensuite par sa forme, qui nous invite à la ruse.

Pour commencer, **le Christ nous invite à la pureté du cœur, en nous demandant de** « *rendre à César ce qui est à César, et à Dieu ce qui est à Dieu* ». Rendre à César ce qui est à César, cela signifie qu'il est juste de payer l'impôt à celui qui doit beaucoup dépenser pour le bien public. En cela, Jésus se situe dans la continuité avec l'enseignement de l'Ancien Testament, selon lequel tout pouvoir vient de Dieu (cf Sg 6,3). Cette conviction concerne les rois non seulement d'Israël, mais aussi des païens : s'ils obéissent à leur conscience, ils peuvent devenir eux aussi des instruments de la volonté divine. Ce fut notamment le cas de Cyrus, le Perse qui délivra les Israélites du joug du roi de Babylone (VI°s.). Par le prophète Isaïe, le Seigneur alla jusqu'à lui déclarer : « *Je t'ai rendu puissant, alors que tu ne me connaissais pas, pour que l'on sache, de l'Orient à l'Occident, qu'il n'y a rien en dehors de moi.* » (1° lect.). Saint Paul, appliquant le même principe, demandera aux premiers chrétiens de se soumettre aux autorités civiles (Rm 13,1.7)... Pour nous aujourd'hui, cela signifie être de bons citoyens, en payant nos impôts, en participant au débat public, en votant, en priant pour nos gouvernants...

Cependant, Jésus ajoute : « *rendez à Dieu ce qui est à Dieu* ». Il dé-divinise ainsi l'empereur, en relativisant son pouvoir, en le limitant au domaine temporel. Il nous faut le respecter mais il nous faut aussi – et même d'abord - rendre un culte à Celui qui nous a créés à son image. Saint Thomas d'Aquin considérait la vertu de religion (du latin *religere*, relier à Dieu) comme la première des parties de la vertu de justice, qui consiste à rendre à chacun ce qui lui est dû. Comment rendre à Dieu le culte qui lui est dû ? Si César a pu graver son effigie sur les pièces, qu'il faut donc lui « rendre », à combien plus forte raison la personne humaine faite à l'effigie de Dieu doit elle se « rendre » toute entière à son Créateur ! Se rendre, c'est-à-dire se livrer à son bon vouloir.

Jésus nous invite à l'innocence, mais aussi à la prudence. Certes, il est lui-même la colombe qui s'est offert en sacrifice, mais il a aussi fait preuve de ruse tout au long de sa vie sur la terre. S'il ne l'avait pas fait, il n'aurait pas pu accomplir sa mission, car c'est très vite après le début de son ministère que certains ont voulu le mettre à mort. Il n'a pas été crucifié à cause de sa faiblesse, mais au moment où il l'a bien voulu : « *Ma vie, nul ne peut me l'enlever : je la donne de moi-même. J'ai le pouvoir de la donner, j'ai aussi le pouvoir de la recevoir de nouveau* » (Jn 10,18) Sans cesse, il a déjoué les pièges de ses adversaires, notamment par ses déplacements continuels, en évitant d'aller là où on l'attendait, en se cachant parfois (cf la fête des tentes où il est monté en secret à Jérusalem, après avoir déclaré qu'il n'y monterait pas Jn 7,1-10). Dans le fameux discours sur la montagne, Jésus ne dit pas : « *Si on te prend ton manteau,* laisse prendre *ta tunique* », mais « *donne ta tunique* », et « *Si on te frappe sur la joue gauche,* laisse toi frapper *sur la droite en plus* », mais « *tends la joue droite* ». Ici, Jésus évite le piège des Pharisiens et des Hérodiens en commençant par mettre au jour leur hypocrisie : il leur demande de lui montrer la monnaie de l'impôt, qu'ils n'avaient pas le droit de porter, parce que l'effigie de l'empereur y était gravée (d'où la présence des changeurs dans le temple). Ensuite, il ne se laisse pas enfermer dans le choix qu'ils lui imposent *(« faut-il payer ou non ? »)*, il ne choisit pas entre Dieu et César, les deux ont leur place. *« A ces mots »*, conclue saint Matthieu, *« ils furent tout surpris et, le laissant, ils s'en allèrent»*. Par son intelligence, Jésus a déjoué leur piège.

Nous-mêmes, nous devons apprendre à être rusés. Lorsque autour de la machine à café de notre entreprise ou dans un dîner mondain, on nous pose des questions pour nous ridiculiser, comme le font certains journalistes dans certaines émissions, nous risquons de faire du tort non seulement à nous-mêmes mais aussi à l'Eglise. Comment parvenir à déjouer les pièges ? En invoquant le Christ, qui nous donnera *« un langage et une sagesse à laquelle tous nos adversaires ne pourront ni résister ni s'opposer. »* (Lc 21,15) Mais parce que la grâce ne supprime pas la nature mais la perfectionne, cela suppose qu'en amont, nous ayons approfondi notre foi. Là où un escrimeur esquivera sans mal les assauts d'un adversaire, un homme sans préparation sera vite transpercé par son épée.

Ainsi, frères et sœurs, le Seigneur nous invite à être rusés comme des serpents, et purs comme des colombes. C'est ainsi que nous pourrons déjouer les pièges de nos adversaires, et même en évangéliser certains. La pureté du cœur demande de rendre à chacun ce qui lui est dû, et donc d'apprendre à être justes. La ruse demande de pouvoir reconnaître les pièges et les déjouer, et donc d'apprendre à bien connaître notre foi, non seulement dans son caractère intemporel mais aussi dans ses éclairages sur les situations actuelles. Parmi les sujets les plus débattus et minés d'aujourd'hui, il y a la question de la laïcité, et donc des rapports entre les religions et la société civile. Pendant de longs siècles, les représentants de César et de Dieu se sont souvent querellés pour prendre le pouvoir les uns sur les autres. Depuis la loi de 1905 de séparation de l'Eglise et de l'Etat, au contraire, il existe en France une séparation radicale des domaines temporel et religieux. Lors du Concile Vatican II, dans la constitution Gaudium et Spes sur le rôle de l'Eglise dans la société (cf § 36), il fut énoncé que le temporel et le spirituel doivent être bien distingués, avec chacun son autonomie, et c'est pourquoi l'Église approuve le principe de la laïcité. Mais **distinction ne signifie pas séparation radicale : au contraire, il existe une hiérarchie entre les deux ordres car le temporel doit se soumettre au spirituel**, dans le sens où le monde a été créé par Dieu et est destiné à lui rendre gloire[69]. Prenons exemple sur sainte Jeanne d'Arc. Lors de son procès, elle se soumit avec respect à ceux qui l'interrogeaient, représentants des pouvoirs civil et religieux, mais sans jamais renier la Vérité, affirmant haut et fort : *« Dieu premier servi »*.

---

[69] Dans son Introduction à la Vie dévote, au XVIIème siècle, saint François de Sales écrit : « la vraie dévotion, non seulement ne gâte nulle sorte de vocation ni d'affaires, mais au contraire les orne et embellit. Toutes sortes de pierreries jetées dedans le miel en deviennent plus éclatantes, chacune selon sa couleur et chacun devient plus agréable en sa vocation la conjoignant à la dévotion : le soin de la famille en est rendu paisible, l'amour du mari et de la femme plus sincère, le service du prince plus fidèle, et toutes sortes d'occupations plus suaves et amiables. »

Comme elle et avec l'aide de son intercession, frères et sœurs, soyons rusés comme des serpents et purs comme des colombes, et témoignons avec force et douceur de notre Foi. AMEN.

30ème dimanche : « Aime et fais ce qu'il te plaît »

Pour beaucoup de nos contemporains, frères et sœurs, la religion est synonyme de carcan, avec une multitude d'obligations lourdes à porter. Est-ce ainsi que nous vivons notre foi chrétienne ? Non seulement elle nous impose peu de commandements (en comparaison notamment de nos frères juifs), mais surtout **ces commandements ne sont pas des fardeaux, mais au contraire des ailes** qui nous permettent de nous élever vers le Ciel, comme l'avait dit le pape Benoît XVI aux JMJ de Cologne. De quelles ailes s'agit-il ? De celles de l'amour. Que ce soient les commandements auxquels obéissent nos frères juifs, ou ceux auxquels nous obéissons en tant que chrétiens, ils peuvent tous se résumer en un seul : tu aimeras. C'est ce que Jésus révèle au docteur de la loi qui l'interroge pour le prendre au piège. Lui qui n'est qu'un pauvre charpentier de Galilée, comment saurait-il établir une hiérarchie entre les 613 commandements auxquels sont tenus les Juifs, encore aujourd'hui ? Certes, cette multiplicité (365 interdictions, actes « à ne pas faire », et 248 commandements, actes « à accomplir ») leur permettent de penser continuellement au Seigneur, mais le risque est grand de tomber dans le formalisme (un risque qui existe aussi pour les Chrétiens)... La réponse du Christ est lumineuse. En premier, il cite le commandement que les Juifs récitent chaque jour dans le *shema Israël*, tiré du Deutéronome : « *Tu aimeras le Seigneur ton Dieu de tout ton cœur, de toute ton âme et de toute ta force.* » (Dt 6,5) Puis il en ajoute un second, tiré du Lévitique (19,18), en précisant qu'il est semblable au premier: « *Tu aimeras ton prochain comme toi-même* ». Pourquoi avoir uni ces deux commandements ? Parce que **l'amour de Dieu est illusoire, s'il ne se concrétise pas dans l'amour du prochain et de soi**. En tuant son frère Abel, Caïn manifesta que son sacrifice pour le Seigneur n'avait pas été accompli avec amour. Inversement, l'amour du prochain et de soi-même est égoïste, s'il ne trouve sa source dans l'amour de Dieu. Les communistes du XXème siècle, à l'image des hommes qui construisirent la tour de Babel, rêvaient d'établir une fraternité universelle, mais leur illusion se manifesta par les dizaines de millions de morts qu'elle provoqua... **Cherchons maintenant à comprendre les deux commandements.**

« *Tu aimeras le Seigneur ton Dieu de tout ton cœur, de toute ton âme et de toute ta force.* » Pour commencer, notons la répétition du mot « *tout* », qui revient 3 fois. Le Seigneur nous appelle à l'aimer non de manière tiède, mais avec ferveur. Dans l'Apocalypse, il dit à l'Église de Laodicée : « *puisque tu es tiède – ni froid ni brûlant – je vais te vomir.* » (Ap 3,15-16) N'est-ce pas aussi notre comportement ? Nous sommes tentés d'aimer Dieu lorsque cela nous arrange, et de l'abandonner lorsque cela nous devient pénible. La croix est ainsi la mesure de l'amour.

Pourquoi avoir répété 3 fois le mot « *tout* », au lieu de se contenter de l'expression « de tout ton être » ? Parce que nous sommes appelés à aimer le Seigneur non seulement avec ferveur, mais aussi avec toutes les composantes de notre être : avec notre cœur, siège de la volonté et de l'intelligence ; avec notre âme, siège de la relation avec le monde spirituel ; avec notre force, qui se rattache au corps. Certains chrétiens aiment Dieu avec leur volonté et leur intelligence, mais ils ne prennent pas la peine de lui ouvrir leur âme dans la prière. D'autres se servent peu ou mal de leur corps pour prier. Les Juifs religieux, au contraire, prient en se balançant d'avant en arrière. D'autres chrétiens encore aiment Dieu sans se servir de leur intelligence, préférant garder la « foi du charbonnier » plutôt que de se former par des lectures ou des enseignements[70].

« *Tu aimeras ton prochain comme toi-même* ». L'amour de Dieu est bien le premier commandement, mais il doit se concrétiser dans l'amour de l'autre. Pourquoi cette unité entre les deux commandements ? Parce que Dieu s'est fait homme. Depuis la Création, mais de manière plus évidente encore depuis que *« le Verbe s'est fait chair »* (Jn 1, 14), le bonheur et la souffrance de l'un sont aussi le bonheur et la souffrance de l'autre : *« Saul, Saul, pourquoi me persécuter ? »* (Ac 9, 4), dit le Christ à l'ennemi de ses disciples...

---

[70] *Tous les saints ont mis en pratique le premier commandement. Bruno abandonna tout pour chercher Dieu dans la solitude de la chartreuse. François d'Assise et Dominique, avant de se donner au service de leurs frères pendant le jour, passaient une partie de leurs nuits en prière. Et Mère Teresa ne passait pas une journée sans recevoir l'eucharistie et sans prendre un temps d'oraison, alors même qu'elle y éprouvait beaucoup de sécheresse.*

Le frère que je dois aimer, l'Écriture l'appelle mon prochain pour éviter qu'il ne demeure une entité abstraite. Il est facile d'aimer l'humanité entière, mais plus difficile d'aimer mon voisin qui me dérange. Et celui qui me dérange le plus, c'est celui qui est pauvre, car il a vraiment besoin de moi.

Dans la Torah, Dieu a déjà demandé à son peuple un amour privilégié pour les plus pauvres, qui étaient à l'époque de Moïse l'émigré, la veuve et l'orphelin : « *Tu ne maltraiteras point l'immigré qui réside chez toi, tu ne l'opprimeras point, car vous étiez vous-mêmes des immigrés en Égypte. Vous n'accablerez pas la veuve et l'orphelin*» (1ère lect.). Jésus a fait de même dans la parabole du bon samaritain (Lc 10,25-37). Le prêtre et le lévite croyaient sans doute aimer Dieu, ils croyaient sans doute aimer les autres, mais ils n'ont pas su aimer l'homme à moitié mort qu'ils ont rencontré sur le bord du chemin. Le samaritain, au contraire, a non seulement été saisi de pitié en le voyant, mais il a aussi pris soin de lui, lui offrant de son temps et de ses biens.

A l'amour du prochain, le commandement du Lévitique ajoute : « *comme toi-même* ». Je ne peux pas aimer pleinement Dieu et mon prochain si je ne m'aime pas moi-même. Comme l'écrit Benoît XVI dans son encyclique *Deus caritas est* (§3-11), pour parvenir à l'*agapè*, l'amour divin et oblatif qui se donne, l'homme doit passer par l'*eros*, l'amour du pauvre qui accueille et reçoit. M'aimer moi-même n'est pas me comporter de façon narcissique, mais reconnaître que j'ai été créé à l'image même de Dieu et qu'Il m'a aimé au point de me sauver par son Fils. « *Le Fils de Dieu m'a aimé et s'est livré pour moi* » écrivait saint Paul (Ga 2,20) Et le pape saint Léon s'écriait : « *Chrétien, reconnais ta dignité !* »[71]

Ainsi, frères et sœurs, **le Seigneur nous appelle à un triple amour** : pour Lui-même, pour notre prochain, et pour nous-mêmes. Ce triple amour n'en fait qu'un, car il est le Don de Celui qui est l'Amour. Je ne peux aimer Dieu de tout mon être, et mon prochain comme moi-même, que si je me laisse d'abord aimer par le Seigneur. Malheureusement, pour beaucoup, Dieu et l'homme sont en concurrence. N'est-ce pas précisément ce que le serpent de la Genèse a voulu faire croire à Adam et Eve[72] ? L'homme oscille ainsi entre deux tentations : un amour de Dieu qui est une haine du monde, et un amour du prochain et de soi-même qui est une haine de Dieu[73]. **Le Christ, lui, a aimé son Père de tout son être, et il nous a aimés jusqu'à nous donner sa vie.** Il passait des nuits

---

[71] *Reprenons l'exemple de Mère Teresa : en quittant le couvent où elle menait sa vie de religieuse, elle n'aspirait qu'à servir Dieu et les plus pauvres. Le premier jour, elle partit dans les rues de Calcutta en se nourrissant à peine, tant sa générosité était grande. Le jour où elle perdit connaissance, épuisée par la fatigue, elle comprit qu'elle ne pourrait bien servir son prochain que si elle savait prendre des forces pour elle-même. Depuis lors, elle prit de solides repas avant d'aller aider les miséreux.*

[72] *« Dieu sait que, le jour où vous en mangerez (du fruit de l'arbre au milieu du jardin), vos yeux s'ouvriront, et vous serez comme des dieux, connaissant le bien et le mal. » (Gn 3,5)*

[73] *Le tsar Ivan le terrible, croyant servir Dieu, maltraita et fit exécuter des milliers de personnes. A l'opposé, le philosophe Nietzsche écrit dans plusieurs de ses ouvrages : « Dieu est mort ». Dans Ainsi parlait Zarathoustra, il en conclut : « Ne sommes-nous pas forcés de devenir nous-mêmes des dieux ? »*

entières en prière, et des journées entières à servir les hommes par sa parole et par ses miracles. Au moment de la dernière Cène, il a résumé les deux grands commandements en un nouveau : « *Comme je vous ai aimés, vous aussi aimez-vous les uns les autres.* » (Jn 13,34) **Sur la croix, formée par une poutre verticale et une poutre horizontale, il manifesta la perfection de son amour pour Dieu et pour les hommes.** Après avoir promis au bon larron : « *aujourd'hui, avec moi, tu seras dans le Paradis* » (Lc 23,43), il s'écria : « *Père, entre tes mains je remets mon esprit.* » (Lc 23,46) Cette semaine, immergeons-nous dans l'océan de l'amour de Dieu, et mettons en pratique l'invitation de saint Augustin : « *aime et fais ce qu'il te plaît* ». Nous connaîtrons alors « *la joie de l'Esprit Saint* » que saint Paul a reconnu chez les Thessaloniciens (2ème lect.)et nous pourrons nous écrier : « *Je t'aime, Seigneur, ma force, mon roc, ma forteresse* »!

31ème dimanche : Un seul Père, un seul Maître, un seul Enseignant

Frères et sœurs, **qui peut nous conduire vers le bonheur**, celui dont jouissent les saints que nous avons célébré il y a quelques jours, lorsque nous avons célébré la Toussaint ? Ce qui revient à demander : **qui peut nous apprendre à aimer ?** Contrairement aux animaux qui agissent selon les lois de la nature, l'homme n'a qu'un seul instinct: sucer le sein de notre mère ou le biberon. Tout le reste, nous devons l'apprendre : à marcher, à parler, à aimer… Parmi les multiples apprentissages de nos existences, l'essentiel est d'aimer car il correspond à notre aspiration la plus profonde : **aimer la vie, le bien, la vérité. C'est le Père qui donne la vie, le Maître qui éduque au bien, l'Enseignant qui transmet la vérité. Aussi, les hommes cherchent des pères, des maîtres, et des enseignants**. A l'époque du Christ, en Israël, ce sont principalement les pharisiens et les scribes qui assument ces trois rôles[74]. Jésus admet qu'ils parlent bien aux gens, mais il met en garde contre leur hypocrisie : « *Pratiquez donc et observez tout ce qu'ils peuvent vous dire. Mais n'agissez pas d'après leurs actes, car ils disent et ne font pas. Ils lient de pesants fardeaux et en chargent les épaules des gens ; mais eux-mêmes ne veulent pas les remuer du doigt* ». Pourquoi cette duplicité ? A cause de leur orgueil et de leur vanité : « *ils agissent toujours pour être remarqués des hommes [...] ils*

---

[74] *Il y a aussi les saducéens, les prêtres qui offrent les sacrifices. Après la chute du Temple, ils disparaîtront, et ce sont les pharisiens qui excluront les chrétiens des synagogues.*

aiment les places d'honneur dans les repas, les premiers rangs dans les synagogues, les salutations sur les places publiques, ils aiment recevoir des gens le titre de Rabbi. » Alors, faut-il renoncer à se laisser sanctifier, guider, et enseigner ? Non, le Christ nous appelle à une attitude adulte et responsable : *« Pratiquez donc et observez tout ce qu'ils peuvent vous dire »*. Mais il ajoute ensuite : tout en sachant bien qui est votre véritable Père, votre véritable Maître, votre véritable Enseignant. Qui sont-ils ? Cherchons maintenant à mieux les connaître.

« Ne donnez à personne sur terre le nom de père, car vous n'avez qu'un seul Père, celui qui est aux cieux. » Ici, Jésus ne laisse aucun doute sur l'identité du Père de tous. Il est la source de la Vie, cette Vie que nous devons chérir et protéger de son commencement jusqu'à son terme. Je parle ici à la fois de la Vie biologique et de la Vie spirituelle. Alors, ne sommes-nous pas dans la désobéissance en donnant ce même titre à nos papas, et aussi aux prêtres ? Non, à condition que nous comprenions qu'Il est *« la source de toute paternité au ciel et sur la terre. »* (Ep 3,15) Un père biologique doit être conscient qu'il ne l'est que par grâce divine, et que son enfant est avant tout celui de Dieu. De même, un prêtre doit être conscient qu'il ne peut enfanter des âmes à la Vie divine, que s'il s'abandonne lui-même à l'action de Celui qui veut sanctifier – c'est à dire donner Sa Vie -aux hommes à travers lui.

« Ne vous faites pas non plus appeler maîtres, car vous n'avez qu'un seul maître, le Christ. » Ici encore, Jésus est très clair sur l'identité du véritable Maître, à savoir lui-même. Est-ce là une

marque d'orgueil ? Non, une preuve d'humilité au contraire. Comme le disait sainte Thérèse d'Avila : « *l'humilité, c'est la vérité* ». Certes, il existe des « maîtres » qui lient de pesants fardeaux et en chargent les autres, sans les remuer eux-mêmes du doigt ; ils exigent de ceux dont ils ont la charge des sacrifices qu'eux-mêmes se refusent à réaliser. Tel n'est pas le Christ. Certes, il exige de véritables sacrifices, au contraire des démagogues qui vendent des illusions. Il a ainsi déclaré: « *Si quelqu'un veut venir à ma suite, qu'il se renie lui-même, qu'il se charge de sa croix chaque jour, et qu'il me suive.* » (Lc 9,23). Mais il a déclaré aussi : « *Prenez sur vous mon joug, devenez mes disciples, car je suis doux et humble de cœur, et vous trouverez le repos pour votre âme. Oui, mon joug est facile à porter, et mon fardeau, léger.* » (Mt 11, 29-30) Loin de lier de pesants fardeaux et d'en charger les épaules des gens, il a porté lui-même le fardeau de tous... un fardeau si pesant que, selon la tradition, il est tombé trois fois en portant sa croix jusqu'au calvaire. Au jeune homme riche qui lui demandait : « *Maître, que dois-je faire de bon pour avoir la Vie éternelle ?* », Jésus a demandé, après avoir rappelé l'importance du décalogue, le sacrifice de ses biens pour pouvoir le suivre (Mt 19,16.21), mais il le lui a demandé avec un regard plein d'amour et il l'a laissé libre.

« *Pour vous, ne vous faites pas donner le titre de Rabbi, car vous n'avez qu'un seul enseignant, et vous êtes tous frères.* » Alors que le Père donne la Vie et que le Maître est celui qui éduque au bien, l'Enseignant fait connaître la vérité. Qui est cet enseignant (*rabbi*, en hébreu)? Jésus le dira à ses apôtres lors de la dernière Cène : « *Quand il Viendra, lui, l'Esprit de vérité, il vous guidera vers la vérité tout entière.* » (Jn 16, 13) C'est grâce à l'Esprit Saint que tous les chrétiens sont frères, car c'est lui qui nous fait nous tourner vers notre Père commun (cf Rm 8,15 & Ga 4,6). Aucun être humain ne connaît toute la Vérité. Le peu que nous savons, c'est à l'Esprit Saint que nous le devons. Alors, faut-il mettre au chômage tous les instituteurs, tous les professeurs et tous les savants? Non, bien sur, car leur rôle est de communiquer la connaissance que l'Esprit confie à certains pour le profit de tous. En illuminant l'intelligence d'Archimède ou d'Einstein, il a permis à toute l'humanité de progresser sur le chemin de la Vérité. Mais tous les grands savants ont conscience, en progressant dans leurs recherches, qu'ils savent très peu de chose…

Ainsi, frères et sœurs, **rendons grâce à la Trinité Sainte qui est pour nous un Père, un Maître et un Enseignant.** Mais tout comme on peut ne pas écouter son papa, son chef chez les scouts ou son instituteur à l'école, **on peut ne pas écouter le Seigneur et ne pas progresser dans l'amour de la Vie, du Bien, et de la Vérité. L'obstacle majeur à l'écoute s'appelle l'orgueil**, qui nous fait croire que nous n'avons pas besoin de Dieu et des autres. C'est pour quoi Jésus termine son discours en déclarant : « *Le plus grand parmi vous sera votre serviteur. Qui s'élèvera sera abaissé, qui s'abaissera sera élevé* ». Le secret du progrès est l'humilité, synonyme de la pauvreté de cœur, la première béatitude. Alors, demandons au Seigneur de nous rendre humbles, à la fois pour nous approcher nous-mêmes de la Vie, du Bien et de la Vérité, mais aussi pour aider nos frères et sœurs à faire de même. N'oublions pas que nous sommes tous enseignants, pères ou maîtres d'autres personnes. Même un enfant peut l'être vis à vis de son petit frère ou de sa petite sœur. Est-ce que parfois nous n'accomplissons pas notre mission d'une manière intéressée, pour nous élever au-dessus des autres ? Pourtant, nous avons une mission à accomplir. Certains autour de nous peuvent passer toute leur existence en confondant la Vie avec le plaisir, le bien avec leurs caprices, et la vérité avec leurs opinions sincères. Comment les aider ? En nous laissant nous-mêmes sanctifier par le Père, guider par le Fils, et enseigner par l'Esprit. Ceux qui vivent ainsi deviennent de véritables témoins pour les autres. Prenons l'exemple de saint Paul, que nous avons entendu s'adresser aux Thessaloniciens. Loin de lier sur eux de pesants fardeaux, lui et ses collaborateurs ont été *« pleins de douceur, comme une mère qui entoure de soins ses nourrissons. »* Comme le Christ, ils ont porté eux-mêmes les fardeaux des disciples : *« Vous vous rappelez, frères, nos peines et nos fatigues : c'est en travaillant nuit et jour, pour n'être à la charge d'aucun d'entre vous, que nous vous avons annoncé l'Évangile de Dieu. »* (2° lect.) Alors, frères et sœurs, mettons-nous résolument à l'école de la bienheureuse Trinité, abaissons-nous afin d'être élevés par elle. Nous assouvirons alors nos aspirations les plus profondes, et nous aiderons nos proches à y parvenir eux-aussi. AMEN.

32ème dimanche : Veillez donc car vous ne savez ni le jour ni l'heure

Frères et sœurs, **avons-nous de l'huile ?** Je ne vous parle pas de l'huile d'olive ou de colza de votre cuisine, mais de l'huile de notre cœur, celle qui nous est nécessaire pour entrer dans le Royaume de Dieu. L'huile possède beaucoup de vertus : elle donne de la saveur aux aliments et fortifie, c'est pourquoi nous en mangeons ; elle adoucit et embellit, c'est pourquoi nous en mettons sur notre peau ; elle parfume, c'est pourquoi on peut la faire brûler comme de l'encens. De plus, l'huile permet de voir clair en brûlant dans l'obscurité.

Voilà pourquoi lors de notre baptême, de notre confirmation, et de notre ordination pour les prêtres, nous avons été oints de saint Chrême, symbole de l'Esprit Saint, cet Esprit qui nous fortifie, nous adoucit, nous embellit, nous donne la bonne odeur du Christ et nous donne de savourer la vie.

Dans l'évangile de ce jour, les jeunes filles représentent nos âmes, qui s'endormiront un jour dans la mort. C'est alors que l'Epoux, c'est-à-dire le Christ, surgira et nous invitera à partir à sa rencontre. Si nous possédons de l'huile, nous pourrons allumer nos lampes et entrer dans la salle de noces pour nous réjouir éternellement avec lui et les autres invités, mais si nous n'en possédons pas, nous devrons rester dehors dans les ténèbres. Jésus appelle les premières les vierges sages, ou prévoyantes, et les secondes les vierges folles, ou insouciantes.

Cela signifie que l'huile est un symbole non seulement de l'Esprit Saint mais aussi de la sagesse. C'est pourquoi les jeunes filles de la parabole ne peuvent pas la partager : on ne peut être sage pour l'autre (ce qui fait le tourment de nombre de parents, qui voient leurs enfants se comporter en insensés). Elle est le plus précieux des sept dons de l'Esprit Saint parce qu'elle nous rend semblables à Dieu[75]. Dans le livre dit de la Sagesse (1° lect.), elle est dépeinte d'une manière très belle : « *La Sagesse est resplendissante, elle est inaltérable [...] Méditer sur elle est en effet la perfection de l'intelligence, et qui veille à cause d'elle sera vite exempt de soucis.* » En latin, le mot *sapientia* vient du verbe *sapere* qui signifie à la fois *savoir* et *goûter* (d'où le mot « saveur »). La sagesse est donc une manière de vivre qui plaît à Dieu, et nous éclaire sur la vie et le chemin du bonheur. Elle est le bien le plus précieux que nous puissions désirer sur la terre. Nous en aurons besoin au moment de notre rencontre avec Dieu. Quand ce moment surviendra-t-il ? Nul ne le sait : « *Veillez donc car vous ne savez ni le jour ni l'heure* ». Aussi nous faut-il produire notre huile dès maintenant, afin d'être prêts le jour où nous devrons allumer nos lampes avec elle. **Comment y parvenir ? Le Seigneur nous donne la recette,**

---

[75] *Dans l'Ancien Testament, dans laquelle un tiers des livres lui sont consacrés (après la loi et les prophètes), elle a été peu à peu personnifiée comme une envoyée de Dieu lui-même. C'est pour cette raison que les Pères de l'Église ont vu en elle une préfiguration du Christ.*

qui comporte 3 ingrédients : le désir, la fidélité à la volonté de Dieu, et l'humilité.

Pour commencer, nous devons désirer la sagesse : « *Elle prévient ceux qui la désirent en se faisant connaître la première. Qui se lève tôt pour la chercher n'aura pas à peiner : il la trouvera assise à sa porte.* » (1° lect.) Le trésor de la sagesse ne se trouve donc pas au bout d'une longue et pénible quête, mais dans l'accueil d'un don que Dieu veut nous faire.

Quel est notre désir le plus profond ? Est-ce la richesse, la gloire, le plaisir ? Nous ne pouvons nous disperser. L'homme doit choisir une direction, qu'il le veuille ou non. Les marins qui viennent de partir du Havre pour la Transat Jacques Vabre ont mis le cap sur Salvador de Bahia, et ils doivent maintenir sans cesse leur cap s'ils veulent être les plus rapides possible.

La Sagesse se donne à ceux qui la désirent, mais aussi à ceux qui sont « *dignes d'elle* » (1° lect.) Cela signifie en particulier que **nous devons accomplir la volonté du Seigneur**. Les marins de la Transat Jacques Vabre ne se contentent pas de viser un cap, ils doivent accomplir un bon nombre de taches pour que leur bateau avance et profite du vent.

C'est ce que signifie la sentence finale de l'époux : « *Amen, je vous le dis : je ne vous connais pas* ». Elle renvoie à une autre de ses paroles : « *Ce n'est pas en me disant : "Seigneur, Seigneur !" qu'on entrera dans le royaume des Cieux, mais* c'est en faisant la volonté de mon Père qui est aux cieux[76]. [...] Alors je leur déclarerai : "Je ne vous ai jamais connus. Écartez-vous de moi, vous qui commettez le mal !" » (Mt 7,21-23) Il s'agit ici d'une connaissance profonde et intime, qui passe ne s'acquière qu'en agissant à la manière de Dieu lui-même.

Accomplir la volonté du Seigneur n'est pas toujours facile. Souvenons-nous de Jésus à Gethsémani, dans le jardin des oliviers, lorsqu'il prie : « *Père, si tu le veux, éloigne de moi cette coupe ; cependant, que soit faite non pas ma volonté, mais la tienne.* » (Lc 22,42) Pour obtenir de l'huile, il faut presser des olives, et c'est précisément le sens du mot Gethsémani, le jardin où Jésus a connu son agonie.

Désirer la sagesse et accomplir la volonté de Dieu ne suffisent pas, il faut aussi l'humilité. La participation aux noces de Dieu avec son peuple n'est pas un dû, mais un don gratuit, comme on est invité à un mariage. Certains des pharisiens accomplissaient les préceptes de la loi de Moïse, mais avec orgueil, en se considérant comme supérieurs aux autres. Or, le Christ a mis en garde ceux qui se croient être des sages, et qui sont en fait des insensés à qui les secrets de Dieu ne sont pas accessibles : « *Père, Seigneur du ciel et de la terre, je proclame ta louange : ce que tu as caché aux sages et aux savants, tu l'as révélé aux tout-petits.* » (Mt 11,25) Souvenons-nous des Mages (Mt 2,1-12) : eux étaient de vrais

---

[76] Ce jour-là, beaucoup me diront : "Seigneur, Seigneur, n'est-ce pas en ton nom que nous avons prophétisé, en ton nom que nous avons expulsé les démons, en ton nom que nous avons fait beaucoup de miracles ?"

sages, car leurs connaissances les ont aidés à trouver l'enfant de la crèche, devant lequel ils se sont prosternés ; les scribes à qui ils avaient demandé l'endroit où il devait naître, au contraire, étaient des fous, car leur sagesse apparente les a empêchés de parvenir à la vraie connaissance, à la rencontre avec Dieu.

Ainsi, frères et sœurs, le Seigneur pose aujourd'hui la question à chacun d'entre nous : **veux-tu recevoir de moi l'huile de la sagesse ?** Le jour où nous le rencontrerons après notre mort, nous en aurons besoin pour allumer nos lampes. Ce jour, nous ne savons pas quand il adviendra, c'est pourquoi nous devons veiller : « *Veillez donc, car vous ne savez ni le jour ni l'heure.* » Si nous veillons, c'est-à-dire si notre cœur demeure sans cesse animé par le désir de la sagesse et de la rencontre avec Dieu comme l'épouse du Cantique (« *je dors, mais mon cœur veille* ») (Ct 5,2), notre mort n'est plus à craindre, mais à espérer. C'est à quoi d'ailleurs saint Paul nous a exhortés : « *il ne faut pas que vous soyez abattus comme les autres, qui n'ont pas d'espérance. Jésus, nous le croyons, est mort et ressuscité ; de même, nous le croyons, ceux qui se sont endormis, Dieu, à cause de Jésus, les emmènera avec son Fils.* » (2° lect.) Le Seigneur, lui, espère en nous, et il est toujours éveillé, à l'image de la lampe à côté du tabernacle qui éclaire jour et nuit. Comme les chrétiens le faisaient dans le passé, demandons au Seigneur la grâce d'une bonne mort. Et prions chaque jour la Vierge Marie avec ces mots : « *Priez pour nous pauvres pécheurs,* **maintenant et** ***à l'heure de notre mort*** ».

33ème dimanche : Entre dans la joie de ton maître

Frères et sœurs, **que faisons-nous de nos talents ?** Voilà la question que le Seigneur nous pose ce dimanche. Elle est fondamentale puisque notre éternité en dépend. En ces derniers dimanches de l'année liturgique, l'Eglise nous invite à méditer sur le jugement qui nous attend à la fin de notre existence sur la terre. Comme saint Paul l'a rappelé aux Thessaloniciens, *« le jour du Seigneur viendra comme un voleur dans la nuit »* (2° lect.), ce qui signifie que nous devons nous tenir prêts. Spontanément, nous avons tendance à considérer le jugement dernier à la manière dont il est décrit dans nombre de civilisations ou religions : avec une balance dans laquelle seront pesées d'un côté nos bonnes actions, et de l'autres nos mauvaises. En réalité, le Christ nous révèle tout autre chose. Pourquoi le serviteur *« bon à rien »* est-il rejeté *« dans les ténèbres extérieures, là où il y aura des pleurs et des grincements de dents »* ? Parce qu'il a commis des actes abominables ? Non, tout simplement parce qu'il a eu peur et qu'il est allé cacher son talent dans la terre. N'oublions pas que nous disons dans le confiteor : *« Je confesse à Dieu tout-puissant, je reconnais devant mes frères que j'ai péché en pensée, en parole, par action et* **par omission** *»*. Nous péchons lorsque nous faisons le mal, mais aussi lorsque nous ne faisons pas le bien que nous pourrions faire… Le Seigneur nous a donné beaucoup de talents. Dans le domaine naturel (certains sont doués pour le dessin, d'autres pour la musique, d'autres encore pour le bricolage, etc.) mais aussi dans le domaine surnaturel. Les 3 talents les plus précieux, nous les avons tous reçus : la Foi, l'Espérance et la Charité. Beaucoup de nos contemporains n'ont pas cette grâce. Alors, comment les faisons-nous fructifier ? L'évangile va nous aider à répondre. Nous l'analyserons en observant d'abord **la confiance du maître**, ensuite **la crainte des deux premiers serviteurs** et enfin **la peur du troisième**.

Pour commencer, **admirons la confiance du maître de la parabole**. Le mot « confier » y revient sans cesse. Notons d'abord qu'il part en voyage. Comment ne pas songer au Christ, retourné auprès de son Père à l'Ascension ? Il arrive à certains, et à nous parfois peut-être, de regretter l'absence et le silence apparents de Dieu dans notre monde. Face à tout le mal qui nous entoure ou nous atteint, pourquoi ne réagit-Il pas ? Le Seigneur n'est ni indifférent ni inactif, mais Il nous laisse une réelle autonomie, Il nous accorde une réelle responsabilité. S'Il s'est reposé le 7ème jour de la création, ce n'est pas parce qu'il était fatigué, c'était pour nous permettre de poursuivre nous-mêmes son œuvre : *« remplissez la terre et soumettez-la. »* (Gn 1,28)

La confiance du maître se manifeste dans sa générosité. Les sommes qu'il donne à ses serviteurs sont énormes : au temps de Jésus, un talent était un lingot en argent ou en or et valait 6000 deniers, soit l'équivalent de 6000 journées de travail ! Autrement dit, même le 3ème serviteur, avec un seul talent, reçoit une fortune, de quoi vivre pendant près de 20 ans. Pourquoi les trois serviteurs ne reçoivent-ils pas la même somme ? Leur maître est-il injuste ? Non, il donne *« à chacun selon ses capacités »*. Ce qui rend heureux, ce n'est pas de disposer d'immenses capacités, c'est faire fructifier au mieux celles que nous possédons ; un jeune de 15 ans qui gagne son premier tournoi de tennis dans son club peut éprouver un bonheur aussi grand que celui de Roger Federer lorsqu'il a remporté son premier tournoi du grand chelem. De plus, le Seigneur demandera davantage à ceux à qui il a donné davantage...

Admirons ensuite la crainte des deux premiers serviteurs de la parabole. La crainte est le premier don de l'Esprit Saint qui est synonyme d'adoration confiante : *« Heureux qui craint le Seigneur et marche selon ses voies ! »* (ps). Et l'auteur du livre des proverbes a chanté les louanges de la femme vaillante, *« la femme qui craint le Seigneur »* (1° lect.). Grâce à cette crainte, les 2 serviteurs ont fait fructifier leurs talents, *« aussitôt »* qu'ils les ont reçus, et ils rapportent le tout à leur maître, qu'ils appellent *« Seigneur »* comme le troisième, mais avec une tout autre vision de sa seigneurie : ils n'ont pas peur de lui, ils ont confiance au contraire, ce qui leur a permis de prendre des risques et d'oser s'engager. En les entendant présenter leurs résultats, le maître répond à tous les deux: *« Très bien, serviteur bon et fidèle, tu as été fidèle pour peu de choses, je t'en confierai beaucoup ; entre dans la joie de ton maître. »* Les deux qualificatifs, *« bon et fidèle »*, s'opposent à ceux énoncés pour le troisième serviteur, *« mauvais et paresseux »*. La précision *« pour peu de choses »* met en lumière la richesse infinie du maître ; *« je t'en confierai beaucoup »* signifie qu'ils seront associés à la gestion même du royaume. C'est ainsi que Jésus dira aux apôtres : « *vous mangerez et boirez à ma table en mon Royaume, et vous siégerez sur des trônes pour juger les douze tribus d'Israël.* » (Lc 22,30) Enfin, il ne leur dit pas : « *reçois la joie de ton maître* », mais « *entre* » dans cette joie, signifiant ainsi qu'ils vont en être comblés, au-delà des limites de leurs cœurs... Il n'est pas dit que le maître récupère ses talents : il considère ses serviteurs comme des fils, à qui tout ce qu'il possède doit revenir en héritage. Comme le dira le Père dans la parabole du fils prodigue : « *tout ce qui est à moi est à toi.* » *(*Lc 15,31*)*

Pour finir, observons le comportement du troisième serviteur, basé sur la peur et la méfiance. « *Seigneur, je savais que tu es un homme dur [...]. J'ai eu peur, et je suis allé enfouir ton talent dans la terre. Le voici. Tu as ce qui t'appartient.* » C'est cette image basée sur la méfiance de Dieu que le serpent de la Genèse a inculquée à Adam et Eve. L'homme blessé par le péché doit guérir de la méfiance en Dieu et de son corolaire, la peur, une peur qui a poussé Adam à se cacher de Lui. Dans la Bible, la parole qui revient le plus fréquemment est : « *n'ayez pas peur* » ! Le 3ème serviteur a une vision faussée de son maître, qu'il juge avec insolence en projetant sur lui sa propre attitude. Si c'est justement celui qui a reçu le moins qui agit ainsi, c'est pour renverser le poncif selon lequel les riches sont forcément plus imbus d'eux-mêmes et plus injustes que les pauvres. La justice du cœur ne dépend pas des biens que l'on possède.

En entendant cette parole, le Maître se met de fait en colère, et fait jeter son serviteur « *dehors dans les ténèbres* ». Fait-il ainsi preuve de cruauté ? Non, cela signifie que le jugement que Dieu aura sur nous correspondra au jugement que nous avons sur Lui. Nous pouvons remarquer que les deux qualificatifs employés par le maître vis à vis de son serviteur, *mauvais et paresseux*, correspondent précisément au comportement que celui-ci lui prêtait : « *tu es un homme dur et tu moissonnes là où tu n'as pas semé* ». En plus, le serviteur est aussi insensé, car il aurait au moins pu placer l'argent de son maître à la banque, ce qui lui aurait permis de gagner des intérêts. La peur a paralysé même son intelligence. On rejoint ici la réflexion sur la sagesse menée dimanche dernier à propos de la parabole des dix vierges. Le jugement du maître, qui l'envoie « *dehors dans les ténèbres* », correspond à la situation dans laquelle il s'était lui-même placée.

Ainsi, frères et sœurs, **le Christ retourné auprès de son Père nous a confié des talents, à la fois naturels et surnaturels. Les faisons-nous fructifier ?** Le maître conclue ainsi la parabole : « *celui qui a recevra encore, et il sera dans l'abondance. Mais celui qui n'a rien se fera enlever même ce qu'il a.* » Il existe des cercles vicieux, mais aussi des cercles vertueux : pour celui qui marche dans la bonne direction, chaque pas le rapproche du but ; mais pour celui qui marche dans la mauvaise direction, chaque pas l'en éloigne... Marchons chaque jour dans la bonne direction, celle de la crainte confiante de Dieu. Alors, nous entrerons un jour dans sa joie infinie.

Père Arnaud DUBAN

Ordonné prêtre en 2001 pour Paris, Arnaud Duban est d'abord vicaire dans le XVI°, 4 ans à Saint François de Molitor, puis 7 ans à Notre Dame d'Auteuil.

En septembre 2014, il est nommé curé de Sainte Thérèse et de Saint Jean XXIII à Fontenay-sous-Bois.

Le 1er septembre 2018, il deviendra curé du Saint Esprit, dans le XII°.

Imprimé par BoD – Books on Demand, Norderstedt, Allemagne

ISBN : 9782322139255
Dépôt légal : février 2019